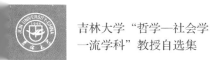

吉林大学"哲学—社会学
一流学科"教授自选集

信任问题的
社会学研究

董才生 著

Sociological Research on Trust Problems

中国社会科学出版社

图书在版编目（CIP）数据

信任问题的社会学研究/董才生著.—北京：中国社会科
学出版社，2021.10
（吉林大学"哲学—社会学一流学科"教授自选集）
ISBN 978 – 7 – 5203 – 9245 – 7

Ⅰ.①信…　Ⅱ.①董…　Ⅲ.①人际关系—社会学—研究
Ⅳ.①C912.11

中国版本图书馆 CIP 数据核字（2021）第 204247 号

出 版 人	赵剑英	
责任编辑	朱华彬	
责任校对	张爱华	
责任印制	张雪娇	

出　　版	中国社会科学出版社	
社　　址	北京鼓楼西大街甲 158 号	
邮　　编	100720	
网　　址	http：//www.csspw.cn	
发 行 部	010 – 84083685	
门 市 部	010 – 84029450	
经　　销	新华书店及其他书店	

印刷装订	北京市十月印刷有限公司
版　　次	2021 年 10 月第 1 版
印　　次	2021 年 10 月第 1 次印刷

开　　本	710 × 1000　1/16
印　　张	18.5
插　　页	2
字　　数	303 千字
定　　价	118.00 元

凡购买中国社会科学出版社图书，如有质量问题请与本社营销中心联系调换
电话：010 – 84083683

目 录

一 一般社会学理论研究

二 经济社会学理论研究

三 一般社会学视野里的信任问题研究

四　经济社会学视野里的信任问题研究

一　一般社会学理论研究

论资本主义精神的失落与重建[①]

几百年资本主义发展并不是一个纯粹的经济运作过程，而是经济与精神文化交互作用的复杂过程。精神文化因素在资本主义发展中的巨大作用，越来越为人们所认识。有人把当今资本主义发展中所面临的种种危机归之于资本主义精神失落，甚至认为资本主义因其精神失落面临着全面崩溃的危险。因此，资本主义精神引起了西方学者的普遍关注。

在西方历史上最早专门系统研究资本主义精神的是德国社会学家马克斯·韦伯（Max Weber）。他在《新教伦理与资本主义精神》一书中认为，资本主义精神在西方近代资本主义发展中起了重大作用，"近代资本主义扩张的动力，并不是用于资本主义活动的资本额的来源问题，更重要的是资本主义精神的发展问题。"[②] 资本主义精神作为一种内在的动力推动了近代资本主义的发展。所谓近代资本主义精神就是一种理性地追求利润的态度。这种精神获致于西方宗教，是经过宗教改革后形成的新教，新教的禁欲主义与经济获利行为相结合形成了近代资本主义精神。新教的禁欲主义灌注于经济活动中，使之在世俗之中将这种行为理性化。新教的禁欲主义把世俗的劳作与神圣的"天职"（calling）结合起来，认为为了信仰而劳动，即使报酬很低也是最能博得上帝欢心的。劳动是一种天职，是最善的，归根到底是获得上帝恩宠确实性的唯一手段。雇主的商业活动也是一种天职，并且只能通过完成神圣的"天职"去寻求上帝之国。因此，严格的禁欲主义和勤勉劳动是必要的，是对上帝应尽的职责。理性禁欲及勤勉劳作，可"增益上帝的荣耀"。这种禁欲主义与职业观通过教育灌注于经济获利活动中，可使人们养成自愿劳动，勤奋节

---

① 与闻凤兰合作。闻凤兰，内蒙古民族师范学院马列主义教研部副教授。

② ［德］马克斯·韦伯：《新教伦理与资本主义精神》，于晓等译，生活·读书·新知三联书店 1987 年版，第 49 页。

俭的习惯，资本主义精神由此产生。勤俭必然带来财富，从而促进了原始积累时期资本主义的发展。

因此，在韦伯看来新教伦理即是新教禁欲主义，是一种抑制自己欲望，勤奋工作，为社会服务的伦理。他很形象地把近代资本主义精神概括为："一手拿《圣经》，一手拿算盘。"所谓"圣经"就是"新教伦理"，"算盘"就是经济获利行为。这句话的意思是指资本主义经济获利活动要有新教伦理限制。早期资本主义的经济活动正是具有了这样一种宗教限制，才发展出了近代资本主义精神，从而推动了资本主义发展。

然而，随着资本主义发展，宗教伦理限制渐渐丧失了，到今天已经消失得无影无踪，宗教的根慢慢枯死了，让位于世俗的功利主义。资本主义把获利当成了自身的目的，剩下的只有赚钱了。马克思当年批判的正是这种资本主义。今天资本主义已经没有什么"圣经"了，两只手拿着的都是"算盘"，是"双手捧着算盘的"资本主义。赚钱本身就是目的，赚钱没有任何抑制，普遍的赚钱哲学："能赚就好"成了支配今天资本主义社会人们生活的规范。"双手失衡了"，宗教伦理消失了，资本主义精神失落了。

美国当代著名的批判社会学家、未来学家丹尼尔·贝尔（DanielBell）在《资本主义文化矛盾》一书中从文化层面对于资本主义精神衰变原因和过程作了深刻的分析。贝尔认为近代资本主义精神是由两个要素构成的：一个是宗教冲动力，即韦伯所谓的"禁欲苦行主义"；另一个是经济冲动力，就是桑巴特（Werner Sombart）在《现代资本主义》一书中所提出的"贪婪攫取性"。在资本主义上升时期，宗教冲动力抑制着经济冲动力，这两股力量之间是平衡的。苦行的宗教冲动力使资产者精打细算，兢兢业业，贪婪攫取的经济冲动力培育了他们激烈进取的冒险精神。然而随着资本主义制度巩固与进一步发展，尤其是科学技术与经济的迅速发展，这两股力量之间的平衡被打破了，经济冲动力逐渐摆脱宗教冲动力的制衡，直至今天完全摆脱。西方资本主义失去了宗教苦行禁欲主义的束缚，经济冲动力成了社会前进的唯一主宰，社会完全被世俗化了。资本主义精神随着宗教禁欲与节制失去控制力而失落，资本主义已难以为人们的工作与生活提供所谓的终极意义了。贝尔认为资本主义精神发生的裂变，是当今资本主义文化矛盾的根源，造成人们普遍的精神危机。

韦伯对资本主义精神失落的更深层的原因进行了探讨。为什么宗教伦理会随着资本主义发展逐渐失去对获利的经济行为的约束力呢？

首先，从经济上看，资本主义发展初期由于生产力发展水平低下，禁欲成了经济发展的一种主要手段。只有禁欲，克制自己的欲望，养成勤奋节俭的习惯，才能积聚更多的财富。然而，随着科学技术的进步，特别是机器的发明和使用，推动了生产力的大发展，财富的增长不是主要通过禁欲、节制，而是通过机器技术。经济发展了，物质财富增长了，物质产品逐渐成为人们生活中的一种控制力量。人们生活在由自己的理性铸造的"铁牢笼"中。这是生活在现代资本主义社会中，尤其是直接参与经济获利活动的人们的必然命运。宗教伦理已逃逸这一"铁牢笼"，人们已无需这种精神来支撑了。由于机器技术在生产中的运用，人们已无须为"神示"而劳动，在借助机器技术不断征服自然的过程中，他们看到了自己的力量，意识到了不是为了"增益上帝的荣耀"而劳动，而是为了发挥自己的潜能，满足自己的欲望。天职观念已转化为纯粹的经济冲动，对财富的追求中，原有宗教伦理涵义被剥离了，而日益趋于与直接的纯粹世俗情欲相关联。人们已无任何宗教伦理感受了。

其次，从管理上看，随着科学技术的进步，经济的发展，资本主义制度日益完善，制度管理为人们所重视。国家制定了各种规章制度，实施对经济生活的干预与控制。资本主义制度迫切需要人们投身于赚钱的事业，那种对待物质财富的态度要完全适应这一制度，并且与在经济斗争中求得生存的状况密切相关。因此，无必要求助于任何宗教力量的支持了。宗教伦理对于经济活动的"软性"管理已失去效力，被制度的"刚性"管理形式所取代。

失去宗教伦理约束的资本主义经济活动，把最大限度地获取利润当成自身的目的，导致了三个后果。

其一，物质富裕，人们的获利欲望越来越强。物质产品的极大丰富，物质财富的急剧增长，人们生活在一个富庶的社会，看到了自身"无限"的力量，而感到自豪、满足。这是人对自然的空前胜利。人们凭借机器技术征服自然，对自然的征服欲也越来越强烈。人们把自然当成了一个纯粹的征服对象，一味地从自然中索取，人们的获利欲望前所未有的膨胀。追求尽可能多的物质财富成为现代资本主义社会的普遍规范和中心，一切都围绕着这个中心运转。从事经济活动的商人是否成功最为明显的标志在于能否获得最大的经济效益，能否追求到尽可能多的财富，商人的人生价值的最高体现也在于能最大限度地获取利润。在西方，尤其是资本主义高度发达的美国，评判一个人成功与否的标准在于财富，如果一个人的财富越多，说明他就越成功，就越有社会地位，越受人尊重，他对社会越有价值。因此，为了最大限度地获取物质利益，可以不择手段，可以冷酷无情，可以置廉耻于不顾。

其二，人与人之间的关系成了纯粹的物质利益关系、商品交换关系。人们都在竭力地、最大限度地追求物质利益，人们之间的交往关系成为实质性的商品交换关系，人们之间纯真的情感关系被商品交换的物质关系所排挤，人与人之间淡漠而缺乏沟通，人际关系疏远而冷漠。

其三，精神领域萎缩，人们日益陷于精神危机之中。极大丰富的物质产品充斥于人们的社会生活，日益挤压着人们的精神领域，世界不断被"物化"，人们的精神领域日趋萎缩，人们面临着完全失去"精神家园"的危险。获利欲望的日益膨胀而不受限制，人们疯狂追逐物质利益，精神畸变而癫狂。人们的心灵不再宁静，已完全失去支柱而迷乱，这是神圣去除之后人独立面对自己时无法把握自我所造成的混乱和困惑。一句话，失去宗教伦理约束的人们精神陷入危机的泥潭，且越陷越深。

总之，失去宗教伦理束缚的经济活动造成了人与自然的疏离，人对自然的敌意；造成了人与人的疏离，人对人的冷漠；造成了人与"上帝"的疏离，人与"上帝"的对立。世界上的一切只不过是满足自己欲望的手段，只为自己活着，只为自己负责。这种极端的功利主义、个人主义、利己主义就是现代资本主义在其精神衰竭之后所表现出来的最大特征。这样的资本主义是极端反人性的，绝不是人类社会的未来。

西方一些有识之士，对于现代资本主义现状忧心忡忡，内心充满焦虑，渴望着有朝一日能改变这种状况，使人们早日从"铁牢笼"中解脱出来，使人性得以正常发展，使资本主义能顺利健康地发展。伴随着资本主义宗教伦理约束的逐渐衰竭，在西方文化领域掀起了一场现代主义文艺思潮。西方人出于本能或潜意识，试图建立一种新的"精神崇拜"，以现代主义文艺来填补宗教冲动力耗散、宗教伦理丧失之后所遗留下来的巨大的精神空白。现代主义文艺思潮使西方人看到了希望。然而，事实上，现代主义文艺并没有起到宗教伦理所具有的对获利行为约束的作用，反而由于其表现形式的个体化、表面化而被"商品化"和"物化"。因此，它对资本主义批判否定也失去了创造力，仅给人以"反叛"的印象。现代主义文艺实质上是现代人在上升到神的位置之后由于难以把握自我所造成的迷乱困惑的表达和宣泄。现代主义文艺思潮的补救的失败说明了靠文艺找不回失落的资本主义精神，文艺无力促成新的资本主义精神的建立，想利用文艺来对资本主义获利行为实现约束限制，只是一种浪漫主义的幻想。

当今西方一些冷静的学者意识到了这一点，出于挽救资本主义的良好愿望，他们把希望寄托于宗教伦理"回归"，以此来重塑资本主义精神。美国和日本学者最为强烈地表达这一愿望。美国资本主义和日本资本主义是两种较为典型的资本主义。在它们发展初期所孕育的精神表现形式虽然不同，但实质上是一致的，它们都包含着伦理的内涵。美国资本主义精神就是韦伯所概括的"一手拿《圣经》，一手拿算盘"，日本资本主义是一种"儒教的资本主义"其精神可概括为："一手拿《论语》，一手拿算盘"。所谓《论语》，就是儒家伦理，说明日本资本主义经济活动也是有其伦理限制的。

众所周知，日本与美国是当今高度发达的资本主义国家，按贝尔的看法已进入"后工业社会"发展阶段。前面论述的资本主义精神衰变过程，它们都已经历，只不过它们在当今所面临的精神危机更为严重。在世纪交替之际，美国与日本有强烈责任心与社会责任感的学者纷纷反思各自资本主义精神裂变过程和资本主义在当今发展与现状，发出了"伦理回归""重建精神"的呼声。

贝尔在《资本主义文化矛盾》一书序言中呼吁，整个社会应"重新向某种宗教观念的回归"，还为"后工业社会"设计出他称之为"公众家庭"伦理的新宗教，他认为资本主义前工业化阶段主要任务是直接处理人与自然的关系，工业化阶段的中心任务是通过机器间接地处理人与自然的关系。到了"后工业社会"面临的首要问题是人与人，人与自我之间的问题。因此，新宗教必须在人际关系和个人对社会的重新认识基础上求得成为维系新的精神的支柱。信奉新宗教的人们应是具有比较发达公民意识和社会公德的人，他有充分的民主权利，又不唯我独尊，他反对无节制地享受纵欲，而愿意为公民作出牺牲，与社会患难与共。贝尔深信，当今资本主义如果获得了这种宗教的约束力，也就恢复了它赖以生存发展的道德正当性，资本主义也就找回了曾经失去的精神，抑制自己的欲望、勤奋工作，为社会服务的新教伦理在"后工业社会"的美国在更高阶段上可得到回归。

日本当代著名哲学家、思想家梅原猛（Takeshi Umehara）在《回归哲学》一书中力图探求资本主义新精神。当今日本是世界上屈指可数的经济大国，日本人置身于富裕社会之中，却不能实际感受到富裕。这说明日本人陷入了一种"不能实际感受到富裕"的贫穷的精神结构。因为"希望有更多的富裕"才"不能实际感受到更多的富裕"。梅原猛认为这种状况是由利己心造成的，日本的这种利己心也造成了1995年日美贸易摩擦中国际舆论对日本的指责。虽然日本在这次贸易摩擦中有"理"，却没有"情"。梅原猛通过这两个事实说明当今日本人缺乏道德伦理，日本人精神贫乏。他认为日本在梅岩时代即日本商业勃兴的时代就有比现在更强烈的伦理观，但这种伦理观已经丧失了。"一手拿《论语》，一手拿算盘"的资本主义精神，现在变成了"双手捧着算盘"。因此，梅原猛认为应回归到资本主义原点，建立伦理道德的资本主义，其中心应该是恢复利他精神，即为他人、为社会、为人类服务的伦理精神。

贝尔、梅原猛所呼唤的宗教、道德伦理，所要建立的资本主义精神，其实质是一致的，即利他主义，为他人、为社会、为人类服务的伦理精神。美国与日本作为两个发达的资本主义国家，面临同样的精神迷乱与困惑，又共同面对日益恶化的生存环境。生活在这两个国家的人们对未来充满忧虑，对资本主义前途失望，甚至绝望。贝尔、梅原猛的呼吁和设计点燃了整个西方资本主义国家人们心中的希望之火。

然而，如何重建资本主义精神呢？西方学者从近代资本主义精神形成过程中获取灵感。西方近代资本主义精神是通过教育，把宗教伦理灌注于人们的经济活动而形成的。因此，他们认为道德伦理教育是当今重建资本主义精神的主要途径。这种教育应该从小抓起，在大学、中学、小学应加强道德伦理教育，以培养学生的强烈的伦理道德感受。

资本主义精神从形成、裂变到失落经历了一个漫长过程。从人类理性角度去透视资本主义精神演变过程可以看到资本主义精神裂变实质在于人类理性内部的冲突，冲突的展开导致了资本主义精神的失落。人类理性包括科学理性、道德理性、审美理性这三个基本部分，它是由这三种理性构成的一个统一整体，通过它人类创造了真、善、美相统一的理想世界与现实世界。构成资本主义精神的两个要素："宗教冲动力"和"经济冲动力"，实质上是道德理性与科学理性的外在表现形式。资本主义精神是人类理性的客观化、现实化。科学理性无限膨胀，挤压道德理性，逐渐摆脱道德理性对它的约束力，膨胀到极点，最终把道德理性挤出，造成科学理性在经济活动中独断专行，资本主义精神因此而失落。科学理性充斥资本主义社会各个方面并逐渐占主导地位，挤压着人类道德理性、审美理性，使人性发生扭曲、变形。科学理性疯狂无限膨胀，导致道德理性丧失，审美理性枯萎，人们已没有任何道德感受了，也没有任何审美情趣了。现代主义文艺思潮无意识地感觉到道德理性的丧失，企图以日益枯萎的审美理性去替补道德理性的缺失，扮演道德理性的角色，但未能起到约束疯狂发展的科学理性的作用，没能找回已失落的资本主义精神。事实上，只有道德理性才能制衡科学理性，审美理性浪漫而理想化不能充当此任。但并不意味着审美理性无任何作用，审美理性可保证道德理性、科学理性的审美价值，使它们趋于完美。因此，西方学者呼唤"伦理回归"就是呼唤丧失的道德理性重新回到经济活动中来，重新回到社会生活中来，重新回到这个世界上来。道德理性的复归是人性发展的需要，人类发展的需要，也是社会发展的需要。因为完美的人性就是科学理性、道德理性、审美理性三者之间的平衡发展，完美的社会就是这种完美的人性的现实展开。这就是我们研究资本主义精神所得到的一个结论。

另外，研究资本主义精神，也为我们当今建设社会主义精神文明提供了有益的启示。当今中国正处于社会转型经济转轨时期，不仅要完成由农业社会向工业社会转化的现代化任务，而且要实现由计划经济向市场经济的转轨。现代化任务繁重而复杂。由计划经济向市场经济转轨，这是资本主义发展过程中不曾经历过的。中国社会主义计划经济的建立不像西方资本主义市场经济建立一样是一个自然发展的过程，而是一个人为的被扭曲的过程，因而带来了严重的后果，造成了转轨的困难、社会转型的艰难。然而，社会主义计划经济为我国社会主义建设作出了不可磨灭的贡献，为实现现代化及经济转轨提供了前提基础，也培育了社会主义精神。计划经济条件下孕育的社会主义精神是与社会主义计划经济体制相适应的，其实质是大公无私全心全意为人民服务，是一种共产主义精神，它促进了社会主义建设事业发展。今天，我们要实现由计划经济向市场经济转轨，要建立社会主义市场经济，要完成繁重而艰巨的现代化任务，更需要社会主义精神动力。因为社会主义市场经济与资本主义市场经济同为市场经济，遵循着共同的经济发展规律和精神文化发展规律，同样需要精神因素作为内在动力来推动。资本主义精神演变过程启示我们：社会主义精神中大公无私全心全意为人民服务的伦理道德必将对社会主义市场经济中获利行为进行合理控制和约束；加强大公无私全心全意为人民服务的伦理道德教育，并把它灌注于社会主义市场经济活动，必将推动社会主义市场经济的发展，也必将促进在社会主义市场经济这个新的历史条件下的社会主义精神文明建设的大发展。

[载于《内蒙古民族师院学报》（哲社版）1998 年第 4 期]

迪尔凯姆、韦伯、吉登斯社会学之比较①

迪尔凯姆（Durkheim）、韦伯（Weber）与吉登斯（Giddens）的社会学分别是实证社会学、理解社会学与"结构化"社会学的典型代表，是它们各自所处时代的社会学发展的最高成就，分别代表了西方社会学发展的三条基本路径或西方社会学研究的三种基本取向。下面我们就他们社会学思想的主要方面做一比较，并试图通过这种比较来把握西方社会学思想发展的内在逻辑与理论脉络。

一 面临的问题及其解决方面

迪尔凯姆的实证社会学是针对孔德（Comte）、斯宾塞（Spencer）社会学思想中的矛盾而建立起来的。孔德与斯宾塞都主张建立社会学这门学科，但在实际的建构过程中，他们背离了要建立像自然科学那样的关于"社会"的、实证的经验科学的初衷，没有采用像实证的自然科学那样的方法，而是采用了类似于思辨哲学那样的方法，这是孔德与斯宾塞社会学思想中的矛盾。迪尔凯姆首次尝试克服这一矛盾，他在《社会学方法的准则》一书中，通过规定社会学的研究对象与方法对这一矛盾做了初步的解决，使社会学真正成为一门完全独立的学科。迪尔凯姆本人也被公认为西方社会学的主要奠基人之一。迪尔凯姆社会学是一种具有实证倾向的社会学，是一种典型的实证社会学。

韦伯的理解社会学是针对孔德、斯宾塞、迪尔凯姆社会学思想中共同的矛盾而建立起来的。孔德、斯宾塞与迪尔凯姆社会学思想具有历史的局限性，即它们都将社会与自然之间的统一性作为社会学这门学科成

---

① 与徐晓海合作。徐晓海，吉林大学哲学社会学院讲师。

立的理论依据，肯定自然科学方法在社会研究中的有效性。韦伯则认为应从根本上否定实证社会学赖以成立的基本假定或理论依据，因为社会过程与自然过程之间存在着本质的区别，因而自然科学的方法无法解释社会现象。因此，必须建构另一套研究方法。韦伯的理解社会学在研究对象与方法上不同于实证社会学，他为此也被公认为西方社会学的主要奠基人之一。

迪尔凯姆的实证社会学与韦伯的理解社会学是两种不同研究取向的社会学。从表层上看，它们是由对自然与社会的关系的不同看法形成的，但从深层上看，这两种社会学实际上触及到了社会学的基本问题，即个人与社会的关系问题。实证社会学强调社会结构对于个人的制约性，理解社会学则强调个人的能动性、自主性。因而，实证社会学强调社会过程的客观方面，忽视其主观方面，在方法论上持"方法论集体主义"；而理解社会学则强调社会过程的主观方面，忽视其客观方面，在方法论上持"方法论个体主义"。

吉登斯的"结构化"社会学所面对的就是实证社会学与理解社会学之间在理论与方法方面的对立与矛盾。因此，吉登斯的"结构化"社会学就是试图克服实证社会学与理解社会学在研究对象与方法上的对立或各自的片面性而建立起来的一种综合性的社会学理论。这种社会学理论是通过将主观与客观、个人与社会之间的二元论，设定为一种"二重性"，即认为对立双方并不是永恒的绝对对立的，而总是处于不断地相互包含、相互建构之中来实现综合的。

总之，虽然迪尔凯姆、韦伯与吉登斯三人的社会学所面临和解决的问题不尽相同，但这些问题之间是前后相继的，具有内在逻辑联系，而且它们触及的深层问题是根本性的。因此，为我们把握西方社会学思想的发展脉络提供了基本的线索。

二 研究对象与研究方法方面

迪尔凯姆的目标是建立一门独立的社会学，使社会学真正从哲学怀抱中解脱出来。为此，他在《社会学方法的准则》一书中规定了社会学的研究对象与方法。迪尔凯姆认为，社会学研究的对象是社会事实，即外在于个人意识，并对个人的意识产生强制约束力的行为方式、思维方式和感觉方式。社会事实是"社会的"事实，指的是它以社会整体为基础，存在于社会整体之中，不仅不以个人的事实为基础，不以个人的事实为转移，而且具有个人事实所不具有的特殊性质。因此，社会事实具有客观独立性、外在强制性与社会普遍性三个特征。

韦伯是理解社会学的奠基人。在《经济与社会》一书中，韦伯认为，社会学的研究对象不是迪尔凯姆所谓的社会事实，而是个人的社会行为。社会行为是"社会的行为"，它是指行为者在行为过程中以行为者赋予其行为的主观意义（这种主观意义考虑了他人的行为）为根据与取向的行为。社会行为的社会性，与"社会事实"的社会性不同，它不是存在于社会整体之中，而是产生于、存在于行为者赋予其行为的主观意义之中。因此，个人的社会行为具有社会性、主观性的特点。

吉登斯的"结构化"社会学思想表现在其《社会的构成》一书中。吉登斯认为，社会学的研究对象既不是迪尔凯姆实证社会学所谓的"社会事实"，也不是韦伯理解社会学所谓的个人的社会行为，而是社会结构与个人行为之间的关系。主观与客观、个人与社会之间的对立方面，并不构成永恒化的二元论，而是一种"二重性"，即对立双方是相互包含的，并不构成各自分立的客观现实。（安东尼·吉登斯，1998）

研究对象决定研究方法。迪尔凯姆实证社会学以客观忄生的社会事实（社会物）作为研究对象，决定了其在研究方法上必然采用像自然科学研究自然现象一样的实证的方法。社会事实这一研究对象的特征决定了社会学的研究方法论、具体的研究方法与其他学科不同，是一种"集体主义方法论"与实证的方法。这种具体的实证方法，其最基本的准则就是把社会事实当作物来考察，包括观察、解释与求证三大阶段或三大部分。

韦伯理解社会学的研究方法也是由其研究对象（个人的社会行为）的特征所决定的。个人的社会行为内含行为者的主观意义，因而具有主观性的特征。因此，对于个人的社会行为的研究不能采用类似于自然科学研究自然现象那样的"方法论集体主义"和具体的实证的方法，而只能采用人文或文化科学研究人文或文化现象那样的"方法论个体主义"和具体的类似于解释学的理解的方法，即"投入理解"的方法。

吉登斯的"结构化"社会学的研究方法也是由其研究对象决定的。它的研究对象（社会结构与个人行为之间的关系）决定了其研究方法必定是一种综合性的方法论与综合性的具体方法，即"集体主义方法论"与"个体主义方法论"的综合，以及实证方法与理解方法的综合。

研究对象也决定了研究角度。迪尔凯姆实证社会学研究对象的社会性（其存在于社会整体之中）、客观性决定了其只能从宏观的角度去进行社会学的研究。韦伯的理解社会学研究对象的社会性（其存在与产生于行为者赋予其行为的主观意义之中）、主观性决定了其只能从微观的角度去进行社会学研究。吉登斯"结构化"社会学研究对象的关系性（社会结构制约性与个人行为自主性之间的关系）决定了其可以从宏观与微观相结合的角度去进行社会学研究。

三　思维方式与理性主义态度方面

迪尔凯姆的实证社会学与韦伯的理解社会学，在个人与社会的关系（具体化为个人行为的自主性与社会结构制约性之间的关系）上各执一端，各持己见。因此，他们所奉行的是一种典型的二元对立思维方式。吉登斯的"结构化"社会学在个人与社会的关系上主张"二重性"，而不是"二元论"，因而奉行的是一种超越二元对立思维方式的"多元综合思维方式"。"二元对立思维方式"是一种现代思维方式，超越"二元对立思维方式"的"多元综合思维方式"则是一种后现代思维方式。我们可以从思维方式这个角度对西方社会学理论进行划分。凡是奉行二元对立思维方式的社会学就属于现代社会学，凡是奉行多元综合思维方式的社会学就属于后现代社会学。以此为标准，迪尔凯姆的实证社会学、韦伯的理解社会学是典型的现代社会学，吉登斯的"结构化"社会学则是典型的后现代社会学。因此，我们可以得出这样的结论：无论是迪尔凯姆、韦伯，还是吉登斯，其社会学建构的基础是他们各自所持的思维方式。社会学家的思维方式是推动西方社会学思想发展的更为根本与深层的动因。社会学思想的发展在表层上表现为社会学家思想之间的相继更替，深层上却是社会学家思维方式的不断变革。

传统理性主义是迪尔凯姆、韦伯与吉登斯共同的批判对象。他们针对传统的理性主义阐发了各自的理性主义，他们的理性主义是对传统的理性主义的反驳和批判，与詹姆斯等实用主义者所理解的理性主义处于同一范畴，是一种方法论上的理性主义，而不是传统意义上的本体论或认识论意义上的理性主义。然而，它们之间的差别也是相当大的：一个是现代的实证理性主义与理解理性主义；一个是后现代的双重建构理性主义。

迪尔凯姆在《社会学方法的准则》一书中认为，实证社会学方法是理性主义的，是一种实证理性主义方法。实证社会学就是一种理性主义，这种理性主义的结果就是实证主义。实证主义是理性主义的扩展，其表现就是把人们过去的行为还原为因果关系，并用理性去加工，使之上升为人们未来的行为准则。具体而言，就是把社会事实视为不合理的东西，从社会事实去理解和指导社会事实。这种理性主义态度，对于科学与实践都是必要的，对于克服神秘主义、维护理性权威也具有现实意义。①

韦伯在《经济与社会》一书中认为，理解社会学的方法也是"理性主义"的，但它是一种与"实证理性主义"方法相反的"理解理性主义"方法。因此，不能把这种"理性主义"理解为理性实际统治着生活，因为我们无法说明"在现实中合乎理性的目的考虑在多大程度上决定着实际行为"，"现实的行为只有在罕见的情况下（股票市场），并且也只能近似地，如同在理想类型中那样进行。"②

由此可见，迪尔凯姆与韦伯的方法论理性主义的主要区别在于：一个是外在的实证理性主义，它包括三大阶段或三大部分，即观察、解释与求证，它把社会事实看成是物，摒弃"先入之见"是其方法论基础；一个是内在的理解理性主义，它包括两大阶段，即解释性理解与因果性说明，它把社会行为看成是内含主观意义的行为，"先入之见"（主观建构的"理想类型"概念等）是其方法论基础。

吉登斯的后现代双重建构理性主义是对迪尔凯姆外在实证理性主义与韦伯内在理解理性主义的克服与超越。西方社会学建构理论的传统可以溯源到社会学家齐美尔。他把人的行为与自然的行为作了明确的区分，强调了人的行为的主观建构性，认为人总是积极主动地建构社会现实的行为者。因此，要理解人的行为的结果（社会现象），就必须对行为者确

---

① ［法］埃米尔·迪尔凯姆：《社会学方法的准则》，狄玉明译，商务印书馆 1999 年版，第 3—4 页。

② ［德］马克斯·韦伯：《经济与社会》，林荣远译，商务印书馆 1998 年版，第 42—44 页。

立的意义作出解释，即必须寻求个人的动机与原因。然而，随着社会学
的发展，这种建构理论也走向了反面，即它不去关注个人动机与原因的
探究，而是要求去考察稳定、宏大的社会结构。吉登斯双重建构理性主
义注意到了传统建构理论及其在当代的发展，力求将"二元论"化为
"二重性"，既强调社会结构对于个人行为者的"客观建构"，同时又强调
个人行为者对于社会结构的"主观建构"。与迪尔凯姆的实证理性主义注
重"外在的建构"以及韦伯的理解理性主义注重"内在的建构"不同，
吉登斯注重外在的社会结构与内在的个人动机之间的关系。因此，其双
重建构理性主义所要表明的是个人解释性的行为与社会结构突生之间存
在的某种关联，这些关联便是行为者利用已确立的行事方式以实现其个
人目标的种种方式所带来的意外后果。

通过以上三个方面的比较，我们可以看到，西方社会学思想的发展
并不是一个个社会学家的社会学思想的独立展示，而是有其固有的内在
逻辑与理论脉络的。每一时代的社会学家依凭时代赋予它们的思维方式
对于前人提出的问题进行了自己的思考，给出了自己的理解与解释，同
时又为后人留下了种种问题，后人对这些问题又进行思考、理解与解
释……这些思考、理解与解释成为西方社会学思想发展的内在动力，这
一前后相继的过程构成了西方社会学思想发展的基本线索。

（载于《湖州师范学院学报》2003 年第 5 期）

马克思的信任异化观及其启示

马克思在《1844 年经济学哲学手稿》中从哲学角度运用异化理论对资本主义信任状况进行了深刻的分析与研究，提出了独特的"信任异化观"。马克思从异化理论出发，对资本主义信用业同人相异化的本质进行了深刻的揭露，认为信任异化是人的本质异化的一个重要方面。

马克思认为信用业（其完善的表现是银行业）的出现似乎已表明异己的物质力量的权力被打破了，自我异化关系被扬弃了，人向自己因而也向别人复归，人又处在人与人的关系之中。然而，这仅仅是一个假象。因为在资本主义私有制度下，信用业不仅没有扬弃异化，反而是一种更加卑劣和极端的自我异化和非人化。由于信用业中采取了信贷的形式，因此，马克思就从信贷出发揭示了信任异化的实质。

马克思认为信贷的内容就是一个人向另一个人所表示的信任内容：一个人承认另一个人，把某种价值贷给他，并且——在最好的情况下，不要求为信贷支付利息，就是说他不是一个高利贷者——相信这另一个人不是骗子，而是一个"诚实的"人。在这里，表示信任的人，像夏洛克一样，认为"诚实的"人就是"有支付能力的"人。因此，信任就是一个人承认或相信另一个人，信任一个人的前提是这个人是"诚实的"，因而也是"有支付能力"的。①

马克思把信贷的关系分成两种情况：一是一个富人贷款给一个他认为是勤劳和有信用的穷人；一是一个富人贷款给另一个富人。在第二种情况中，信贷就是直接成为便于交换的中介，即被提高到纯粹观念形式的货币本身。在第一种情况中，对富人来说，穷人的生命本身，他的才能和他的努力也都是归还债款的保证。也就是说，穷人的全部美德，生命活动的全部内容，他的存在本身，都是偿还他的资本连同普通利息的

---

① 马克思：《1844 年经济学哲学手稿》，人民出版社 2000 年版，第 168 页。

保证。因此，债权人除了有道德上的保证之外，还有法律强制的保证以及他的债务人方面或多或少的实际保证。①

马克思深刻地指出，信贷的本质是更加卑劣和极端的人的自我异化、人的非人化。因为信贷的要求不再是商品金属货币，而是道德的存在，社会的存在，人的自己的内在生命。"信贷是对一个人的道德作出的国民经济学的判断。"② 在信贷中，人本身代替了金属或纸币，成为交换的中介，但人不是作为人，而是作为某种资本和利息的存在。这样，交换的媒介物的确从它的物质形式返回和回复到人，不过这只是因为人把自己移到自身之外并成了某种外在的物质形式。在信贷关系中，不是货币被人取消，而是人本身变成货币，或者是货币和人并为一体。人的个性本身，人的道德本身既成了买卖的物品，又成了货币存在于其中的物质。构成货币灵魂的物质的、躯体的，是我自己的个人存在、我的肉体和血液、我的社会美德和声誉，而不是货币、纸币。信贷不再把货币价值放在货币中，而把它放在人的肉体和人的心灵中。③

在马克思看来，在信贷关系中，在人对人信任的假象下面隐藏着极端的不信任和完全的异化。这种极端的不信任表现在：在提供借贷方面疑惑不定；探察寻贷者的私生活秘密；为了把对方整垮，通过透露这个人的一时困境，而使他的信用突然动摇；等等。④ 马克思认为信用业的这种同人相异化的性质可以在国民经济学对人给予高度承认的假象下得到双重的证实：信贷只提供给已经富裕的人，并且使富人有进行积累的新机会。在穷人看来，他的整个存在完全取决于富人对他的偶然的、随意的肯定或否定的判决；穷人得不到信贷，不仅被简单地判决为贫穷，而且在道德上被判决为不配得到信任、承认，因而是社会的贱民、坏人。因此，他不但要遭受穷困，还要遭受屈辱，还要不得不低三下四地向富人请求贷款。⑤

马克思认为资本主义信任异化是资本主义深刻的信任危机。资本主义信任异化是由资本主义私人所有制本身的不公正所导致的，资本主义

---

① 马克思：《1844 年经济学哲学手稿》，人民出版社 2000 年版，第 168—169 页。
② 马克思：《1844 年经济学哲学手稿》，人民出版社 2000 年版，第 169 页。
③ 马克思：《1844 年经济学哲学手稿》，人民出版社 2000 年版，第 169 页。
④ 马克思：《1844 年经济学哲学手稿》，人民出版社 2000 年版，第 170 页。
⑤ 马克思：《1844 年经济学哲学手稿》，人民出版社 2000 年版，第 170 页。

私人所有制的不公正是资本主义信任异化产生的根本原因。资本主义制度本身的不公正导致了社会交往的不公正，主要表现为社会交往主体之间的地位的不平等，社会交往主体的不自由。在资本主义社会中穷人与富人在进行社会交往（如借贷等经济交往）时，由于资本主义的私人所有制，他们之间的地位是不平等的，富人永远处于强势的地位，而穷人始终处于劣势的地位，穷人获得富人的信任是以他的生命以及全部的道德作为抵押和保证的。穷人在社会交往中也是不自由的，或者是被迫无奈，或者完全受富人的支配，无任何权利与自由可言。资本主义制度本身的不公正使得资本主义信任发生异化。因此，在不公正的资本主义制度下不可能产生真正意义上的信任，反而会发生信任的异化。这种信任异化现象，在资本主义私有制社会中较为普遍。

依照马克思的逻辑或者是他以后的思想，要从根本上消除资本主义信任异化就要从根本上去改变这种不公正的制度。然而，马克思在《1844年经济学哲学手稿》中仅诉诸信任异化的"理论扬弃"而不是"现实扬弃"。马克思设想了信任异化的扬弃道路。马克思把信任看成是人的本质体现，把信任异化看成是人本身的异化，是人的本质的异化，因此，扬弃信任异化，"以信任换信任"就是"信任本质的复归"，本质上也是"人的本质的复归"。在马克思看来，只要我们现在假定人就是人，而人对世界的关系是一种人的关系，那么你就只能用"爱来交换爱"，只能用"信任来交换信任"。① 马克思认为以私有制为基础的资本主义信任是非人性的、虚伪性的，而以公有制为基础的未来共产主义信任是充满人性的、真实的信任。因此，共产主义信任是对资本主义信任的积极扬弃。

马克思从哲学高度对信任异化的本质进行了深刻的分析，认为信任异化本质上是人的本质的异化。信任异化这种现象在资本主义私有制社会中是一种普遍的现象。马克思将信任异化归结为人的本质的异化，就是将信任看成是人的本质的体现。这一思想是异常深刻而富有启发性的，它不仅使我们对于资本主义社会中人的异化的本质有了更为全面而深刻的体认，而且也使我们认识到培育与塑造尽可能高的信任不仅是人的本质的要求，更是人的本质实现的现实条件。信任从内涵上应该包含平等、

① 马克思：《1844年经济学哲学手稿》，人民出版社2000年版，第169—170页。

自由与公正，这是人的本质的体现。一个自由、平等与公正的制度一定是有益于信任的培育与塑造的。当然这种自由、平等与公正是存在于整个社会生活领域中，包括经济、政治、文化诸领域。因此，在马克思看来，未来共产主义社会由于是一个平等、自由、公正的社会，因而是具有真正高度信任的社会。

马克思把资本主义信任异化或信任危机归之于资本主义制度的不公正，为我们深刻而全面地理解信任的基础、信任危机发生的原因提供了颇为有益的启迪。信任异化或信任危机是因制度而发生的，包括制度变迁导致制度之间的冲突、矛盾而不能有效供给，制度实施机制不能很好地发挥作用，制度本身的性质、缺陷等。目前中国信任危机发生的主要原因是制度变迁导致的制度之间的冲突、矛盾，制度与历史传统文化之间的矛盾，制度有效供给不足，制度本身不完善，制度实施机制没有很好地发挥作用等。与资本主义制度相比，社会主义是一种公正的制度，但在社会主义初级阶段，其制度还不是很完善，很有可能发生信任危机。因此，在社会主义初级阶段进行社会主义建设过程中，要避免或克服信任危机必须不断地完善社会主义制度，使社会主义制度的公正性得到真正的体现，从而为社会主义市场经济建设培育与塑造作为其内在强大支撑力量的高度的信任。

总之，马克思的"信任异化观"，不仅深化了其异化理论，而且也为我们深刻而全面地理解信任的基础、建构信任危机理论、建设社会主义市场经济提供了深刻而有益的启示。

（载于《理论界》2004 年第 4 期）

"社会主义公民社会"在当代中国的建构

尽管理论界有关公民社会（Civil Society）的定义看法不尽一致，但在一些基本方面却存在相当的一致性，如认为公民社会是指相对独立于政治、经济领域之外的一个空间或领域，公民社会是由具有公民权利与意识的公民所构成，等等。基于这些看法，我们给公民社会做如下界定：公民社会就是由一些具有相应公民权利与意识的公民及其参与活动所构成的一个具有非政治或非经济意义的社会空间或领域。如第三部门（ThirdSector）或非政府组织（NGO）、非营利组织（NPO）、志愿性社团、社会运动、公共领域等，就是一些较为典型的公民社会领域。① 公民社会与社会学意义上的社会领域不同，因为社会学意义上的社会领域，不仅包括各种社会共同体（大至民族，小至形形色色的群体）及其相互之间的关系，而且包括家庭的和个人的日常生活以及个人的社会交往，等等。需要加以说明的是，这里所谓的"非政治或非经济意义"只是为了强调公民社会本身是一个纯粹的社会领域，而不是一个政治或经济领域，并不意味着它的产生和发展与政治或经济无关。事实上公民社会的产生和发展与政治或经济密切相关。

公民社会是一个历史性的范畴，在不同的历史时期具有不同的内容与形态。如古希腊时期的公民社会就是所谓的"城邦社会"，因为 Civil Society 本意源自古希腊雅典的"城邦政治"。而近现代时期的公民社会则被称之为"市民社会"或"资产阶级社会"，很显然，Civil Society 被赋予了资产阶级时代的含义。公民社会在不同的历史发展时期与国家的关系密切相关，而各个时期公民社会的不同形态取决于它与国家的关系。历史上公民社会的形成与成长实质上是国家"让渡"或"放权"的结果，

---

① 何增科：《公民社会与第三部门研究引论》，《马克思主义与现实》2000 年第 1 期。

国家是公民社会产生与发展的一个直接原因。① 因此，理论界的一些学者采用"国家—社会"或"国家—经济—社会"二分或三分分析框架来研究公民社会是有一定道理的。既然如此，将 Civil Society 一般性地译为市民社会或民间社会都是不恰当的。因为市民社会或资产阶级社会只是近现代时期公民社会的形态，而民间社会似乎是一个完全独立于官方（国家）的社会领域，但事实上它的产生、成长也离不开官方（国家）的"让渡"或"放权"。

当代中国的公民社会不仅与西方以及历史上存在过的公民社会不同，而且其产生与发展也必然取决于它与国家的关系。我们所谓的"当代中国公民社会的建构"，不管是观念的建构还是现实的建构，都蕴含着对于这种看法的认同。当代中国建构的公民社会不仅具有当代中国社会发展的特征，而且首先取决于它与当代中国国家的现实关系。当代中国公民社会是在有着五十多年发展历史的社会主义国家内建构的，它必然深受社会主义国家这一性质的影响。因而我们可以将所要建构的当代中国公民社会称为"社会主义公民社会"。这一概念不仅体现了公民社会发展的时代性，而且深刻反映了公民社会与国家之间的密切关系。并且，"社会主义公民社会"也具有其他形态的公民社会所不具有的全新特征，它反映了全体公民的权利、利益和要求，是人类历史上最为广泛的、新型的公民社会，不仅包括中国的城市居民，也包括中国广大的农村居民。为此，我们参照公民社会的一般界定给"社会主义公民社会"下这样的一个定义："社会主义公民社会"指的是由所有具有相应公民权利与意识的社会主义公民及其参与活动所构成的一个具有非政治或非经济意义的社会空间或领域。这一定义，首先体现了广泛性。一方面，"社会主义公民社会"是由中国所有具有公民权利与意识的社会主义公民所构成，因而超越了资产阶级时代公民社会的资产阶级狭隘性；另一方面，社会主义公民具有与其他公民社会形态的公民更为广泛的公民权利和更为强烈与自觉的公民意识。其次，体现了社会主义的性质。"社会主义公民社会"是由社会主义公民及其参与的活动所构成，说明它的社会主义性质不仅体现在其构成成员是社会主义公民，而且体现在他们所参与的活动是为社会主义建设事业服务的，而在当代则体现在他们所参与的活动是构建

① 方朝晖：《对 90 年代市民社会研究的一个反思》，《天津社会科学》1999 年第 5 期。

"社会主义和谐社会"的非常重要的部分。因为"社会主义和谐社会"的构建也包括"社会主义公民社会"的构建，后者不仅促进前者，而且是前者能否成功的关键。

中国处于社会主义初级发展阶段，当代中国只有坚持社会主义方向与中国共产党领导，大力发展社会主义市场经济，"社会主义公民社会"建构才能取得成功。因而当代中国"社会主义公民社会"的建构必须始终坚持社会主义方向与中国共产党领导，无论在建构模式的具体设定上，还是在建构的具体实践过程中都必须坚持这一基本原则不动摇。自从中共中央提出"构建社会主义和谐社会"这一战略目标以来，"社会和谐"成为当代中国社会建设与发展的原则与主题之一。当代中国"社会主义公民社会"的建构也必须在"社会和谐"原则的指导下展开，以建构"和谐的社会主义公民社会"作为最高目标之一。当代中国"社会主义公民社会"的建构，除了具有公民社会建构的一些共性之外，因其基本国情特殊还具有以下两个方面的特征：

首先，它是在国家或政府的积极推动下的一种公开的建构过程。20世纪70年代至80年代末90年代初，在苏联与东欧的一些社会主义国家，一些政治反对派组织发起了以争取民主、建立"公民社会"为宗旨的社会运动。虽然这些社会运动是以反"国家主义"为其理想，但他们所要建立的"公民社会"是所谓"极权国家"的对立面，是对"极权国家"的一种反抗。这种"公民社会"不是在国家或政府的支持与推动下，反而是在一些政治反对派组织，如波兰团结工会的领导与鼓动下所开展的一些社会运动的过程中建构起来的，因而其建构过程具有很大的隐秘性。① 而当代中国所要建构的"社会主义公民社会"与东欧、苏联等社会主义国家所谓的"公民社会"的建构过程截然不同。它不仅是在国家或政府的积极推动下进行的，而且这种建构不是对抗国家或政府的过程，而是在全面扩展公民权利的基础上进一步促进国家政权建设、巩固与保证国家政权的良性运行。

其次，它是在充分发挥所有公民积极主动性的基础上的一次自觉建构过程。苏联与东欧一些社会主义国家，乃至西方历史上资产阶级国家

---

① 戈登·怀特：《公民社会、民主化和发展：廓清分析范围》，何增科：《公民社会与第三部门》，社会科学文献出版社2000年版，第60页。

的"公民社会"的建构过程，实际上是一个公民与国家或政府"争权"，甚至"反抗"国家或政府的过程。在"争权"与"反抗"国家或政府的过程中，国家或政府被迫"放权"，"让渡"一些权力，公民由此而获得一些权利。因而它是一个公民反抗国家权力而获取自身权利的过程。就国家或政府而言，这是一个被迫的过程。而当代中国"社会主义公民社会"的建构是在国家或政府积极推动下的一次公开而自觉的过程：一方面国家或政府积极主动地制定相应的制度、法规或政策，为公民社会的建构提供强有力的支持与保障；另一方面公民在国家或政府的指导与动员下，在一个有利于公民社会建构的环境中积极主动地参与公民社会的建构活动，并在其中公开展示和运用自身权利，积极推进公民社会的建构。这是一个国家或政府与公民双向自主建构的过程。

由以上两个特征决定了当代中国"社会主义公民社会"的建构模式是一个"政府主导与公民自主相结合"的国家或政府与公民"双向自主建构模式"。这一建构模式是对以往公民社会诸多建构模式的一种超越。以往公民社会的建构模式大多基于"国家—社会"二分分析框架，[①] 这一分析框架虽然在一定程度上反映了西方公民社会历史发展的现实，但它的一个明显特征就是将国家与公民社会置于僵硬的对立关系之中。我们可以将以这一分析框架为基础形成的公民社会的建构模式称为国家或政府与公民"单向被动建构模式"。然而，由于"社会主义公民社会"具有以往任何公民社会所不具有的全新特征，因而无论是"国家—社会"二分分析框架还是"国家—经济—社会"三分分析框架都无法完全反映这种新型公民社会的基本特征。因此，我们在研究"社会主义公民社会"建构模式时，必须依据当代中国的基本国情与"社会主义公民社会"建构的特征，在超越"二元对立"的"国家—社会"或"国家—经济—社会"分析框架以及原建构模式的基础上，创建一种全新的公民社会建构模式。这种建构模式可以概括地表述为"政府主导与公民自主相结合"的国家或政府与公民"双向自主建构模式"，而它所基于的分析框架则是"国家"—公民，即国家或政府与公民双向作用、促进或交融。这一分析框架的实质是国家或政府与公民之间不是相互排斥、相互对立的关系，

---

① "国家—经济—社会"三分分析框架虽然形式上加快了"经济"这一环节，但本质上它仍然是一种"国家—社会"的二分分析框架，是"国家—社会"二分分析框架的一种延伸。

而是一种统一、互补、合作的关系，即"相互促进、共生共强"的关系。①

（载于《吉林大学社会科学学报》2006 年第 6 期）

---

① 何增科：《公民社会与第三部门研究引论》，《马克思主义与现实》2000 年第 1 期。

论制度社会学在当代的建构

自 20 世纪七八十年代以来在西方产生与流行的新制度主义，就其本质而言，只是一种新的制度分析范式、研究取向或研究路径，甚至只是一种新的制度分析的学术思潮。因而它与传统的或旧的制度主义一样，不是一种系统理论形态或一门新的学科。新制度主义之所以是"新颖的"，在于它与传统的或旧的制度主义相比，具有了一些新的特征：如对制度的理解更为宽泛，即扩展了制度概念的外延，甚至具有将制度概念普遍化的倾向；不是简单地假定制度的存在，且泛泛地谈论制度的地位与作用，而是尝试解释制度，研究制度的起源及其内在机制，制度的变迁及其动力，制度的绩效，制度与个人行为之间的互动关系等。然而，新制度主义作为一种新的制度分析范式或研究取向，并没有首先产生于社会学领域，而是兴起于经济学与政治学领域。

"二战"后，西方经济学与政治学研究因深受科学主义影响而忽视制度分析在解释经济与政治现象过程中的地位与作用。进入 20 世纪七八十年代，西方的经济与政治发生了深刻的变化，主流经济学与主流政治学因无力解释这种现实的变化而不断地受到质疑，于是在经济学与政治学领域兴起了一种重视制度分析的新的研究取向或路径，即新制度主义。因而新制度主义可以看成是在对主流经济学与主流政治学研究取向或路径进行反思与批判的过程中形成的一种新的制度研究取向或路径，实质上是对经济学与政治学中的制度分析的地位与作用的"重新发现"或对传统的或旧的制度分析的一种"复归"。

具体而言，在对经济学中的新古典经济学理论的反思与批判过程中形成了经济学中的新制度主义，包括科斯（Coase）的产权理论、威廉姆森（Williamson）的交易成本理论以及诺思（North）的制度变迁理论等；在对政治学中的行为主义理论进行反思与批判过程中形成了政治学中的新制度主义，包括马奇和奥尔森（March and Olsen）的规范制度主义、历史制度主义、社会学制度主义以及理性选择制度主义等。① 因此，新制度主义大致包括经济学中的新制度主义与政治学中的新制度主义两大类，或新制度经济学（经济学中的新制度主义与新制度经济学本质上是同义的）与政治学中的规范制度主义、历史制度主义、社会学制度主义和理性选择制度主义等。在西方社会科学的发展史上，政治学、经济学之间因经常发生知识交流而相互影响。可以说行为主义政治学的产生直接源于与新古典经济学的知识交流，而新制度经济学也直接影响了政治学中的新制度主义的兴起。虽然社会学与经济学之间也因知识交流而相互影响，但与政治学相比，社会学对新制度经济学的兴起所作出的反应则显得没有政治学来得敏感。②

20 世纪 90 年代以来，随着新制度主义这种新的制度分析范式的进一步扩展，社会学开始作出反应。政治学中的新制度主义以及新制度经济学对于社会学而言，无疑是一种"政治学帝国主义"与"经济学帝国主义"的入侵形式。对此，当代社会学研究者的心情是相当复杂的，"经济学家重新发现制度引起了社会学者的复杂反应。"③ 因为自社会学产生以来制度一直是社会学研究的题中应有之义。然而，无论是新制度经济学还是政治学中的新制度主义在事实上的确激发了社会学对于制度分析的进一步关注。虽然在某些领域，如组织理论的研究中取得了一定成果，出现了所谓的组织性的新制度主义④，但总体上没有多大的进展。维克托·尼（Victor Nee）在 2001 年所撰写的《新制度主义的源流》一书中坦承："然而，直到最近，社会学者才接受了但并没有解释约束的存在。"⑤ 也就是说，在社会学学科领域内总体上并没有产生类似于政治学中的社会学制度主义。他还说，"社会学中的新制度主义"所进行的解

① 薛晓源、陈家刚主编：《全球化与新制度主义》，社会科学文献出版社 2004 年版，第 87—88 页。
② 薛晓源、陈家刚主编：《全球化与新制度主义》，社会科学文献出版社 2004 年版，第 195—208 页。
③ 薛晓源、陈家刚主编：《全球化与新制度主义》，社会科学文献出版社 2004 年版，第 90 页。
④ 薛晓源、陈家刚主编：《全球化与新制度主义》，社会科学文献出版社 2004 年版，第 93 页。
⑤ 薛晓源、陈家刚主编：《全球化与新制度主义》，社会科学文献出版社 2004 年版，第 102 页。

释，可以视为他对于"社会学中的新制度主义"的基本设想，即"与帕森斯（Parsons）所倡导的早期社会学制度主义不同，新制度主义力图解释制度而不是简单地假定制度存在。"① 总之，新制度主义在当代的兴起源于对现代新古典主义经济学与现代行为主义政治学的反思与批判，而社会学对于新制度主义的崛起所作出的复杂而缓慢的回应为我们在当代建构制度社会学提供了良好的契机与较为广阔的空间。在当代建构制度社会学可以看成是对于新制度主义的入侵与刺激的一种积极而及时的理论回应。

作为对新制度主义崛起的一种积极而及时的理论回应，制度社会学在当代的建构在很长时期内将成为当代社会学研究的一个主题。因而它的建构成功将实现社会学理论的一次重大转型和一个里程碑，因而必将进一步推进社会学在当代的研究与发展。然而，在当代如何建构制度社会学呢？维克托·尼关于"社会学中的新制度主义"建构的基本设想为我们提供了有益的启示。这是他在未来有关社会学开展制度研究的一个基本设想，但却基于对经济学与政治学中的新制度主义制度研究取向或路径以及社会学发展史上有关制度研究成果的一种反思。维克托·尼为该研究定下了基调或基本原则，即"不是假定制度存在，而是解释制度"。这一基本原则与我们将要建构的作为社会学的一门分支学科"制度社会学"（Institutional Sociology）的基本原则相一致。但形式上"制度社会学"比"社会学中的新制度主义"更为严格。因为后者给人的印象好像只是一种制度分析范式、制度研究取向或路径，甚至只是一种制度分析的学术思潮，其关键词是"制度主义"，而前者很明显具有一种学科的意味，其关键词是"社会学"。因此，我们将所要建构的一门有关制度的学科命名为"制度社会学"。制度社会学是制度理论的系统化、学科化，因而它的建构与新制度经济学的建构思路相类似，即它是从社会学角度，以社会学的理论与方法去研究制度问题，而不像"社会学中的新制度主义"那样仅仅是指在社会学内部所产生的一种制度研究取向或路径。

在维克托·尼看来，"社会学中的新制度主义"的产生可能源于对政治学、经济学中的新制度主义的入侵与刺激所作出的回应，以及尤其是

---

① 薛晓源、陈家刚主编：《全球化与新制度主义》，社会科学文献出版社 2004 年版，第 104 页。

与经济学进行经常、公开而富有成效的交流与互动，"社会学的上升时期经常伴随着和经济学的公开交流和互动。社会学中的新制度主义研究路向可能被认为是社会学中向新古典主义的转向。社会学中的新制度主义扩展了古典主义社会学和早期的社会学制度主义学者的知识遗产，后者同样与经济学进行了富有成效的知识交流。"① 由此可见，该理论的基本设想为当代建构制度社会学提供非常有益的方法论启示。概括说来主要包括：

（1）制度社会学的建构必须坚持"不是简单地假定制度存在，而是解释制度"这一基本原则。而"解释制度"主要是从社会学角度研究制度的起源及其内在机制，制度的变迁及其动力，制度的本质与类型，制度系统各部分之间的关系，制度与个人行为之间的关系以及制度的经济、政治、社会绩效等。其中制度与个人行为之间的关系是制度社会学研究的基本问题。这一基本问题是制度社会学的内在的基本矛盾，从而也是制度社会学进一步发展的内在动力。

（2）制度社会学的建构必须首先对新制度主义的入侵与刺激作出积极的理论回应。这种回应不是动物般地、机械地对环境刺激所作出的被动消极反应，而是相应地、积极主动地建构自己比较系统的制度理论及制度社会学学科体系，以保住自己的学科领地与尊严。制度社会学所要建构的理论，包括制度起源及其内在机制理论，制度变迁及其动力理论，制度系统理论，制度本质与类型理论，制度与个人行为之间互动的理论，制度绩效理论等。

（3）制度社会学的建构必须经常公开地与其他学科，如政治学、经济学进行知识交流与互动。这是制度社会学在当代建构的一个外在动力。建构制度社会学不仅需要由内在的制度与个人行为所构成的基本矛盾来推动，也需要外在知识的激励。主流经济学中"经济人"基本假定以及由此而延伸出的经济学与政治学中的"理性选择理论"等，将是制度社会学建构过程中不可或缺的因素。

（4）制度社会学的建构必须始终立足于社会学学科领域、坚守社会学的基本假定与方法论立场。在基本假定上立足于制度框架，而不是像

---

① 薛晓源、陈家刚主编：《全球化与新制度主义》，社会科学文献出版社 2004 年版，第 91 页。

制度经济学与理性选择制度主义那样，立足于"理性人"及其理性选择行为，将个人理性行为整合进制度框架中，在制度基础上解释制度与个人理性行为之间的互动关系；在方法论上立足于方法论整体主义，而不是方法论个体主义，将方法论个体主义整合进方法论整体主义框架中，在方法论整体主义的基础上开展制度社会学研究。

（5）制度社会学的建构必须建设性地处理社会学发展史上有关制度研究的积极成果。在社会学发展史上产生了较为丰富而积极的制度研究成果，如古典时期迪尔凯姆、韦伯和当代帕森斯社会学家的制度研究成果等。我们可以将这些制度研究成果加以理性加工提升为较为系统的制度社会学的学科性理论。

根据上述建构原则，我们认为制度社会学在当代的建构可以依循这样的理论路径，即以制度与个人理性行为之间的互动关系作为制度社会学研究的基本问题，并从以下两方面入手：

首先，从新制度主义理论与方法论的精髓中汲取灵感与启示。经济学与政治学中的新制度主义理论与方法论的精髓就是整合的制度研究取向或路径。经济学与政治学中新制度主义都是立足于本学科领域的基本理论与方法论将制度与个人理性行为整合起来的。被诺思称为新制度经济学的一个分支的布坎南（Buchanan）的"公共选择理论"或"立宪经济学"就采取了这种整合的制度研究取向或路径。布坎南在1987年为《新帕尔格雷夫经济学辞典》所撰写的"立宪经济学"词条中，通过区分两种不同的选择与两个不同层次的行为来实现制度与个人理性行为之间的整合。布坎南认为人们的选择可以分为"制度因素的选择"与"制约因素内的选择"，而人们的行为可以分为立宪性层次与执行性层次。立宪性层次与执行性层次分别指对于制度进行选择的层次与在既定制度下进行选择的层次。布坎南强调在执行层次，由于个人的利益是可以辨认的，因而可以通过成本—收益的具体计算和权衡来取得自身的效用最大化；而在立宪层次，由于个人的利益不能清楚辨认，因而个人的效用最大化不是建立在成本—效益的具体计算上的，而只是抱有效用最大化动机的不同个人彼此间达成了协议。①

而政治学中的理性选择制度主义，则将立足于"理性人"这一直接

---

① 秦海：《制度范式与制度主义》，《社会学研究》1999年第5期。

借用于新古典经济学的概念与理性选择理论与方法来研究制度及其与个人理性的政治行为之间的关系。作为新制度主义中的印第安纳学派的代表人物奥斯特罗姆（Ostrom），运用科学哲学家拉卡托斯（Lakatos）提出的有关"硬核"与"保护带"理论来改造传统理性选择理论，从而实现了制度与个人理性行为之间的整合。拉卡托斯认为，每一个科学研究纲领都有一个硬核，它是"坚韧的""不许改变的"和"不容反驳的"。而所谓"保护带"就是科学理论系统的硬核的保护带，它由许多辅助性假设构成，"辅助假设保护带"的任务是保卫硬核，不让它遭受经验事实的反驳。①

奥斯特罗姆将传统理性选择理论中的基本假定，如认为"人的行为是为了追求自己目的的最大化而做出的，因此它具有目的取向性和工具性的本质"这一部分界定为"硬核"部分，而将制度对个人的行为影响视为一个"保护带"。她进一步针对传统理性选择理论中的"完整的理性"，提出了"多样的程度下的理性"（E. Ostrom 等，1994），由此将自己的研究方法称为"合理选择理论的行为视角"，认为这种研究方法主要关注"具有多样程度的理性的个人行为在什么样的制度或制约下能发挥其最有效的、最佳的作用"的问题。因而在奥斯特罗姆看来，制度与个人行为之间的关系不是一种制度"决定"个人行为的关系，而是一种制度"影响"个人行为选择的关系，即个人在特定的条件和制约之下，根据自己的目的来选择最有效的、达到其目的的行为。

总之，经济学与政治学中的新制度主义理论与方法论的精髓主要就是它们所持的制度研究的整合取向或路径。这就为我们在当代建构制度社会学提供了灵感和启示，即只有从一种整合的角度建构起来的制度社会学，才能对社会现实做出更为全面而合理的解释。

其次，重视与总结社会学发展史上有关制度研究的积极成果。在古典社会学时期对于制度的研究主要有两种基本取向：一是以迪尔凯姆为代表的方法论整体主义；一是以韦伯为代表的方法论个体主义。迪尔凯姆从社会结构角度来研究制度，将制度理解为一种行为方式或模式。② 韦伯则从个人的社会行为角度研究制度，并较为系统地研究了制度，包括

---

① 夏基松：《当代西方哲学》，黑龙江人民出版社 1983 年版，第 208—209 页。
② ［法］迪尔凯姆：《社会学方法的准则》，狄玉明译，商务印书馆 2002 年版，第 19 页。

制度的含义、制度的各种具体形式及其相互关系等。韦伯认为制度就是一种社会关系的意义内容。① 因此，他认为制度指的是一种社会行为发生的根据、准则，社会行为就是以制度为取向而发生的，因而制度对于社会行为具有约束力或榜样的作用。

韦伯进一步研究了制度的具体形式及其相互关系。在他看来，习惯、习俗、惯例以及法律都是制度的具体形式，其间还互相转化、互相过渡，而且它们之间相互转化、相互过渡的界限是模糊的。"法的制度天衣无缝地、没有任何阶梯地过渡到另一个领域，这就是'惯例'以及'习俗'领域。② 显而易见，对于社会学来说，从'习俗'到'惯例'，从'惯例'到'法'，其过渡界限是模糊的。"③ 迪尔凯姆与韦伯分别从两种相互对立的方法论出发开展制度研究，反映了社会学基本矛盾（社会结构与个人行为之间的矛盾）的具体形式。迪尔凯姆坚持"强"方法论整体主义，即假定了制度不仅不可还原或简约为个人的行为，反而作为外在于个人的一种力量，对于个人的行为产生强制性约束作用。韦伯虽然也认为制度对于个人的社会行为具有约束力，但制度却是一种人们能够理解的社会关系的意义内容。

迪尔凯姆对于制度的研究开启了社会学制度研究的先河，规定了社会学制度研究的基本方向与主要内容，同时也为社会学制度研究的进一步发展设置了障碍。如对微观的"搭便车"或"坐享其成"等问题则显得无能为力，即无法从宏观研究顺利地过渡到微观研究，因而失去了全面而合理地解释社会现象的能力。而韦伯坚持的方法论个体主义制度研究取向，虽然具有较为明显的主观性特征，但却能较为有效地从微观研究过渡到宏观研究。韦伯在研究新教伦理与资本主义精神之间的关系时发现，新教徒个人的理性行为受到包括新教伦理在内的制度的约束与限制，于是他从这一观点出发进一步解释了资本主义精神这一宏观社会现象。

迪尔凯姆与韦伯在制度研究取向上的相互对立，以及各自所取得的制度研究成果为当代社会学家帕森斯所扬弃与整合。帕森斯主要通过构建综合的社会行为理论与综合的社会系统理论实现了这种整合，并在整

---

① ［德］韦伯：《经济与社会》，林荣远译，商务印书馆1998年版，第62页。
② ［德］韦伯：《经济与社会》，林荣远译，商务印书馆1998年版，第356页。
③ ［德］韦伯：《经济与社会》，林荣远译，商务印书馆1998年版，第362页。

合制度与个人行为之间的关系中展开制度研究，即在理论基础上注重两者之间的互动与统一，又在制度框架中整合进个人行为；在方法论上强调方法论整体主义与方法论个体主义之间的整合，即在方法论整体主义的框架中整合进方法论个体主义。因而实际上大大削弱了迪尔凯姆所持的"强"方法论整体主义，利用并发挥了韦伯的方法论个体主义的优势。帕森斯互相联系的观点是：（1）个人的行为是由一定的目标所指引的；（2）个人的行为发生在一种情境中，在该情境中有一些既定的因素，而其他因素则作为达到目的的手段被行为者利用；（3）个人的行为要在目的和手段的选择方面进行规范性调节。①

帕森斯的观点可以用一句话来概括，即个人的行为是经既定的制度调节（规范性调节）后发生的。这种制度调节或规范性调节在他的综合的社会系统理论中就是所谓支配每个人选择的主观取向。帕森斯将个人的主观取向分为两类，即动机的取向与价值的取向。动机取向就是行为者希望最大满足与最小损失。它的一个方面就是努力平衡带有长远目标的直接需要；价值取向就是支配着个人选择和对不同需要和目标优先考虑的规范性标准。② 很显然，帕森斯制度研究的整合取向在他的综合的社会系统理论中体现得更为具体而直接。因而帕森斯制度研究的整合取向及其所取得的积极成果是我们在当代建构制度社会学的一个直接的理论前提。

总之，虽然在社会学发展史上产生了较为丰富而积极的制度研究成果，但是真正作为社会学的一门分支学科的制度社会学至今尚未建立起来。新制度主义在当代西方的崛起无疑为制度社会学在当代的建构提供了一个良好的契机。制度社会学在当代的建构不仅要从新制度主义的理论与方法论中汲取灵感与启示，更要重视与总结社会学发展史上有关制度研究的积极成果。中国社会转型本质上是制度转型，因而制度社会学在当代的建构不仅将填补社会学理论的一项空白，从而促进社会学学科的建设，而且对于当代中国社会主义市场经济建设也具有非常重要的现实指导意义。

（载于《江苏社会科学》2006 年第 3 期）

---

① ［美］约翰逊：《社会学理论》，南开大学社会学系译，国际文化出版公司 1988 年版，第 500 页。

② ［美］约翰逊：《社会学理论》，南开大学社会学系译，国际文化出版公司 1988 年版，第 509—511 页。

论吉登斯结构化理论的内在逻辑[①]

吉登斯的结构化理论是他的社会学理论中的基础性的核心理论，也是当代西方众多社会学理论中极具原创性的"综合性"理论之一，受到了西方社会学理论界的一致认同。本文研究吉登斯结构化理论的内在逻辑，旨在为更好地理解和把握吉登斯的结构化理论，乃至西方社会学理论的历史发展脉络以及为其在当代的发展趋势提供一种新思路。我们认为吉登斯的结构化理论具有很强的内在逻辑，它是由逻辑前提、逻辑起点、逻辑中介以及逻辑展开等主要内容及其相互关系所构成的一个有机的理论系统。

一 逻辑前提：对传统社会学理论的"二元论"的批判

在西方社会学理论的发展过程中一直存在着一个"二元对立"的理论困境，即"社会结构制约性与个人行为自主性"之间的"二元对立"问题。这一问题也是推动西方社会学理论发展的基本矛盾，在更深层次上它源于主体与客体、主观与客观之间的对立关系。自孔德创立社会学这门学科始，这一"二元对立"问题就成了西方社会学理论发展中不可回避而又难以解决的核心问题。西方社会学理论家在宣扬他们自己的社会学理论时，总是有意无意地倒向"二元对立"中的一方，或"强"个人行为自主性，或"强"社会结构制约性，前者的立场可称之为"主体主义"，而后者的立场则可称之为"客体主义"。

[①] 与王远合作。王远，吉林大学社会学系 2006 级硕士研究生，主要从事西方社会学理论的研究。

　　孔德受当时的自然科学辉煌成功的影响，从设想建构社会学这门学科开始，就赋予社会学浓厚的自然科学韵味，提出"实证"社会学的构想，试图将社会学发展成一种以自然科学研究方法为主的社会科学。将孔德的社会学理论系统化、学科化的是迪尔凯姆，他在《社会学方法的准则》一书中明确提出了社会学研究方法的"实证准则"。他认为社会学的研究对象是社会事实，而社会事实是一种外在于人并对个人有约束作用的客观存在。他说："一切行为方式，不论它是固定的还是不固定的，凡是能从外部给予个人以约束的，或者换一句话说，普遍存在于该社会各处并具有其固有存在的，不管其在个人身上的表现如何，都叫做社会事实。"[1] 而社会学方法的最基本的准则是"要把社会事实作为物来考察。"[2] 因此，在迪尔凯姆看来，既然社会事实被定义为外在于人的客观事物，那么对于社会事实的研究，不能掺杂进任何个人的因素。他指出："一种社会事实的决定性原因，应该到先于它存在的社会事实之中去寻找，而不应该到个人意识的状态中去寻找。"[3] 由此，迪尔凯姆以社会与自然相类似为理论预设，建构了他的社会学理论的基本框架，发展出一整套实证社会学理论，确立了实证社会学在社会学理论中的核心地位。然而，我们从他的社会学理论中能很容易地发现"二元对立"的社会学理论困境。迪尔凯姆因过分强调社会事实的客观实在性与外在制约性，很自觉地将社会结构制约性与个人行为自主性对立起来了。因此，迪尔凯姆是西方社会学理论发展史上第一个自觉地坚持"客体主义"立场的客体主义者。

　　迪尔凯姆之后，布劳的宏观社会学理论将"客体主义"社会学理论精细化了。他演绎了一套复杂的体系，设定了数十条"结构效应"的定理，但是在本质上他依旧强调社会结构制约性的绝对统治地位。而帕森斯的"结构功能主义"则意识到了社会结构制约性与个人行为自主性在某种程度上是不能分割的，少了任何一个都会使其理论产生缺陷。很显

---

　　[1]　［法］埃米尔·迪尔凯姆：《社会学方法的准则》，狄玉明译，商务印书馆 2004 年版，第 34 页。

　　[2]　［法］埃米尔·迪尔凯姆：《社会学方法的准则》，狄玉明译，商务印书馆 2004 年版，第 35 页。

　　[3]　［法］埃米尔·迪尔凯姆：《社会学方法的准则》，狄玉明译，商务印书馆 2004 年版，第 125 页。

然，帕森斯对于社会学理论中的"二元对立"困境进行了一次尝试性的解决，尽管没能最终如愿，但其创立的"结构功能主义"无疑是吉登斯结构化理论的一个直接的理论前提。

由上可知，"客体主义"社会学理论的最大缺陷在于它们过分强调了社会结构制约性而忽视了个人行为自主性在社会建构中的作用。他们把个人行为的自主性、能动性看作是无关紧要的存在，认为个人只是单纯地服从社会结构的制约，对于社会结构完全没有反抗能力和任何影响力。

针对迪尔凯姆的社会学理论的"客体主义"立场，韦伯通过强调个人行为自主性而坚持"主体主义"立场，更为自觉地将"二元对立"的社会学理论困境突出出来。韦伯在批判迪尔凯姆的理论预设的前提下，提出了自己的理论预设，即社会与自然是不同的。韦伯认为社会学方法的基础是"概念"而不是迪尔凯姆所谓的"物"。他把社会学定义为一门对于个人的社会行为及其过程进行解释性理解与因果性说明的科学，并提出了这种理解社会学的方法，以寻求对于个人社会行为内涵意义的理解。他说："社会学是一门科学，其意图在于对社会行动进行诠释性的理解，并从而对社会行动的过程及结果予以因果性的解释。"[1] 韦伯进一步建构了四种"理想型"的"社会行为"，即目的理性的社会行为、价值理性的社会行为、情感的社会行为以及传统的社会行为。由此可见，韦伯创立的社会学理论与迪尔凯姆的社会学理论是完全对立的，它们在理论预设、研究对象以及研究方法上都截然不同。因此，韦伯社会学理论的"主体主义"立场与迪尔凯姆社会学理论的"客体主义"立场形成了很鲜明的对立。

"主体主义"社会学理论的缺陷与"客体主义"社会学理论的缺陷一样明显，即它们过分强调了个人行为自主性而忽视社会结构制约性在社会建构中的作用。因此，它们太注重对意义的研究，而只是无力地研究个体间的互动过程，因而当面对国家、宗教这类复杂庞大的社会现象时，它们几乎没什么解释力。

总之，无论是"主体主义"社会学理论还是"客体主义"社会学理论，它们在面对"二元对立"社会学理论困境时，都将其中的"一元"

---

① ［德］马克斯·韦伯：《社会学的基本概念》，顾忠华译，广西师范大学出版社 2005 年版，第 13 页。

推向了极端，而同时否认"另一元"。

　　吉登斯的结构化理论正是为了克服上述"主体主义"和"客体主义"社会学理论的缺陷，以实现对社会结构制约性与个人行为自主性之间"二元对立"这一社会学理论困境的超越。针对"客体主义"社会学理论立场，他指出："社会关注的不是一个'预先给定的'（Pre‑given）客体世界，而是一个由主体的积极行为所构造或创造的世界。"① 针对"主体主义"社会学理论立场，他认为："人类能动行为的领域是受到限制的。"② 他在批判整理前人理论的时候惯用的一个方式就是以"二元论"社会学理论中"一元"的理论优势来对"另一元"的理论劣势进行批判，反之亦然。他的这一做法使一些社会学理论家质疑其理论不过是一种"折衷主义"的理论拼凑。吉登斯的结构化理论如果是以一种建构理论框架的姿态出现（如帕森斯建构的宏大的社会学框架），而不是以批判的姿态出现，或许就没有这么多的质疑声。但是吉登斯不可能那么做，那样做的结果或许难免也会使他陷入一种理论倾向，就像帕森斯一样。吉登斯以批判为理论的逻辑前提，就注定了他的理论会被一些人质疑其只是被动地填补理论漏洞，而不是主动地建构理论。但是这些对吉登斯结构化理论的质疑并不能掩盖它巨大的创新性。吉登斯的结构化理论以"结构二重性"概念来代替"二元论"，并以"实践"作为其核心概念，因而在一定程度上缓解了"二元对立"所带来的理论困境，他也因此而成为西方社会学理论发展史上第一位以一套系统的理论来解决"二元对立"社会学理论困境的社会学理论家。"结构二重性"与"实践"概念是吉登斯的结构化理论的逻辑起点与逻辑中介。

二　逻辑起点与中介："结构二重性"与"实践"

　　吉登斯的结构化理论是围绕"结构二重性"概念展开的。吉登斯认为，"结构同时作为自身反复组织起来的行为的中介与结果；社会系统的

---

　　① ［英］安东尼·吉登斯：《社会学方法的新规则》，田佑中等译，社会科学文献出版社2003年版，第277页。
　　② ［英］安东尼·吉登斯：《社会学方法的新规则》，田佑中等译，社会科学文献出版社2003年版，第278页。

结构性特征并不外在于行动，而是反复不断地卷入行动的生产与再生产。"① 因此，所谓"结构二重性"指的是结构同时具有使动性和制约性这两种属性。在这个定义中，可以看出结构和结构性特征这两个关键性术语之间的关系。"结构"一词一般常见于结构主义和功能主义学者的笔下，而吉登斯定义的结构显然与其不同。吉登斯认为功能主义、结构主义者将"结构"理解为社会关系或社会现象的某种"模式化"是错误的，因为这无疑将"结构"剥离了个人。"结构究竟指的是在某一固定系列范围内一系列可以允许转换的生成框架，还是指左右这一生成框架的转换规则……把结构看作是这种转换的规则（和资源），至少它最基本的意思是这样。""在社会研究里，结构指的是使社会系统中的时空'束集'在一起的那些结构化特征"。② 由此可见，尽管吉登斯保留了"结构"这一名词，但他对"结构"作了重新的定义，即结构包括规则和资源，结构也同时具有结构性（化）特征。因此，在"结构二重性"这个概念中包括了吉登斯结构化理论中最主要的创新内容：（1）重新定义了"结构"的概念；（2）架通了社会结构制约性与个人行为自主性，使二者不再是一种非此即彼的"对立"关系，而是一种"互构"关系；（3）揭示了架通社会结构制约性与个人行为自主性这一"对立双方"的方式，即通过生产与再生产，也可以说通过实践来实现社会结构制约性与个人行为自主性之间的互构。因此，"实践"也是吉登斯结构化理论中的一个核心概念，并且是整套结构化理论得以"运行"的逻辑中介。

吉登斯的结构化理论的逻辑前提是建设性地批判前人的理论，他针对传统社会学理论的"二元论"，提出了"结构二重性"概念，即化"二元论"为"二重性"。然而，结构化理论之所以被大多数社会学家所认可，源于他对传统社会学理论的"二元论"的融合，而不是一种机械的拼凑（尽管有些学者认为结构化理论是一种"折衷主义"）。吉登斯的结构化理论深受马克思理论的影响，其最主要的表现是重视"实践"这一概念。他在《社会的构成》一书的引言中写道："确切地说，本书其实是对在马克思那里时常被引用的一段名言的深切反省。他指出，'人们

---

① ［英］安东尼·吉登斯：《社会的构成》，李康等译，生活·读书·新知三联书店 1998 年版，第 522 页。

② ［英］安东尼·吉登斯：《社会的构成》，李康等译，生活·读书·新知三联书店 1998 年版，第 79 页。

（或让我们直接用'人类'这个词）创造历史，但不是在他们自己选定的条件下创造。'"① 马克思的这句名言其实体现了一种"实践的二重性"，而吉登斯的"结构二重性"其实是依靠"实践二重性"为中介实现的。吉登斯认为，人类世界并不是预先给定的客体世界，而是建立在无数的人类活动实践基础上的，"在我眼里，紧密渗入时空中的社会实践恰恰是同时构建主体和社会客体的根基。"② 进而，吉登斯认为，对社会实践的研究是社会学研究的主题。他说："社会科学研究的主要领域既不是个体行动者的经验，也不是任何形式的社会总体的存在，而是在时空向度上得到有序安排的各种社会实践。"③ 显然，只要弄清楚连接主体与客体的逻辑中介——实践，那么我们就可以明白结构是如何被具有自主性、能动性的人类再生产出来，而又反过来影响人类再生产的。通过实践这一逻辑中介，结构化理论才得以展开。吉登斯着重强调了结构只有在实践的中介下才不是一种抽象的理论概念（而自主性、能动性本身也明显地包含了实践的含义，因而也不是一种抽象的理论概念），即"作为时空在场的结构只是以具体的方式出现在这种实践活动中，并作为记忆痕迹导引着具有认知能力的行动者的行为。"④ 很显然，作为吉登斯结构化理论的一个核心概念的实践，由于它很好地连接了社会结构制约性与个人行为自主性，充当了整个结构化理论脉络的逻辑中介，因而使得整个结构化理论得以展开。

三 逻辑展开：个人行动框架与 社会结构框架之间的互动

吉登斯结构化理论的展开，是从对行动者与能动作用的分析开始的。

---

① ［英］安东尼·吉登斯：《社会的构成》，李康等译，生活·读书·新知三联书店 1998 年版，第 40—41 页。

② ［英］安东尼·吉登斯：《社会的构成》，李康等译，生活·读书·新知三联书店 1998 年版，第 41—42 页。

③ ［英］安东尼·吉登斯：《社会的构成》，李康等译，生活·读书·新知三联书店 1998 年版，第 61 页。

④ ［英］安东尼·吉登斯：《社会的构成》，李康等译，生活·读书·新知三联书店 1998 年版，第 79—80 页。

吉登斯在描述行动者的分层模式时，体现了一种反思性行动流的思想，因为他认为行动是一个循环往复的过程。这个分层模式可以具体描述为：人的有意图的行动包含了动机激发过程、行动的理性化过程和行动的反思性监控这三个部分。但是这一有意图的行动却可能带来一种"意外后果"，意外后果又作为一种未被行动者认识到的条件，成为下一次行动的前提。这是一个循环往复、不断累积的过程。由于意外后果的不断积累使吉登斯认定，社会发展是无法预料的。重新定义概念或创造新概念，是吉登斯建构结构化理论的一个较为突出的特点。在这个行动框架中，他重新定义与创造了几个相当重要的概念——行动的理性化、行动的反思性监控，并区分了理由和动机的概念。吉登斯认为行动的理性化是指"行动者对自身活动的根据始终保持'理论性的理解'——这同样是例行性的。"① 行动者即使保持着行动的理性化，也不意味着能以话语的形式将他行动的理由表述出来。不过其他有资格能力的行动者会对行动者给出其行动理由的能力有所期待，而这种能力也是评判一个人资格能力的重要标准。而行动的反思性监控则是指一种不仅仅是涉及自身行为，同样也涉及他人的行为，即"行动者不仅始终监视着自己的活动流，还期望他人也如此监控着自身。他们还习以为常地监控着自己所处情境的社会特性与物理特性。"② 吉登斯认为理由是指行动的根据，而动机是指激发这一行动的需要，动机先于理由，是通盘的计划或方案。吉登斯还对行动框架中有意图行动所包含的三个过程背后的意识层面进行了挖掘，他划分出了三个意识层面：无意识、实践意识和话语意识。这三个意识层次与人的有意图的行动所包含的三个过程相对应，即在行动动机激发的过程中，无意识是很重要的特征，而在行动的理性化和行动的反思性监控中，分别涉及实践意识和话语意识。吉登斯认为"两者之间的区别不过在于，什么是可以被言说的，什么又只是只管去做而无须多说的。"③ 当行动的理性化过程被其他具有资格能力的能动者要求说出理由时，说

---

① ［英］安东尼·吉登斯：《社会的构成》，李康等译，生活·读书·新知三联书店1998年版，第65页。
② ［英］安东尼·吉登斯：《社会的构成》，李康等译，生活·读书·新知三联书店1998年版，第65页。
③ ［英］安东尼·吉登斯：《社会的构成》，李康等译，生活·读书·新知三联书店1998年版，第67页。

出理由的过程实际上就是一个反思性的过程，而实践意识经由反思言说出来，上升为话语意识。可以发现，在吉登斯的整套框架中，"反思性"是一个极其重要的概念，正是能动者反思性的存在，才使得意外后果成为下一步行动的未被认识的条件，进而影响社会进程。"反思性"作为一个背景概念，在结构化理论中有着很重要的地位。自此，吉登斯成功地建构了完整的个人行动框架——从行动背后的无意识、实践意识、话语意识层次到动机激发过程、行动的理性化过程以及行动的反思性监控，再到行动流的成功运转。

吉登斯接着的工作就是建构一套关于社会结构的理论框架。吉登斯区别了社会学理论界争论颇多的几个概念：结构、系统和制度。他认为"结构指的是使社会系统中的时空'束集'在一起的那些结构化特征，正是这些特征，使得千差万别的时空跨度中存在着相当类似的社会实践，并赋予他们以'系统性'的形式。我们说结构是转换性关系的某种'虚拟秩序'，是说作为被再生产出来的社会系统并不具有什么'结构'，只不过体现着'结构性特征'，同时，作为时空在场的结构只是以具体的方式出现在这种实践活动中，并作为记忆痕迹，导引着具有认知能力的行动者的行为……我把在社会总体再生产中包含的最根深蒂固的结构性特征称之为结构性原则。至于在这些总体中时空延伸程度最大的那些实践活动，我们则可以称其为制度。"① 从吉登斯的这段论述中，我们可以发现，结构性特征中最根深蒂固的部分是结构性原则，而时空中延伸程度最大的系统就是制度，结构性原则是结构性特征的进一步发展。制度是由系统的进一步发展而来。前面提到了吉登斯所谓的结构其实就相当于结构化特征，而不论是系统还是制度，都是以拥有结构化特征为存在前提的，在时空跨度中存在的相类似的社会实践被赋予了"结构化特征"就成为"系统"，而"系统"的进一步发展，在时空中得到最大的延伸就成了"制度"。制度与系统都不具有结构，只是体现着也必须能够体现"结构性特征"。吉登斯又进一步把"结构"细分为两个组成部分——规则和资源，而资源又可细分为配置性资源和权威性资源。另外，吉登斯多次提到"时空"这个词，其所谓的实践以及结构性原则的展开，都是

① ［英］安东尼·吉登斯：《社会的构成》，李康等译，生活·读书·新知三联书店1998年版，第79—80页。

放在时空这个背景下的。时空概念的引入虽不是吉登斯的首创，但是他运用得如此巧妙，也成为结构化理论的一个亮点。吉登斯认为微观的个人行动框架中的循环往复的再生产指的是社会再生产，即"共同在场情境下行动者的交互关系"，① 而宏观的社会结构框架中的循环往复再生产就是系统再生产，即"跨越一定时空范围的行动者或集合体之间的交互关系"。② 这样，通过引入时空概念，并对传统社会学概念进行区分和重新定义以及创造自己的新概念，吉登斯在宏观的社会结构框架的建构上也有了一条主线。

至此，微观的个人行动框架与宏观的社会结构框架都已经建构完成，而要想将这两个框架有机地结合起来，实践是一个必要的也是最重要的中介。吉登斯在个人行动框架里所描述的行动的意外后果是实践结果的一个具体体现，它是一个连接微观与宏观的桥梁，通过意外后果，行动再生产了结构。然而，仅仅有实践还是不够充分的，权力在其中起着非常重要的作用。吉登斯认为，权力在微观的个人行动框架里是能动者自身所拥有的特性之一，并且权力对结构施加影响是以实践为前提的。权力在宏观的社会结构框架里则与资源相联系。在吉登斯看来，资源分为配置性资源与权威性资源两种类型。配置性资源指的是权力实施过程中所使用的物质资源，权威性资源指的是权力实施过程中所使用的非物质资源。这样，个人能动者便可以运用自身特有的"权力"来对结构组成部分资源进行影响，权力不是资源，但是可以以资源为媒介来对结构进行干预。尽管吉登斯强调了权力虽有大小、强弱，但是弱势一方总是可以凭借其个人权力对强势一方施加影响，但是不可否认，个人凭借权力对结构造成"相当"影响的情况还是很少见的，绝大多数的个体行动对结构影响微乎其微。因此，吉登斯的结构化理论中涉及的有关社会结构制约性与个人行为自主性之间的互构，不是一种平等的互构。

这样，结构化理论的逻辑脉络完全展开了，吉登斯因此而建构了一套完整而连续的理论。吉登斯的结构化理论为我们提供了一种社会学理论研究的新视角，尽管理论本身被一些学者所质疑，但是这并不能阻挡

---

① ［英］安东尼·吉登斯：《社会的构成》，李康等译，生活·读书·新知三联书店1998年版，第93页。

② ［英］安东尼·吉登斯：《社会的构成》，李康等译，生活·读书·新知三联书店1998年版，第93页。

结构化理论成为社会学理论发展中的转折性理论。因为吉登斯接着运用这套理论对现代性进行了成功的研究，这更加证明了这套理论的价值。

四　结论

吉登斯的结构化理论是以批判前人理论为逻辑前提、以"结构二重性"与"实践"为逻辑起点和逻辑中介、以个人行动框架与社会结构框架之间的互构为逻辑展开的、系统而具内在逻辑的理论，它是一种解决了传统社会学理论的"二元对立"困境的崭新方案。吉登斯的结构化理论追求的是一种动态的平衡，整套理论以社会结构制约性与个人行为自主性为两条主线，但是这两条主线并非是独立于对方而存在，而是以实践为中介来实现这"二元"之间的相互影响。并且，吉登斯建构结构化理论的最大特点在于使用一种"批判的创造"的手法，批判指的是对于传统的"二元对立"的社会学理论进行批判，而创造则是指通过对概念的重新定义以及创造新概念来达到对社会结构制约性和个人行为自主性之间的"二元对立"关系的解构或超越。正是吉登斯的这种"批判的创造"使得其结构化理论饱受质疑。有人认为结构化理论批判的东西都过于老套，不具有超越"二元论"的普遍说服力；而有些学者则指出，结构化理论更像是概念堆积，把解决不了的问题统统以创造新概念的方法予以解决。诚然，结构化理论并非一个终结性的理论，它还有许多缺陷，比如理论的解释力有待提高（有人明确指出结构化理论对法兰克福学派的观点无能为力，并做出过论述）以及许多模糊的概念需要明确等问题。然而，我们认为吉登斯对"老套"理论的批判和创造新概念的做法无可厚非。社会科学不同于自然科学，这些社会科学中"老套"的理论往往是学科的基石性理论，社会学也不例外。我们可以发现，吉登斯所批判的理论，都是一些具有开创性成就的理论，可以说对这些理论的批判正是结构化理论的成功之处。因为要想解决"二元对立"的社会学理论困境，只能从根基入手。而吉登斯对概念的重新定义及创造新概念，显然也是很有必要的。毕竟结构化理论同样是一套开创性的理论，许多吉登斯要表达的含义在传统社会学定义中找不到相应的表达，于是，吉登斯新创造概念就显得顺理成章。同时要指出的是，吉登斯对概念进行重新定义及创造新概念，这本身就是一个逻辑过程，因而那些质疑结构化理论是概念堆积的观点是站不住脚的。吉登斯的结构化理论作为第一套解决"二元对立"社会学理论困境的完整的理论，不但对前人理论进行了清理，更在方法论上对以后的社会学理论研究起着指向性的作用，因而堪称是西方社会学理论发展史上的一种承前启后的理论。

（载于《长白学刊》2008 年第 3 期）

社会学研究主题的深化：从社会转型到社会秩序

—

　　从社会学170多年的历史看，社会转型过程中的社会秩序问题一直是社会学研究的主题。实证社会学创始人孔德明确提出，社会学研究的基本任务是在社会转型中追求社会进步与社会秩序。孔德所处的时代正是西方社会由农业社会向工业社会的转型时期，他研究了大量社会转型问题，如将人类心灵的发展与社会组织、社会单位等的发展联系起来，认为它们的发展与人类心灵的发展一样也经历了神学、形而上学与实证三个阶段。孔德认为，社会转型的总趋势是进步，但是进步的结果应当凝结为稳定协调的社会秩序，只有如此，社会进步才能给人类带来幸福，才具有真实价值与实质意义。所以，更深入、更有意义的社会学研究一定要落实到对社会秩序的认识与追求上。

　　当代中国正经历着深刻的社会转型。然而，当代中国的社会转型与孔德所经历的西方社会转型相比更加复杂而艰难。因为它是在一个具有深厚的历史文化传统的大国中，在经济全球化趋势日益增强、西方后工业社会已经来临的背景下展开的，因而它既要实现由农业社会向工业社会转型，同时又要面对西方发达国家由工业社会向后工业社会转型而引起的一系列新变化，其间还要实现由计划经济向市场经济转轨以及社会主义市场经济体制的建立、发展与完善。

　　当代中国社会转型的主要内容是一种制度转型。当代中国的制度转型是一种制度系统的转型，即由原有的以道德等内在制度为主导的制度系统向新的以法律等外在制度为主导的制度系统的转型。在这一制度转型过程中，充斥着各种内在制度与外在制度之间异常复杂而尖锐的矛盾与冲突。面对当代中国复杂而深刻的社会转型，社会学做出了很多积极的理论思考，尤其是对社会转型以及由它带来的诸多问题展开全面而深入的研究，产生了丰富的理论成果，初步形成了与西方社会转型理论不同的、具有中国特色的社会转型理论。如果说当代中国社会学在过去十几年对于社会转型问题给予了极大的理论关注，建构了具有中国特色的社会转型理论，那么随着转型的继续深入与发展，中国社会将形成越来越明显的新秩序，中国社会学也应当将其研究主题从社会转型转向社会秩序，建构植根于中国经济社会发展现实的社会秩序理论。

社会学研究主题实现由社会转型向社会秩序的转换，不仅是中国社会学研究进一步深化应当面对的任务，而且也顺应了中国社会进一步发展的实际要求。社会转型研究注重的是社会结构在存在形态上的变化，而社会秩序研究则注重转化了的社会结构呈现何种稳定的展开模式与协调的运行机制。中国社会进一步发展的任务不仅要争取经济增长和提高社会发展程度，而且要努力实现以人为本的全面、协调、可持续的科学发展，也就是在一个持续平稳、健康和谐的社会秩序中实现经济社会的发展。社会学研究中国社会新秩序，不仅是对中国经济社会稳定协调状态的经验总结，而且也是对中国经济社会走向更加健康和谐发展的理论支持。

二

制度改革是中国社会转型的根本途径，而制度是约束社会行为、稳定社会秩序的主要因素，所以，大规模的制度改革必将引起中国社会秩序发生深刻转变。概括说来，中国社会秩序发生了由"内在制度型"社会秩序向"外在制度型"社会秩序的转变。由于传统中国社会中人们的社会行为主要以传统伦理道德为基础，这种符合传统伦理道德的行为构成了传统中国的"道德型"社会秩序。当代中国社会中人们的社会行为正在向以法律为基础转变，这种符合现代法律的行为将形成"法律型"社会秩序。因此，当代中国社会秩序的根本性转变，实质上就是由"道德型"社会秩序向"法律型"社会秩序的转变。

尽管"法律型"社会秩序在中国还没有在完整意义上形成，社会生活中还存在种种不规范、不稳定的因素。但总体而言，经过 30 年的改革开放实践，当代中国已形成了相对稳定的新的社会秩序，中国社会在整体上是和谐、稳定的。这是我们对于当代中国社会秩序的一个基本判断。正是由于这种新的社会秩序才使得我国的经济、政治、文化等得到了快速发展，也使得我国能比较成功地抵御席卷全球的金融风暴的冲击。我们相信，这种新的社会秩序无疑将进一步支持社会主义市场经济建设、社会主义和谐社会的建构以及社会转型的最终完成。因此，当代中国社会学必须认真研究已经形成的新的社会秩序，从而为最终形成良好、稳定、和谐的社会秩序提供强有力的理论支持。

中国社会学史中有很多社会学家对社会秩序问题做出了深入研究，如梁漱溟认为中国社会是一种"伦理本位"的社会秩序，费孝通认为中国社会具有同西方"团体格局"不同的差序格局，这些观点都是对中国社会秩序特殊性的论述。从老一代社会学家的论述可以看出，他们都高度重视由传统文化积淀而成，持续传承的风俗、习惯和习俗等内在制度在中国社会秩序中的地位与作用。进一步说，老一代社会学家是在社会秩序内在性与外在性的统一中思考中国社会新秩序的建构问题的。正是在这个意义上，严复、康有为和梁启超等中国社会学先驱都大力倡导以新思想、新观念化育新民，进而为建设中国社会新秩序固本强根。

改革开放以来，我国在经济社会领域推行了大量制度改革或制度建设，对于促进经济增长和社会发展起到了十分重要的作用。但是，应当看到，30 年来的制度改革和制度建设主要是在法律、法规、企业组织和社会管理等正式制度层面展开的，相当多新建立的制度并没有真正成为人们自觉遵守甚至习惯执行的行为规则。怎样把这些对个人的心理活动和社会行动具有外在性的正式制度同中国社会原有的风俗、习惯和习俗等内在性的非正式制度融合起来，是在内在与外在、传统与现实的复杂关系中建设中国社会秩序的一个难题，并且也只有实现了这种融合，中国社会秩序才能更加稳定协调。

（《光明日报》2009 年 8 月 18 日第 011 版）

论吉登斯的信任理论

当代西方著名的社会理论家吉登斯在对现代社会理论的三大奠基人马克思、迪尔凯姆、韦伯的社会理论进行批判性清理的基础上，提出了自己的理论框架，以此来分析处于急剧变迁过程中的当今世界，形成了自己独特的社会理论，为西方社会理论在当代的发展作出了杰出的贡献。其中，他在《社会的构成》《现代性的后果》《现代性与自我认同》《亲密关系的变革》《超越左与右》《现代性》《失控的世界》以及《反身现代化》等著作中建构的信任理论在当代西方众多的社会理论中独树一帜，为当代西方社会理论的研究与发展增添了崭新的内容。

一　信任最初源于人类个体的
"本体性安全"需求

吉登斯在《现代性的后果》《现代性与自我认同》等著作中，综合运用哲学、社会学、心理学等学科来研究信任的起源问题。在吉登斯之前，心理学家埃里克森在《童年与社会》中从心理学角度对婴儿信任的形成机制作了较为深入的研究。他说："婴儿的第一项社会成就，是它可以让母亲不在眼前，而不至于产生过分的焦虑或狂躁，因为在它心目中，母亲同时具备了外在的可预见性和内在的确定性。"而这些可预见性、连续性、同一性等都提供了"某种基本的自我认同感，其基础……在于婴儿开始认识到，存在一些内在的感觉和影像，自己已经对它们有所记忆或预期，与之紧密相应的还有一类熟悉并且可以预见的外在的人与事"①。很显然，埃里克森仅局限于心理学角度研究婴儿信任的形成机制，但他

① Erikson, *Childhood and Society*, New York: Uinfage, 1963, p.247.

认为婴儿在与母亲不断的互动中，在心中形成的对于母亲的期待，能抵御因母亲"缺场"而产生的焦虑这一观点直接启发了吉登斯。在《社会的构成》中，吉登斯在扬弃心理学家埃里克森等人的心理学观点的基础上，立足于人类个体安全的心理需求研究人类个体信任的形成问题，初步研究了人类个体的基本信任问题，对于埃里克森的信任观进行了创造性的阐发。他说："在所有社会里，婴儿的初期养育都主要是由承担育儿角色的单个行动（a single mothering agent）控制的，这一角色几乎总是由孩子生理上的母亲来承担的。……婴儿与母亲之间最初的互动会逐渐积淀下来，融入'无意识'的发展，而步入成年后的社会成员，在其'行动'中所包含的'身体运动'和'身体控制'也都不尽相同。"① 因此，可以围绕身体如何转化为一种在世上行动的工具，划分出三种顺次产生的两极对立。而"基本信任"和"基本怀疑"则是其中最早产生的一种两极对立。吉登斯认为新生婴儿作为一个生物个体汇集着一大堆冲动，他生存在一个陌生异己的环境中，已经具备了某些先天的自均衡调适机制，母亲的活动提供了关怀与保护。她的不在场并不意味着遗弃，这种感觉的最初产生促使了时空在心理上的"束集"，即人格特征意义上的信任。因此，在场与不在场之间的交织关系背后的心理动力机制，根源在于身体的需要及其满足与控制的形式。② 因而婴儿信任的产生与婴儿和母亲的具体时空关系有关，以普遍弥漫的焦虑感为背景。而控制住这种焦虑感则是人的行为最普遍的动机源泉。也就是说，人类个体的信任产生于因婴儿与母亲之间"缺场"的时空关系所造成的焦虑的克服，以满足安全感这样一种人类普遍的心理需求。

吉登斯认为人类个体的基本信任指的是他"对其他人的连续性及客观世界的信任"，③ 这种基本信任产生于儿童早期的经验。因为在儿童生活的早期就存在"本体安全感"，即"本体性安全"的需求、在正常环境中，儿童对于看护者所产生的基本信任可以被看成是一种抵御"存在性

---

① ［英］安东尼·吉登斯：《社会的构成——结构化理论大纲》，李康、李猛译，生活·读书·新知三联书店1998年版，第123页。

② ［英］安东尼·吉登斯：《社会的构成——结构化理论大纲》，李康、李猛译，生活·读书·新知三联书店1998年版，第124页。

③ ［英］安东尼·吉登斯：《现代性与自我认同——现代晚期的自我与社会》，夏璐译，生活·读书·新知三联书店1998年版，第272页。

焦虑"的情感疫苗,而"基本信任以一种本质的方式与时空的人际组织相联结。对看护者分别认同的觉知,源于对缺场的情感接受:即相信看护者会返回来的信念,即使他(她)不在婴儿面前。基本信任的锤炼通过温尼科特所说的'潜在空间'(事实上也是一种时空现象)得以实现,这种空间在距离上把婴儿和原初的看护者联系起来。借助潜在空间的创造手段,婴儿实现了从全能向掌握现实原则过渡。这里的'现实',不能仅仅理解为给定的客观世界,它还是一组经验,这些经验是通过婴儿和看护者之间的亲密关系而被建构性地组织起来的。"① 并且,"从早期生活开始,在潜在空间中的婴儿和看护者之间关系的锤炼过程中,习惯和惯例扮演着基本的角色。在个体的后期活动中,惯例、协调性的习俗与本体安全感之间的核心联结得以建立。"② 很显然,吉登斯强调了惯例、习俗等在塑造基本信任、获取安全感、克服焦虑方面的基础作用。

吉登斯进一步认为,如果看护人不能善待婴儿或婴儿得不到看护人的精心照料,那么她就不可能获得基本信任,从而不可能获得安全需求的满足,可能经常处于恐惧、不安与焦虑之中,长大之后可能比较孤僻,不会太信任人。因此,婴儿所获得的基本信任是她以后所有信任形式的基础,即随着婴儿成长成人,从基本信任中发展出了一般信任。

二 信任是对他人或系统之可依赖性所持有的信心

在吉登斯之前,社会学家卢曼对于信任的定义与类型作了较为系统而深入的研究。他在《信任与权力》中认为,信任是一种靠着超越可以得到的信息所概括出的期望,"在其最广泛的含义上,信任指的是对某人期望的信心,它是社会生活的基本事实。"③ 因为"每一天,我们都把信

---

① [英]安东尼·吉登斯:《现代性与自我认同——现代晚期的自我与社会》,夏璐译,生活·读书·新知三联书店 1998 年版,第 43 页。
② [英]安东尼·吉登斯:《现代性与自我认同——现代晚期的自我与社会》,夏璐译,生活·读书·新知三联书店 1998 年版,第 43 页。
③ [德]卢曼:《信任:一个社会复杂性的简化机制》,瞿铁鹏等译,上海人民出版社 2005 年版,第 1—2 页。

任作为人性和世界的自明事态的'本性'。在这个最基本的层次上，信心是世界的自然特征，是我们借以过日常生活的视域的必要部分，但它不是意向中的（因而是易变的）经验的构成因素。"① 卢曼还将信任问题界定为社会复杂性，将信任看成是人与社会复杂性遭遇时所出现的一种心理状态，认为信任"构成了复杂性简化的比较有效的形式。"② 在卢曼看来，由于社会复杂与理性有限，人类无法获取完整的信息，因而可以通过信任来弥补理性的不足以及由此带来的信息不完整的缺陷，来减少社会交往过程中的复杂性，从而确保内心的安全感。因此，信任是"简化社会复杂性的机制之一"，而"复杂性的简化因为其主观性而采取了特殊的形式。我们可以把这些形式描述为不确定性被吸收，或被容忍的程度变化。系统用内在的确定性代替外在的确定性，因而提升它对外部关系中不确定性的耐受性。复杂性如何减少的问题，与它在环境中的存在有关，因而转变为这种内在确定性次要问题的一部分。"③ 所以，卢曼认为"在任何情况下，信任都是一种社会关系，社会关系本身从属于特殊的规则系统。信任在互动框架中产生，互动既受心理影响，也受社会系统影响，而且不可能排他地与任何单方面相联系。"④

吉登斯在吸收卢曼有关信任研究成果的基础上，以《牛津英语辞典》的信任定义为出发点，对信任给出了自己的界定。《牛津英语辞典》将信任定义为"对某人或某物之品质或属性，或对某一陈述之真实性，持有信心或依赖的态度。"⑤ 这一定义的基本内容包括：（1）信任是一种信心；（2）信任不仅是个人对其他人的信任，而且是对物的信任。也就是说，信任包含两种基本类型，即"人对人的信任"与"人对物的信任"。而吉登斯将信任界定为：个人"对一个人或一个系统之可依赖性所持有的信心，在一系列给定的后果或事件中，这种信心表达了对诚实或他人

① ［德］卢曼：《信任：一个社会复杂性的简化机制》，瞿铁鹏等译，上海人民出版社 2005 年版，第 3—4 页。

② ［德］卢曼：《信任：一个社会复杂性的简化机制》，瞿铁鹏等译，上海人民出版社 2005 年版，第 10 页。

③ ［德］卢曼：《信任：一个社会复杂性的简化机制》，瞿铁鹏等译，上海人民出版社 2005 年版，第 35 页。

④ ［德］卢曼：《信任：一个社会复杂性的简化机制》，瞿铁鹏等译，上海人民出版社 2005 年版，第 6—7 页。

⑤ ［英］安东尼·吉登斯：《现代性的后果》，田禾译，译林出版社 2000 年版，第 26 页。

的爱的信念，或者，对抽象原则（技术知识）之正确性的信念。"① 其中，社会系统特指现代社会系统，主要是指抽象系统，即由象征标志和专家系统所组成的社会系统。象征标志是指相互交流的媒介，它能将信息传递开来，用不着考虑任何特定场景下处理这些信息的个人或团体的特殊品质。象征标志可以分为不同的种类，如象征政治合法性的符号、货币符号等。② 而专家系统则是指由技术成就和专业队伍所组成的体系，这些体系编织着我们生活于其中的物质与社会环境的博大范围。③ 吉登斯进一步认为这种个人对个人或抽象系统所给予的信任"产生于在无知或缺乏信息时的'盲目信任'。"④

很显然，吉登斯将由基本信任发展而来的一般信任划分为两种基本类型，即"人对人的信任"与"人对系统的信任"。人对人的信任或人际信任是建立在对他人"道德品质"（良好动机）的信赖基础之上的，指的是个人对他人的诚实或爱这些可信赖的东西的信心，而"人对系统的信任"则是建立在对系统的（那些个人并不知晓的）原则的正确性的信赖基础之上的，指的是个人对抽象原则（技术知识）之正确性这一可依赖东西的信心。并且，"人对人的信任"在一定程度上总是与"人对系统的信任"有关，但对系统的信任不是信任系统本身而是信任系统的有效运转。由此可见，吉登斯基本上继承了《牛津英语辞典》信任定义的基本内容，只是进一步排除了其中的"某物或某一陈述"，即将其中的"物"具体化为"系统"，从而将一般信任的范围限制在个人的人际社会关系与他所处的社会系统中。这实际上将《牛津英语辞典》中的信任定义"窄化了"。

三　信任是新式的社会团结之本源

吉登斯认为，一般而言，随着传统社会向现代社会，简单现代社会

---

① ［英］安东尼·吉登斯：《现代性的后果》，田禾译，译林出版社 2000 年版，第 30 页。
② ［英］安东尼·吉登斯：《现代性的后果》，田禾译，译林出版社 2000 年版，第 19 页。
③ ［英］安东尼·吉登斯：《现代性的后果》，田禾译，译林出版社 2000 年版，第 24 页。
④ ［英］安东尼·吉登斯：《现代性与自我认同——现代晚期的自我与社会》，夏璐译，生活·读书·新知三联书店 1998 年版，第 275 页。

向高级现代社会或风险社会的转型，"人对人的信任"或"人际信任"将会逐步被"人对系统的信任"所代替，被动的信任将被积极或主动的信任所代替。也就是说，信任类型以及信任机制也将随着现代性制度的展开而发生重大的变迁。吉登斯所谓的积极或主动的信任不是一种新的信任类型，而是信任产生或建立的一种新的机制，它指的是无论"人对人的信任"还是"人对系统的信任"都必须积极地去创造或建立。他说："在人为不确定的情况下，这里有争议是产生积极信任的问题——对别人或机构（包括政治机构）的信任，必须积极地创造和建立。"① 也就是说，积极或主动的信任必须通过积极或主动的争取才能得到，也必须积极或主动地加以维系。而与积极或主动的信任这一信任机制相对立的就是以强迫性为特征的"凝固的信任"这一传统社会的信任产生或建立的机制。

吉登斯认为积极或主动的信任意味着一种能动性政治的思想，与生活政治关怀也密切相关。他说："能动性政治绝不局限于正式的政治领域，而是扩大了政治问题产生以及必须回应的领域。积极的信任与这样的能动性政治观点关系密切。积极信任不再依赖预先给定的联合，它比以前的信任关系形式更加具有相机性，更受条件的限制。它并不必然包含平等，但它与传统地位产生的敬重是不相容的。积极信任要求增加社会关系的'透明度'，但也积极地提高这种透明度。"② 因此，积极或主动的信任"就是根据具体条件来确立不同的信任关系"，它具有相机性与协商性的特点，它是双方的，不是单方的；是透明的，不是隐含的；是全面的，不是有局限的，因而积极或主动的信任"肯定了自主，保护了多样性的存在，既强调了责任也强调了权利。"③ 它与只是被动地"对于制度化角色的依赖"④ 的传统信任机制不同，它是积极或主动地去争取与维系信任关系。

---

① ［英］安东尼·吉登斯：《超越左与右——激进政治的未来》，李惠斌等译，社会科学文献出版社 2000 年版，第 96—97 页。

② ［英］安东尼·吉登斯：《超越左与右——激进政治的未来》，李惠斌等译，社会科学文献出版社 2000 年版，第 97 页。

③ ［英］安东尼·吉登斯：《失控的世界——全球化如何重塑我们的生活》，周红云译，江西人民出版社 2001 年版，第 164 页。

④ ［英］安东尼·吉登斯、克里斯多弗·皮尔森：《现代性——吉登斯访谈录》，尹宏毅译，新华出版社 2001 年版，第 105 页。

吉登斯认为在当今的后传统社会，社会团结的机制发生了深刻的变化，出现了新式的社会团结，因而传统社会理论的社会团结机制理论，无法抓住新式社会团结的本质，迪尔凯姆所认为的"集体意识或良心"与"功能性相互依赖"等这些社会团结机制也无法解释这种新式社会团结的形成。因为"例如，在如今的后传统情感关系中创造出来的'亲密'已既不是礼俗社会（Gemeinschaft）也不是法理社会（Gesellschaft）。它涉及在一个更主动意义上的'社群'的创造，且社群往往在无限的时空距离中延伸。两个人尽管相隔千万里但却可以维持相互关系；自助团体所创造的社群既是当地的，同时在其规模上又实实在在是全球性的。"① 并且，现在这种深刻的转变正发生在个人的生活中。因此，积极或主动的信任必须适应"他者"完整性的需要，而这种完整性不能被想当然地认为是建立在某人特定的社会地位的基础之上。因而积极或主动的信任通常预设着一个共同叙事和情感外露的过程，即要发展稳定关系的前提就是对他者的"开放"，即向其他人、机构或系统"开放"。

因此，吉登斯认为在晚期或高级现代性的全球化风险时代，积极信任是新式的社会团结之本源。他说："主动的信任必须得到强有力的对待和维系。从亲密的私人关系到全球化的交互系统，主动信任在各种情境中都处于新式的社会团结的本源地位。"② 也就是说，新式的社会团结基于个人对"他者"开放的积极或主动的信任过程之中。具体而言：（1）对其他人开放的积极或主动的信任促成了新式的社会团结。这在纯粹关系中表现得最为明显。纯粹关系（Pure Relationship）是一种内在参照的社会关系，即根本地依赖于对那种关系本身来说是普遍性的满足和酬赏，③ 它基于感情交流的关系，这种交流的结果就是关系赖以继续的基础。纯粹关系既不是指一种纯粹的性关系，也不是指任何一种现实生活中的具体关系，而是指一种用它来理解与分析世界上所发生的变化的"抽象的"关系，主要包括性爱关系、父母孩子关系以及友情关系等，而

---

① ［德］乌尔里希·贝克、［英］安东尼·吉登斯等：《自反性现代化——现代社会秩序中的政治、传统与美学》，赵文书译，商务印书馆2001年版，第237页。

② ［德］乌尔里希·贝克、［英］安东尼·吉登斯等：《自反性现代化——现代社会秩序中的政治、传统与美学》，赵文书译，商务印书馆2001年版，第237页。

③ ［英］安东尼·吉登斯：《现代性与自我认同——现代晚期的自我与社会》，夏璐译，生活·读书·新知三联书店1998年版，第274页。

感情关系或亲密关系正在成为这些关系的关键所在。因为"在纯粹关系中，信任得不到外部的支持，必须基于亲密关系得以发展。"① 因此，与传统的社会关系相比，纯粹关系基于一个积极的信任过程，即人与人之间是开放的，而积极的信任又基于沟通与对话，公开对话又是民主的一个核心特点，因而纯粹关系中隐藏着民主的意蕴，即情感方面的民主。这种情感方面的民主是维系与发展纯粹关系的基础，因而在纯粹关系中形成了以情感方面的民主为基础的新式的社会团结。（2）对机构或系统的开放的积极信任造就了新式的社会团结。在大型机构中，积极的信任依赖着制度的开放。面对来自后传统秩序的大背景下发展起来的制度反思性扩张，在许多情况下我们不得不做出选择，通过对专家知识不断变换的形式的主动接受，即积极的信任来过滤这些选择，从而形成了新式的机构性社会团结以取代旧式的社会团结。

四　信任是社会秩序扩展之基础

吉登斯在《现代性的后果》《现代性与自我认同》等著作中从现代性角度探讨了社会秩序扩展的信任基础。他从制度层面界定了现代性，即现代性"首先意指在后封建的欧洲所建立而在 20 世纪日益成为具有世界历史性影响的行为制度与模式。"② 吉登斯认为在高级现代性社会或后传统社会，"秩序问题"不是传统的现代社会理论意义上的秩序问题，即不是由孔德、迪尔凯姆、帕森斯等现代社会理论家所探讨的作为社会整合来源的秩序问题，而是时空伸延问题。他说："我们应该把对秩序的探讨变为社会体系究竟是怎样把时间和空间'连接'起来的。在这里，秩序问题应被看成是时间—空间伸延（Time – Space Distanciation）的问题，即：在什么条件下时间和空间被组织起来，并连接在场和缺场的？必须从概念上区分这个问题与社会的'边界'（Boundedness）问题。至少在某些方面，现代社会（民族国家）有着被明确限定了的边界。但是所有

① ［英］安东尼·吉登斯：《亲密关系的变革——现代社会中的性、爱和爱欲》，陈永国等译，社会科学文献出版社 2001 年版，第 179—180 页。
② ［英］安东尼·吉登斯：《现代性与自我认同——现代晚期的自我与社会》，夏璐译，生活·读书·新知三联书店 1998 年版，第 16 页。

这些社会都被一些纽带和联系交织在一起，这些纽带和联系贯穿于国家的社会政治体系和'民族'的文化秩序之中。"① 很显然，吉登斯所研究的社会秩序问题没有局限于现代社会理论所注重的民族国家的社会秩序问题，而是在现代性不断扩展的全球化背景下的社会秩序问题，即时空伸延问题。

在吉登斯有关基本信任与一般信任的理解中包含着信任与时空之间关系的看法。吉登斯认为信任与在时间和空间中的缺场有关。因为"对于一个行动持续可见而且思维过程具有透明度的人，或者对于一个完全知晓怎样运行的系统，不存在对他或它是否信任的问题。信任过去一直被说成是'对付他人自由的手段'，但是寻求信任的首要条件不是缺乏权力而是缺乏完整的信息"②，而社会秩序或时空伸延问题实质上涉及"时间与空间"和"在场与缺场"之间的关系。因此，在吉登斯看来，信任与时空伸延问题密切相关，"信任关系是与现代性相关联的扩展了的时—空伸延的基础。"③ 吉登斯与卢曼一样都认为信任是产生于现代，与现代性有关的概念。而现代性扩展的动力机制之一是抽离化机制（其他两个动力机制是时空分离、制度反思性）。抽离化（一译脱域）指的是"社会关系从彼此互动的地域性关联中，从通过对不确定的时间无限穿越而被重构的关联中'脱离出来'。"④ 抽离化机制内在地包含在现代社会制度的发展之中，它有两种类型，即象征标志的产生与专家系统的建立。这两类脱域机制都假定：时间从空间中的脱域是时—空伸延的条件，而且它们也促进了这种脱域，即通过跨越伸延时—空来提供预期的"保障"。

吉登斯进一步以再嵌入概念来补充说明脱域概念。他说："所谓再嵌入，我指的是重新转移或重新构造已脱域的社会关系，以便使这些关系（不论是局部性的或暂时性的）与地域性的时—空条件相契合。"⑤ 吉登斯认为："所有的脱域机制（包括象征标志和专家系统两方面）都依赖于信任（Trust）。因此，信任在本质上与现代性制度相连。信任在这里被赋

---

① ［英］安东尼·吉登斯：《现代性的后果》，田禾译，译林出版社 2000 年版，第 12 页。
② ［英］安东尼·吉登斯：《现代性的后果》，田禾译，译林出版社 2000 年版，第 29 页。
③ ［英］安东尼·吉登斯：《现代性的后果》，田禾译，译林出版社 2000 年版，第 76 页。
④ ［英］安东尼·吉登斯：《现代性的后果》，田禾译，译林出版社 2000 年版，第 18 页。
⑤ ［英］安东尼·吉登斯：《超越左与右——激进政治的未来》，李惠斌等译，社会科学文献出版社 2000 年版，第 69 页。

予的，不是个人，而是抽象能力。"① 而对于抽象系统的信任具有非当面承诺的形式。这一信任形式与当面承诺的形式不同，它指的是在抽象系统中信赖的发展。而后者是指"在共同在场的情形中，由业已建立起来的社会关系所维系与表述的信任（Trust）关系。"② 因此，在吉登斯看来，社会秩序问题就是时空伸延问题，而时空伸延依赖于脱域机制，脱域机制又依赖于人们对它的信任，因而人对抽象系统的信任是社会秩序的扩展或时空伸延的基础。

吉登斯认为由于现代性不能被完全控制，因而产生了"风险社会"，这种不能被完全控制的现代性对于我们对自己个人认同的持续性以及对社会、物质环境的信赖构成了危险。因此，信任关系（由人对抽象系统的信任所构成的）作为时空伸延的基础，也许是在现代条件下解决风险和危险的一种方法。他说："在一个快速变化的世界中，传统的社会形式趋于瓦解。在过去，对他人的信任建立在当地团体的基础上。然而，生活在一个更全球化的社会里，我们的生活受到从未谋面的，生活在远离我们世界的另一端人们的影响。信任意味着对'抽象系统'的信赖，例如，我们不得不监管食物、纯化水质或信赖银行系统的有效性。信任和风险紧紧地相互捆绑在一起。面对环绕在四周的风险，我们需要对这种权威给予信赖，并以有效的方式对它们做出反应。"③ 总之，吉登斯全面而深入地探讨了现代性条件下信任的起源、本质、类型、机制及功能，建构了较为系统的信任理论。吉登斯的信任理论为当今西方信任社会理论和信任社会学的研究、建构与发展奠定了坚实的理论与方法论基础，对我们正确认识西方社会深刻的社会转型，建构当代中国的信任社会理论、信任社会学也具有非常重要的理论与方法论意义。

（载于《学习与探索》2010 年第 5 期）

---

① ［英］安东尼·吉登斯：《现代性的后果》，田禾译，译林出版社 2000 年版，第 23 页。
② ［英］安东尼·吉登斯：《超越左与右——激进政治的未来》，李惠斌等译，社会科学文献出版社 2000 年版，第 69 页。
③ ［英］安东尼·吉登斯：《社会学》（第四版），赵旭东译，北京大学出版社 2004 年版，第 866 页。

论当代西方社会学理论研究的特色[①]

20世纪60年代以来，在急剧的社会变迁的外在要求与理论本身强烈的内在需求两股力量的推动下，西方社会学理论研究进入一个新的发展时期，即当代西方社会学理论研究时期。当代西方社会学理论家顺应新时代的发展要求与需求，在批判继承传统社会学理论（即古典与现代社会学理论）成果的基础上，对西方社会学理论展开了独具特色的研究。

一 扩展了社会学理论研究的范围与领域，创立了社会学理论研究的新方法

加芬克尔、哈贝马斯、布尔迪厄、福柯、吉登斯、贝克、科尔曼、福山等当代西方社会学理论家主要是从以下两个层面来扩展社会学理论研究的范围与领域的。

首先，对传统西方社会学理论研究的问题作了进一步拓展与深入。这些问题包括社会秩序、社会进步和微观与宏观、静态与动态、主观与客观、经验与理论之间的"二元对立"关系等一般问题，以及目的理性和价值理性及其关系、知识社会学等具体问题。

传统西方社会学理论，如以孔德、迪尔凯姆为代表的"实证"社会

---

① 与邬全俊合作。邬全俊，吉林大学哲学社会学院社会学系2011级博士生，专业方向是现代社会理论。

学理论和以韦伯为代表的"人文"社会学理论,① 对于社会秩序与社会进步等一般问题展开了较为系统的研究。"实证"社会学理论注重从宏观的社会结构或社会整体（文化、宗教、制度等）角度研究社会秩序与社会进步问题,"人文"社会学理论则与之相反,注重从微观的个人社会行为角度研究社会秩序和社会进步问题。于是,在传统西方社会学理论研究中形成了两种相互对立的研究范式,即"实证主义"社会学理论研究范式与"人文主义"社会学理论研究范式,它们反映了西方社会学理论发展的内在基本矛盾,即"社会结构的制约性与个人行为的自主性（或建构性）"之间的"二元对立"关系,以及由这一基本矛盾决定的具体研究过程中微观与宏观、静态与动态、主观与客观、经验与理论之间的"二元对立"关系。当代西方社会学理论,如加芬克尔的"常人方法学"社会学理论主要研究社会秩序的基础问题（Garfinkel, H., 1967）,它的产生表明,社会秩序的研究已从"实证"社会学理论注重宏观的内在整合机制转向微观的日常生活基础（如日常生活的规则等）。而哈贝马斯的"交往理性"社会学理论（尤其是其中的"生活世界—系统"的分析框架）（哈贝马斯,2004）、吉登斯的"结构化"社会学理论（吉登斯,1998）、布尔迪厄的"实践"社会学理论（Pierre Bourdieu, 1977）等则是在"具体过程""具体情境""具体实践"等基础上,对传统西方社会学理论有关微观与宏观、静态与动态、主观与客观、经验与理论等"二元对立"问题研究的一种超越,或更一般地说,是对"实证主义"与"人本主义""二元对立"的社会学理论研究范式的一种综合,是对西方社会学理论发展的基本矛盾的一种暂时的解决。这种超越或综合也是对齐美尔的综合的"形式"社会学理论、帕森斯的综合的"结构—功能"社会学理论的一种积极的扬弃。

传统社会学理论家韦伯的"人文"社会学理论对于目的理性、价值理性及其关系等具体问题展开了比较深入的研究。哈贝马斯的"交往理

---

① 文中论及的许多西方社会学理论,主要是以其研究内容或研究方法来命名的。如我们将迪尔凯姆、韦伯、齐美尔、曼海姆、帕森斯、加芬克尔、哈贝马斯、吉登斯、布尔迪厄、福柯、科尔曼、贝克、福山等人的社会学理论,分别命名为"实证"社会学理论、"人文"社会学理论、"形式"社会学理论、"知识"社会学理论、"结构—功能"社会学理论、"常人方法学"社会学理论、"交往理性"社会学理论、"结构化"社会学理论、"实践—反思"社会学理论、"考古学"社会学理论、"理性选择"社会学理论、"风险"社会学理论、"信任"社会学理论等。

性"社会学理论认为"交往理性"不同于目的理性或工具理性，指的是在人际交往过程中人们所依据的一定的道德规范或原则，因而它本质上是一种价值理性。因此，哈贝马斯的"交往理性"社会学理论就是对于韦伯的"人文"社会学理论进行批判继承与拓展的结果。传统西方社会学理论家斯宾塞、迪尔凯姆、曼海姆等对知识社会学（包括科学社会学）做过或多或少的研究，但布尔迪厄首次明确地将社会学本身作为研究对象，提出了所谓的"社会学的社会学"或"反思"社会学理论，（布尔迪厄、华康德，1998）即从社会学角度研究社会学本身，研究社会因素或社会方面在社会学理论的产生与发展过程中的作用，其中也研究社会学家提出其社会学理论所依赖的社会历史条件。因而在布尔迪厄的"反思"社会学理论看来，社会学家不像迪尔凯姆所认为的那样是以纯客观的态度去研究社会现象，社会学家不仅是一个观察者，而且同时是一个参与者，社会学家本身的情况也影响了他对于社会现象的研究。因此，布尔迪厄的"反思"社会学理论本质上就是一种"科学社会学"研究，是对传统西方社会学理论家有关知识社会学研究的具体化或深化。福柯的"考古学"社会学理论认为"知识考古学"就是对于那些"一般知识"（如科学知识）得以成立的条件所进行的一种历史分析，其目的在于揭示在历史上那些"一般知识"（如科学知识）得以建立的各种社会条件（包括社会的运行机制等）。（福柯，1998）因而福柯的"考古学"社会学理论实质上就是一种知识社会学理论，它比传统西方社会学理论家有关知识社会学的研究更深入地揭示了社会运行机制与知识或真理的构成之间的关系。

其次，将一些边缘的或新出现的社会问题纳入自己的研究范围。这些社会问题主要包括：

（1）传统西方社会学理论研究所忽视的一些边缘的社会问题。社会现象中有许多是中心问题，如社会结构、社会制度、社会组织、社会秩序与社会稳定、社会进步与社会发展、社会均衡与社会冲突、社会变迁及其动力、婚姻、家庭、个人的社会行为及其动机等；有些则是边缘问题，如犯罪、癫狂、性、同性恋、监狱、个人的社会交往、日常生活等。当然，这种区分也是相对的，但由社会学创始人孔德所规定的西方社会学理论研究的两大主题（即社会秩序与社会进步）及其具体化的问题或相关的问题，一般来说是西方社会学理论研究的中心问题，即使到了当代，社会秩序及其基础、社会结构及其变迁、社会变迁的动力等问题，仍然是社会学理论研究的中心问题。福柯的"考古学"社会学理论主要研究了癫狂、性、惩罚、监狱等一些边缘的社会问题。加芬克尔的"常人方法学"社会学理论、哈贝马斯的"交往理性"社会学理论研究了被传统西方社会学理论所忽视的人们的"日常生活世界"、个人的社会交往等问题。

（2）当代出现的新的社会现象或当代日显重要的社会现象。如风险、信任以及与此直接相关的现代性及其后果问题等。随着社会的进一步发展，风险、信任等社会现象逐渐成为当代西方社会学理论研究的焦点问题。吉登斯、贝克的"风险"社会学理论以"现代性"理论为基础，将风险社会产生的原因归之于现代性的扩展。他们将现代性区分为两种形式，即第一现代性与第二现代性或简单现代性与反省现代性，认为这两种形式也是现代性的两个不同发展阶段。（贝克等，2001）风险社会是一种新的社会现象，这种风险社会是全球化意义上的风险社会，因此称之为"全球风险社会"或"世界风险社会"。（贝克，2004）风险社会或全球风险社会是由反省现代性及其在全球的扩展所导致的。在全球风险社会，风险的规避或抵御依赖于制度的安排及信任。因而吉登斯除了研究风险、风险社会之外，还研究风险社会中的信任问题、现代性与信任的关系等问题。（吉登斯，2000）福山的"信任"社会学理论从文化角度研究了"道德性"社团的社会信任问题，（福山，1998）科尔曼的"理性选择"社会学理论也从理性选择角度（他所谓的"理性人"实际上是对于主流经济学的"经济人"的借用与扩展）研究了"法人组织"的社会信任问题。（科尔曼，1999）

当代西方社会学理论家在社会学理论研究方法上实现了创新，创建了社会学理论研究的新方法。加芬克尔的"常人方法学"社会学理论，主张以"常人方法学"的研究方法去探讨社会秩序的基础以及社会学理论研究如何在微观与宏观之间建立联系等问题。科尔曼的"理性选择"社会学理论，通过借用和扩展经济学的"经济人"基本假定及理性选择理论，创立了"理性选择"的研究方法。哈贝马斯的"交往理性"社会学理论，主张将生活世界与系统结合起来开展社会学理论研究，创立了一种超越传统西方社会学理论"二元对立"的"生活世界—系统"的研究方法或分析框架。福柯的"考古学"社会学理论主张从历史分析的角度开展社会学理论研究，创建了"考古学"的研究方法。布尔迪厄的"实践"社会学理论强调"关系论"的思维方式与研究方法，主张在经验与理论、微观与宏观、静态与动态、主体与客体、社会结构的制约性与个人行为的自主性（或建构性）相结合的关系中开展社会学理论的研究，认为具体的实践过程就是实现上述种种相结合关系的基础。吉登斯的"结构化"社会学理论，反对抽象的"二元对立"，主张"结构化"，以"结构二重性"代替"二元论"，创建了"结构化"的研究方法。

二 形成了社会学理论研究的"综合范式"，实现了社会学理论的第三次大综合

按照科学哲学家库恩的说法，研究范式是科学家共同体所共有的信念及共有的"模型"或"框架"，因而某一个科学家的研究取向不是研究范式，而只有众多的科学家大致都具有这样的研究取向，并且对这种研究取向形成了一种信念及"模型"或"框架"，研究范式才正式形成。（库恩，1980）例如西方个别学者在开展社会科学研究时，强调制度因素的作用，这只是一种研究取向。而西方新制度主义（包括经济学研究中的新制度主义或新制度经济学、政治学研究中的新制度主义、社会学研究中的新制度主义等）在当代的兴起，则表明了一种新的研究范式，即"制度研究范式"已经形成。因为众多的经济学家、政治学家、社会学家都已采用了这种"制度研究取向"，并且他们都已形成了一种制度研究的信念及"模型"或"框架"。

当代西方社会学理论家在批判传统西方社会学理论"二元对立"研究范式的基础上，在西方社会学理论发展的基本矛盾，即"社会结构制约性与个人行为自主性（或建构性）"的对立与统一中开展社会学理论研究，通过超越或综合，使"二元对立"得以统一，从而拓展与深化了传统西方社会学理论研究的问题，实现了西方社会学理论研究的方法创新，形成了社会学理论研究新的"综合研究范式"，简称"综合范式"。以吉登斯、布尔迪厄、哈贝马斯等为代表的当代西方社会学理论家正是在这种新的"综合范式"的支配下开展社会学理论研究，实现了西方社会学理论的第三次大综合，在此过程中也形成了所谓的"社会学理论家共同

体"。西方社会学理论的第三次大综合不仅是对传统西方社会学理论研究成果的一次更为广泛而深入的反思与批判，它也将在此基础上实现一场前所未有的社会学理论研究的"革命"，预示了当代西方社会学理论研究的发展趋势。

在当代西方社会学理论产生之前，古典与现代社会学理论家曾经实现了两次理论大综合，即由古典社会学理论家齐美尔的"形式"社会学理论所实现的社会学理论的第一次大综合，现代社会学理论家帕森斯的"结构—功能"社会学理论所实现的社会学理论的第二次大综合。而以当代社会学理论家吉登斯、布尔迪厄、哈贝马斯所分别创立的"结构化"社会学理论、"实践"社会学理论、"交往理性"社会学理论等为代表的社会学理论则实现了社会学理论的第三次大综合。这次社会学理论的大综合与前两次相比具有这样几个共同点：（1）它们都是基于一定的内在逻辑的综合。即它们都是在"社会结构的制约性与个人行为的自主性（或建构性）"这一西方社会学理论发展的基本矛盾的展开中所实现的综合，因而这种综合实质上都是对西方社会学理论发展的这一基本矛盾的一次暂时的解决。（2）它们都是一种"理论逻辑"上的综合而不是一种严格的"理论历史"上的综合。也就是说，尽管某个社会学理论家的出生或创立理论的时间可能稍早于其他社会学理论家，但其理论在逻辑上则可能"后于"其他社会学理论家的理论，即在理论逻辑上他的理论可能是其他社会学理论家的理论发展的结果。（3）它们都是在对它们之前的社会学理论的研究成果进行反思与批判的基础上所实现的综合。因而在西方社会学理论的发展史上每一次理论大综合都推动了西方社会学理论乃至整个社会学的大发展。

然而，当代西方社会学理论家所实现的社会学理论的第三次大综合与前两次相比，在以下两个方面呈现了根本不同的特点：

（1）综合者与综合层面方面。西方社会学理论的前两次大综合一般是由社会学理论家个人实现的。第一次社会学理论的大综合是由齐美尔个人在微观的人际关系层面上实现的。齐美尔立足于微观的人际关系层面，以社会有机体论与德国唯心论、社会唯实论与社会唯名论这两对社会哲学为基础，具体综合了以迪尔凯姆为代表的"实证"社会学和以韦伯为代表的"人文"社会学这两大对立的社会学理论，建构了"形式"社会学理论。第二次社会学理论的大综合是由帕森斯个人在宏观的社会结构层面上实现的。帕森斯立足于宏观的社会结构层面，结合马歇尔的功利主义、帕累托的反理性主义等社会理论，具体综合了以迪尔凯姆为代表的"实证"社会学理论和以韦伯为代表的"人文"社会学理论这两大对立的社会学理论，建构了"结构—功能"社会学理论。（约翰逊，1988）而第三次社会学理论的大综合则是由众多的社会学理论家，即"社会学理论家共同体"在微观与宏观相结合的层面上共同实现的。他们立足于微观与宏观相结合的层面，创造性地综合运用众多的人文社会科学（如哲学、历史学、心理学、人类学、经济学、军事学、政治学等），建构了许多创造性的社会学理论。吉登斯通过将"社会结构的制约性与个人行为的自主性（或建构性）"这一"二元论"化为"结构二重性"，即"社会结构对于个人的行为既有制约性，同时又有促动性"，并将它置于"具体实践"的基础上建构了"结构化"社会学理论；哈贝马斯通过将生活世界与系统相结合，创立"生活世界—系统"分析框架，以此为基础建构了"交往理性"社会学理论；布尔迪厄以"关系论"思维方式，在"具体实践"的基础上建构了"实践"社会学理论。他们通过建构这些创造性的理论实现了西方社会学理论在微观与宏观相结合的层面上的大综合。

（2）综合性质方面。与社会学理论的第一次、第二次大综合相比，第三次社会学理论的大综合是真正意义上的"创新性综合"。由社会学理论家齐美尔、帕森斯所实现的社会学理论的第一次、第二次大综合实质上是一种"简单的综合"。因为齐美尔所实现的社会学理论的第一次大综合是对他之前的迪尔凯姆的"实证"社会学理论与韦伯的"人文"社会学理论各自的研究对象所实现的一种"综合"。迪尔凯姆认为社会学理论的研究对象是处于宏观层面的"社会事实"、社会制度或社会结构，它对于个人行为具有制约作用。与迪尔凯姆相反，韦伯认为社会学理论的研究对象不是宏观的"社会事实"，而是微观的"个人的社会行为"，即以其他人的行为为取向的行为。这一个人的社会行为的发出不是社会结构制约的结果，而是由个人的动机来推动的。齐美尔认为社会学理论的研究对象既不是迪尔凯姆主张的宏观的"社会事实"，也不是韦伯认定的微观的"个人的社会行为"，而是将两者综合起来的"个人行为之间互动的模式"。很显然，个人行为属于微观层面，互动模式属于宏观层面，而"个人行为之间的互动模式"则是属于微观与宏观相结合的综合层面。尽管帕森斯所实现的西方社会学理论的第二次大综合与齐美尔所实现的第一次大综合相比，内容更为复杂、具体而深入，但本质上是对齐美尔所实现的第一次大综合的一种延伸与发展，因而也是一种"简单的综合"。因为帕森斯以"手段—目的"为分析框架，立足于常识与日常经验或通过设定人的两种主观取向，主要综合了以迪尔凯姆为代表的"实证"社会学理论和以韦伯为代表的"人文"社会学理论，提出了综合的社会行为理论与综合的社会系统理论，即认为在一定情境中的行为者不仅要利用其中的一些因素来作为达到其行为目的的手段，而且他的这种有目的的行为在目的和手段的选择方面要受到规范性调节，而由文化系统决定的个人主观的价值取向和由人格系统决定的个人主观的动机取向共同决定着个人行为的类型。这样，迪尔凯姆强调的"社会结构的制约性"与韦伯强调的"个人行为的自主性（或建构性）"在帕森斯所强调的"个人的有目的行为的规范性调节"以及"个人的两种主观取向共同决定个人行为"的观点中实现了与齐美尔"形式"社会学理论相比更深层次的综合。然而，当代西方社会学理论所实现的第三次大综合不像第一次、第二次大综合，是一种简单化的、各种理论的"折中"或"机械拼凑"，而是一种"有机的""创新性的"综合。这种"创新性综合"基于它所实现的总体的"研究范式"的革命以及在这种新的"综合范式"支配下所实现的各种理论与方法的创新。如在"综合范式"的支配下，吉登斯将"社会结构的制约性"与"个人行为的自主性（或建构性）"这"二元"化为"二重性"，并将它置于具有持续性与反思性特点的具体的实践基础之上，创建了综合的"结构化"社会学理论和方法。布尔迪厄将"社会结构的制约性"与"个人行为的自主性（或建构性）"这"二元"直接置于具有紧迫性、经济制约性、模糊性、总体性等特点的具体的实践基础上，创建了"实践"社会学理论与方法等。而哈贝马斯则将"社会结构的制约性"与"个人行为的自主性（或建构性）"这"二元"视为"生活世界—系统"这一综合微观与宏观两个层面的双重分析框架的两个起点。这一分析框架就能避免纯然地从微观的个人行为的自主性（或建构性）或者纯然地从宏观的社会结构的制约性出发进行社会学理论研究所造成的矛盾与紧张。因为系统作为一种社会结构，既是日常生活世界中个人行为互动的结果，又反过来制约日常生活世界中的个人行为。

（载于《社会科学战线》2012 年第 5 期）

现代性的扩展与现代社会理论的兴起①

　　"现代性工程"（The project of modernity）又称"启蒙运动工程"，是有关现代性的工程、计划、方案或事业。"现代性工程"的实施就是现代性的展开，也就是所谓的现代化（Modernization）过程。哈贝马斯曾经对于"现代性工程"做过这样的描述："由 18 世纪启蒙哲学家所开创的现代性事业，就在于根据各自的内在逻辑来努力发展客观科学、普遍道德与法律以及自主艺术。与此同时，这一事业还意图将这些领域中的认知潜能从各自的秘传神授形式中解放出来。启蒙哲学家希望用不断积累起来的各门专业文化来丰富我们的日常生活，也就是说，理性地组织我们的日常社会生活。"② 因此，在启蒙运动家看来，现代性的展开或现代化是一种合乎理性或合理化的过程。而他们所理解的理性是一种绝对的、单一的理性，即所谓的"工具理性"。因而现代性本质上就是工具理性，现代化本质上就是工具理性化，而"现代性工程"作为一个庞大的整体性工程，它要求现代性在社会生活各个领域的展开或现代化，就是要求不仅在经济、政治领域而且在文化领域，甚至在人们的日常社会生活领域都要工具理性化。因此，"现代性工程"的实施，现代性的展开或现代化，就是工具理性逐步支配人类社会生活的各个领域、各个方面的过程。

一　现代性扩展的消极后果

　　尽管现代性的出现与扩展过程实质上表征了人类征服与改造自然和

---

　　①　与王彦力合作，王彦力，吉林大学哲学社会学院社会学系 2012 级博士研究生，研究方向是现代社会理论、社会政策。
　　②　［美］道格拉斯·凯纳尔、斯蒂文·贝斯特等：《后现代理论：批判性的质疑》，张志斌译，中央编译出版社 1999 年版，第 301—302 页。

社会的能力不断提高，人类自主性不断高扬，但是现代性的出现与扩展也造成了一些非常严重的、危及人类生存与进一步发展的消极或负面后果。这些消极或负面后果主要包括两个方面：一是人类整体理性的分裂与解体以及由此造成的社会生活领域的断裂、资本主义精神的裂变与失落；二是"生活世界殖民化"以及世界风险社会的形成。

人类理性是由工具理性、价值理性、审美理性三者构成的一个统一的有机整体，也就是说，人类整体理性包括工具理性（或科学理性）、价值理性（或道德理性）、审美理性这三个基本部分，通过它们人类创造了真、善、美相统一的理想世界与现实世界。人类的这一整体理性存在于古代、分裂于现代与当代。康德的三大名著分别论述了人类整体理性的这三大部分，即《纯粹理性批判》中论述的是工具理性（或科学理性），《实践理性批判》中论述的是价值理性（或道德理性），《判断力批判》中论述的是审美理性，实质上从一个侧面反映了人类整体理性的分裂。

在"现代性工程"实施之初，社会理论家们竭力倡导和宣扬以个人主义的形式存在的人道主义，这实际上为资本主义条件下的经济与政治现代化进程扫清了思想障碍。然而，随着"现代性工程"的不断展开，经济、政治现代化得到了进一步发展，与此同时也出现了极其严重的消极或负面后果，具体表现为"人"越来越"物化"，即越来越商品化、功能化、工具化等，使得人类的工具理性、价值理性、审美理性之间的矛盾日益突出、冲突日益加剧，最终导致了人类整体理性的分裂、解体。

在贝尔看来，人类整体理性的分裂、解体是现代社会生活领域断裂或失序的深层根源。因为由于现代性的扩展，人类整体理性的分裂，使得人类社会生活的各个领域因执着于从人类整体理性中分裂出来的工具理性或价值理性或审美理性而形成了各自的支配原则或中轴原则，即经济领域中的"经济效益原则"，政治领域中的"权力平等原则"，文化领域中的"自我实现原则"（它强调"自我表达和自我满足"，受这一原则支配，文化领域追求或标榜"个性化"、"独创性"以及"反制度化"），表明整个人类社会生活领域已出现了断裂。[①] 这也是一种社会失序的状态。

---

① ［美］丹尼尔·贝尔：《资本主义文化矛盾》，蒲隆等译，生活·读书·新知三联书店1992 年版，第26—30 页。

　　人类整体理性的分裂、解体也导致了资本主义精神在现代的裂变、在当代的失落。资本主义精神从形成、裂变到失落经历了一个漫长的过程。这一过程也是现代性进一步展开的过程。贝尔认为资本主义精神是由"宗教冲动力"和"经济冲动力"这两个因素所构成。① "宗教冲动力"和"经济冲动力"实质上就是人类的价值理性与工具理性的外在表现形式。因此，资本主义精神在深层次上就是人类的价值理性与工具理性之间在达到一定平衡之后才形成的。资本主义精神是由人类理性所构成的，并且是人类理性的客观化、现实化。

　　随着"现代性工程"在现代的不断展开，工具理性充斥着整个社会生活领域（包括经济、政治、文化、日常社会生活），并在人类整体理性中逐渐占据主导地位，不断挤压着人类的价值理性、审美理性，从而打破了人类的价值理性与工具理性之间的平衡，使人类整体理性分裂，人性发生扭曲、变形，进而直接导致了资本主义精神的裂变。尤其在当代，随着现代性的进一步扩展，资本主义得到了快速发展，但人类的工具理性疯狂地无限膨胀，极力挤压人类的价值理性与审美理性，逐渐摆脱人类的价值理性对它的束缚，膨胀到极点，使得人类的审美理性枯萎、工具理性在经济生活中独断专行，最终将人类的价值理性挤出经济生活领域，从而导致资本主义精神在当代的失落。因此，资本主义精神裂变、失落的实质在于人类整体理性的内在冲突。

　　现代性进一步扩展到日常社会生活领域，出现了"生活世界殖民化"。在哈贝马斯看来，所谓"生活世界殖民化"就是"生活世界被系统殖民化了"，即系统控制了日常生活世界。具体而言，"生活世界殖民化"是指原本属于私人领域和公共空间的非市场和非商品化的活动，被市场机制和科层化的权力侵蚀了。经济领域中的市场机制与政治领域中的科层化权力是工具理性在经济、政治领域中扩展的结果，本质上是工具理性在经济、政治领域中的现实化、具体化。因此，"生活世界殖民化"本质上就是日常社会生活世界被工具理性侵蚀了、殖民了。"生活世界殖民化"是现代社会的一个主要病症，它使现代社会陷入困境之中。

　　在当代，现代性得到了高度的发展，贝克和吉登斯将当代的现代性

---

　　① ［美］丹尼尔·贝尔：《资本主义文化矛盾》，蒲隆等译，生活·读书·新知三联书店1992年版，第26—30页。

称之为"第二现代性"或"反身的、激进的现代性",① 以区别于之前的"第一现代性"或"简单的、线性的现代性"。② 然而,在我们看来,"第二现代性"与"第一现代性"相比,尽管程度不同,但本质上都是工具理性,"第一现代性"是低级发展的现代性或工具理性,而"第二现代性"则是高度发展的现代性或工具理性。贝克和吉登斯认为正是这一反身的、激进的第二现代性,才使得整个世界开始进入风险社会。在他们看来,如果说简单的、线性的第一现代性是工业社会的基础,那么反身的、激进的第二现代性就是风险社会的基础。当代世界风险社会的出现是反身的、激进的现代性出现与扩展的直接结果。风险社会的出现是现代性扩展对人类所造成的最为严重的消极或负面后果,因为它直接危及到了人类的生存。人类所面临的这次生存危机因核风险等的出现而与他以往所面临的生存危机截然不同,因为这次生存危机可能意味着整个人类的毁灭,而不是人类某一群体的毁灭。

二 现代社会理论的兴起

从现代性扩展所造成的消极或负面后果中,我们可以看到,现代性是一把双刃剑,它在推进社会进步的同时,也使社会的进一步发展陷于严重的困境之中。现代性既是社会进步的动力,也为社会的进一步发展设置了阻碍。现代性既为人的发展展示了无限广阔的空间,也使人陷于不断被异化的境地。随着现代性消极或负面后果的日益显现,社会理论家开始反思与批判现代性及其消极或负面后果。有的反思与批判现代性

---

① 吉登斯与贝克、拉什合著的"Reflexive Modernization"译成"反身现代化"比较合理。目前国内学术界一般将"reflexive"理解为"反思的"或"自反的",因而将贝克主张的第二现代性或现代化称为"反思的"或"自反的"现代性或现代化。只有个别学者将"reflexive"理解为"反身的"。我比较倾向于这一理解。因为从贝克风险社会理论的认识论基本预设、分析模式、基础理论以及整个理论倾向来看,"反身的"包容了"reflexive"的"反思的"与"自反的"这两种基本含义,即"反身的"既指现代性对于自身的反对——"自反的",又指人类对于现代性及其后果的反思与应用——"反思的"。很显然,"自反的"与"反思的"主体不同,即"自反的"主体是现代性本身,而"反思的"主体则是人类。总体而言,吉登斯侧重于个体与社会(制度)的反思性,而贝克则更加关注现代性结构本身的自反性。

② [德]乌尔里希·贝克:《世界风险社会》,吴英姿译,南京大学出版社 2004 年版,第2—3 页。

或工具理性在经济、政治领域中的消极或负面后果，有的直接反思与批判现代性或工具理性对于文化与日常社会生活领域的殖民或入侵等。而在反思与批判现代性及其消极或负面后果的过程中社会理论家们创建了现代社会理论。

尽管现代性出现初期产生了一些颂扬现代性的社会理论，但随着现代性的不断扩展，也产生了大量的、对现代性进行反思与批判的社会理论。这些社会理论是真正意义上的现代社会理论，它们主要对于现代性扩展所造成的消极或负面后果进行了深刻的反思与批判。因此，现代社会理论在本质上就是由这些反思性或批判性的社会理论所构成的。马克思的"异化"社会理论、韦伯的"铁笼"社会理论是具有代表性的早期的现代社会理论，它们都深刻地揭示了现代性扩展所造成的消极或负面后果。

马克思直接继承了黑格尔从整体理性角度批判现代性的传统，[①] 他意识到现代性扩展所导致的异化现象在资本主义社会具有不可克服性，因而主张以扬弃异化的形式，使人性在未来理想社会中得以复归，而所要复归的人性就是一种人类的整体理性。因此，马克思所谓的克服资本主义异化现象的方案实质上就是主张以人类的整体理性来抵抗单一的工具理性的扩展，以人类的整体理性来抵消由单一的工具理性的肆虐所造成的对于它的破坏以及消除整个人性的异化。

韦伯在看到现代性的扩展所带来的高效率的同时也意识到效率的逻辑残酷地而且系统地破坏了人的感情和情绪，认为效率的提高并不一定能导致人类更大的幸福，因为随着科层制组织中现代性的不断扩展，人类实际上在为自己建造一个将来无法从中逃脱的"铁牢笼"，并且，无论在资本主义社会还是在社会主义社会都难逃这样的命运。尽管韦伯的"铁笼"社会理论对于人类前途抱有非常悲观的看法，但却深刻地揭示了工具理性不断膨胀对人类整体理性以及整个人性的破坏。

现代性在当代得到了高度的发展，具体表现为：（1）在广度上。现代性扩展的领域越来越广，不仅深入到日常社会生活领域、文化领域，而且跨越民族国家的界限进入到全球领域；（2）在深度上。现代性已发

---

① 按照哈贝马斯的分析，康德之后对于现代性的批判存在两个传统：一是尼采的非理性的传统；二是黑格尔的整体理性的传统。

展到第二现代性，即反身的、激进的现代性阶段。并且，现代性的这种
反身性越来越强、越来越复杂；（3）在程度上。现代性的制度化、形式
化程度越来越高。因此，当代社会的现代性与现代社会的现代性不同，①
但它是现代社会现代性的高度发展。这种现代性吉登斯称之为"晚期的
现代性"或"高级的现代性"，贝克称之为"反身的现代性"或"激进
的现代性"，而在后现代主义者看来则是一种"后现代性"。如果将当代
社会高度发展的现代性称之为"后现代性"，那么在我们看来，"后现代
性"在本质上仍然是一种现代性，一种工具理性，只不过是一种高度发
展的现代性或工具理性罢了。② 因此，当代社会理论或者所谓的"后现代
社会理论"本质上仍然是一种现代社会理论，它是现代社会理论发展到
当代的一种新的理论形态。

很显然，当代社会理论或后现代社会理论也是在对"后现代性"的
扩展所造成的消极或负面后果进行反思与批判的过程中形成的，也是对
于"后现代性"扩展的一种理论回应。而哈贝马斯的"交往理性"社会
理论，吉登斯和贝克等的"反身的现代性"社会理论、"风险"社会理论
是具有代表性的当代社会理论或后现代社会理论。

哈贝马斯的"交往理性"社会理论就是对工具理性的进一步扩展而
殖民于日常社会生活领域，使日常社会生活日趋世俗化、庸俗化、工具
化、功能化等消极或负面后果所作的一种理论回应或深刻反思。在哈贝
马斯看来，理性是多种形式的，除了工具理性之外，还有价值理性、审
美理性、"交往理性"等。因而现代性具有多种可能性、多种形式，它是
"一项未竟的工程"。（Jurgen·Habermas，1992）后现代主义者所谓的
"现代性的终结"，指的只是工具理性的终结，而非整个现代性的终结，
"交往理性"是现代性在当代发展的一种形式。因此，哈贝马斯在当代要
重建与维护的现代性不是工具理性的现代性，而是"交往理性"的现代
性。哈贝马斯的"交往理性"指的是在人际交往过程中人们所依据的一

---

① 当代社会指的是自 20 世纪 60 年代以来的社会，或可称为"后工业社会""后现代社
会""消费社会""风险社会"等。

② 国内外学术界有关现代性的命运主要存在两种截然相反的观点，即"终结论"与"未
竟论"。后现代主义者的主要倾向就是一种"终结论"，认为"现代性已经终结"，已被"后现
代性"所取代。而哈贝马斯、吉登斯、贝克等社会理论家则持"未竟论"，认为"现代性没有终
结"，它只是发展到了一个新的阶段。

定的道德规范或原则，因而它本质上是一种价值理性。

吉登斯与贝克的"反身的现代性"社会理论、"风险"社会理论等是对工具理性进一步在全球扩展以及自身的深化（反身性越来越强、越来越复杂）所造成的消极或负面后果所作的一种理论回应或深刻反思。吉登斯、贝克与哈贝马斯一样都拒绝后现代性，在他们看来，现代性不但没有终结，反而呈现向全球扩展的趋势，并且具有越来越强、越来越复杂的反身性（包括自反性与反思性两个层面）的特点，即现代性已经发展到了"晚期或高级的"阶段。因此，吉登斯与贝克将现代性分为"简单的、线性的"第一现代性与"反身的、激进的"第二现代性两种形式，并深刻反思与揭示了第二现代性的扩展所带来的严重的消极或负面后果，即风险社会、世界风险社会的出现，并认为正是由于这种现代性在全球范围内的不断扩展才使得整个人类处于"世界风险社会"之中。

总之，现代社会理论与现代性的扩展紧密相连，它是在对现代性扩展所造成的消极或负面后果进行深刻反思与批判的过程中形成和发展起来的。因而尽管现代社会理论与古典社会理论（包括古代的、中世纪的、近代的社会理论）一样，都是对于社会世界主要方面的一种相对系统、较为抽象的、一般性的反映，[①] 但它与古典社会理论的反映方式与具体内容不同，古典社会理论主要是对社会世界主要方面的认识，现代社会理论主要是对社会世界中新出现的现代性扩展及其消极或负面后果进行深刻的反思与批判。因此，现代社会理论就是一种对于现代性扩展及其消极或负面后果进行反思和批判的理论，因而现代性是现代社会理论研究的核心主题。

（载于《贵州社会科学》2014 年第 12 期）

---

① 在我们看来，社会理论经历了古代社会理论、中世纪社会理论、近代社会理论以及现代社会理论（包括当代社会理论）这样几个发展阶段。而社会理论就是对于社会世界主要方面进行认识、反思、建构所形成的相对系统的、较为抽象的、一般性的理论，因而它包括社会本体论、社会评价论（社会辩护论和社会批判论）以及社会建构论三大基本内容。

西方信任社会研究反思①

从目前占有的资料来看，韦伯（Weber）可能是最早研究信任社会及其建构问题的西方社会学家之一。韦伯之后，许多西方学者，如明恩溥（即史密斯，Smith）、雷丁（Redding）、福山（Fukuyama）、佩雷菲特（Peyrefitte）等对信任社会也展开了比较深入的研究。韦伯等西方学者主要研究了信任社会的判别标准与信任社会的建构机制等方面的问题，实现了由中西文化比较研究向系统化研究的转型，从而推进了具体研究内容的深化。因此，他们的研究不仅是西方信任社会现实的一种理论反映，也为当代信任社会理论的建构和发展奠定了坚实的基础。然而，他们的研究也因其固有偏见而存在诸多的缺失。

一 信任社会的判别标准：从"信任程度" 到"信任地位"

韦伯从中西文化比较的角度研究了传统中国社会的信任状况，认为传统中国社会是"非信任社会"，从反面探讨了信任社会的判别标准和形成原因。韦伯在《儒教与道教》中，不仅区分了"普遍主义信任"与"特殊主义信任"两种基本的信任类型，而且将传统中国社会的信任归之为一种"特殊主义信任"。韦伯认为，中国人是"世上绝无仅有的不诚实"，这种不诚实的品质导致"中国人彼此间典型的不信任"。② 也就是说，传统中国社会的信任是缺失的。在中国，一切信任的基石明显地建立在亲戚关系或亲戚式的纯粹个人关系之上，"儒教中习以为常的不正直

---

① 与接家东合作。接家东，吉林大学哲学社会学院 2010 级博士研究生。
② ［德］马克斯·韦伯：《儒教与道教》，王容芬译，商务印书馆 1997 年版，第 284 页。

的官方独裁以及死要面子的独特含义造成的后果是尔虞我诈，是普遍的不信任"。① 总之，在韦伯看来，传统中国人之间存在着普遍的不信任，传统中国社会的"普遍主义信任"相当缺失，传统中国社会的信任度相当低，因而传统中国社会是"非信任社会"，即不是信任社会。

韦伯之后的许多西方学者，如明恩溥在《中国人的素质》、雷丁在《中国资本主义精神》、福山在《信任：社会道德与繁荣的创造》（以下简称《信任》）中，沿袭韦伯的研究思路，也从中西文化比较的角度研究了传统中国社会的信任状况，涉及"非信任社会"的判别标准和形成原因，从反面探讨了信任社会的判别标准和形成原因。他们基本上继承了韦伯的上述思想，认定中国（包括传统中国与当代中国）社会是信任缺失的、低信任度的社会，即"非信任社会"，不是信任社会。

明恩溥在《中国人的素质》中也考察了传统中国社会的信任状况。他与韦伯的不同之处在于把中国社会的信任缺失看作是一种反常的违反"公理"的现象。他认为"没有一定的相互信任，人类就不可能存在于一个有组织的社会，尤其是在像中国这样一个组织得如此严密、如此复杂的社会之中，这更是不容置疑"②，这是"公理"，而中国社会存在的一系列有关中国人之间互相猜疑的、互不信任的现象却与这一"公理"相违背。中国人之间互不信任的原因主要包括两个方面：一是他们相互不了解；二是他们相互了解。总之，由于传统中国人之间互相猜忌、互不信任，因而传统中国社会的信任度很低，是"非信任社会"，即不是信任社会。

雷丁在《中国资本主义精神》中也认为，由于传统中国人的家族主义文化意识浓厚，使得他们存在一种强烈的倾向，只信任与自己有关系的人，对于家族以外的其他人则极端地不信任。他认为华人企业，如香港企业中就存在这种现象。他指出，华人香港企业主要的特征是，"你对家人全然信任，对朋友和熟人则建立某种程度的相互依存感，为彼此互留余地，至于其他的人，你绝对不会假设他们对你存有什么好心"（Redding G.，1990）。因此，在雷丁看来，传统中国社会是"非信任社会"。

福山在《信任》中也提出了中国社会信任度低的观点，这一观点不

---

① ［德］马克斯·韦伯：《儒教与道教》，王容芬译，商务印书馆1997年版，第289页。
② ［美］明恩溥：《中国人的素质》，秦悦译，学林出版社2001年版，第208页。

仅是对韦伯、明恩溥观点的延伸与发挥，而且也是对雷丁观点的一种重复。他认为，由于中国人的家族主义文化的根深蒂固，使得他们对家族之外的"外人或陌生人"的信任感极低，对他们存在普遍的、极度的不信任。在华人社会里，只要出了家族的圈子，人与人之间的信赖感就变得相当低，即对外人的信任感太低。因此，中国不是信任社会。

很显然，韦伯、明恩溥、雷丁、福山等西方学者用以判定一个国家社会信任度高低以及是否是信任社会的标准就是"对外人或陌生人的信任"程度，即所谓的"普遍主义信任"程度。因为在他们看来，由于中国人"对外人或陌生人的信任度"低或"普遍主义信任度"低，因而中国社会的信任度就低，中国社会就是"非信任社会"，不是信任社会。而西方人由于"对外人或陌生人的信任度"高或"普遍主义信任度"高，因而西方社会的信任度就高，是信任社会。

佩雷菲特与韦伯、明恩溥、雷丁、福山等西方学者不同，他不是从反面，而是从正面直接提出了信任社会的判别标准。他在《信任社会——论发展之缘起》（以下简称《信任社会》）中说："当然，任何社会也不会百分之百地信任或猜忌。正如阴从来不会百分之百的阴，而阳从来不会是百分之百的阳一样。阳中总包含部分的阴，阴中总包含些许阳。起决定作用的是占主导地位的因素。"① 很显然，佩雷菲特提出的信任社会的判别标准深刻而具有普遍意义，比韦伯、明恩溥、雷丁、福山等西方学者的看法更为精准，闪耀着辩证法的光辉。佩雷菲特借用中国传统文化中的"阴阳学说"，将他们主张的"人与人之间'普遍的'猜疑、不信任或信任"修改为"社会中'占主导地位'的猜疑、不信任或信任"，认为信任社会就是社会中信任（阳）占主导地位的社会，相反，"非信任社会"或"疑忌社会"② 就是社会中不信任（阴）与主导地位的社会。也就是说，信任社会与"疑忌社会"是相对的、"此涨彼消"的。信任社会只是信任占主导地位，而不是不存在猜疑、不信任。同样，"疑忌社会"也只是猜疑、不信任占主导地位，而不是不存在信任。因此，在佩雷菲特看来，判别一个社会是否是信任社会，主要看信任在这个社

---

① ［法］阿兰·佩雷菲特：《信任社会——论发展之缘起》，邱海婴译，商务印书馆2005年版，第5—6页。

② 疑忌社会是佩雷菲特在《信任社会》中提出的一个概念，是指信任社会的对立面，它与信任社会所崇尚的价值体系正好相反。因此，疑忌社会也可称之为"非信任社会"。

会中是否占有主导地位。总之，在信任社会判别标准的看法上，佩雷菲特是在韦伯、明恩溥、雷丁、福山等西方学者基础上的一种极大进步。

二 信任社会的建构机制：从"宗教改革"到"文化革命"

韦伯在分析传统中国社会信任状况的过程中，间接地探讨了传统中国如何建构信任社会的问题，这一问题蕴含在他本人提出的"韦伯命题"中。他在《新教伦理与资本主义精神》中研究了新教伦理与资本主义发展之间的关系，首次从正面提出了所谓的"韦伯命题"，即新教伦理作为一种精神力量促进了西方资本主义的产生与发展。韦伯认为西方社会的商业信任是一种普遍主义信任，即一种建立在普遍主义关系基础之上的信任。西方的新教伦理品质所造就的这种普遍主义商业信任，挣断了宗族的纽带，适用于信仰和伦理生活方式共同体。① 它的一个明显优势就是使商业范围得以扩大，经济交易秩序得以扩展，大大突破了血缘共同体的限制，从而促进了资本主义经济的产生与发展。韦伯的这项研究成功地从正面证明了新教伦理与资本主义发展之间的正相关关系。

韦伯在《儒教与道教》中研究了儒家伦理和资本主义发展之间的关系，他认定中国社会的商业信任是一种特殊主义信任，因为它很明显是一种建立在亲戚关系或亲戚式的纯粹个人关系等特殊主义关系基础之上的信任。中国的儒家伦理所造就的特殊主义的商业信任，没能挣断宗族的纽带，使得它只能局限于血缘共同体内，阻碍了资本主义经济的产生与发展。韦伯的这一研究结论实际上从反面证明了新教伦理与资本主义发展之间的正相关关系，即儒教伦理与新教伦理不同，它与资本主义之间不具有正相关的关系，只具有负相关的关系。学术界一般将韦伯从正反两个方面所证明的新教伦理与资本主义发展之间关系的论述，合称为"韦伯命题"。

为什么新教伦理能造就"普遍主义信任"，而儒教伦理不能造就"普遍主义信任"只能造就"特殊主义信任"呢？对此，韦伯作出了明确的

---

① ［德］马克斯·韦伯：《儒教与道教》，王容芬译，商务印书馆 1997 年版，第 289 页。

回答。韦伯认为儒教伦理之所以没能像新教伦理那样有所作为，在于它本身没有经历过"改革"，也就是说，儒教必须进行类似于"基督教改革"那样的"宗教改革"或"新教改革"才能造就"普遍主义信任"，从而促进资本主义的产生和发展。按照韦伯的思路，只有经过改革之后的宗教伦理（包括儒教伦理、伊斯兰教伦理等）才能像新教伦理那样促进资本主义的产生与发展。其中蕴含的思想是，经过宗教改革后的宗教伦理才能孕育和造就"普遍主义信任"，而充满高度"普遍主义信任"的社会才是所谓的信任社会。因此，韦伯在信任社会建构问题上强调宗教改革的作用，提出了所谓的信任社会的"宗教改革建构机制"。①

佩雷菲特在《信任社会》中，在扬弃韦伯与福山有关信任和信任社会思想的基础上，提出了较为系统而深刻的信任社会理论。尽管佩雷菲特认为信任社会就是"信任品性渗透企业内部的社会"②，但他并不局限于企业社会来理解信任社会。实际上，在他看来，信任社会就是信任品性渗透所有社会领域内部的社会。佩雷菲特认为信任品性在西方发达国家表现为"新教品性"，因为西方发达国家经历了基督教改革，尊崇改革后的新教。在基督教改革之前，西方国家之间的差距很小，而在基督教改革之后，则出现了两类西方国家，即进行基督教改革的"新教国家"和没有进行基督教改革的"拉丁国家"，它们之间的差距逐渐拉大，甚至一直保持到当代。因此，在佩雷菲特看来，基督教改革是西方发达国家信任社会建构的有效途径。

佩雷菲特在《信任社会》中进一步认为，19世纪末的日本和20世纪末的亚洲"四小龙"也表现出类似于"新教品性"的品性，这些国家或地区就是所谓的"具有新教品性"的国家或地区。③ 与西方发达国家一样，这些国家或地区也具有所谓的"竞争性信任品性"。尽管这些国家或地区没有经历过西方那样的宗教改革，但正是这些"竞争性信任品性"造就了它们巨大的经济成就和社会繁荣。这些"竞争性信任品性"不是

---

① 这里的"宗教改革建构机制"也可以简称为"宗教建构机制"，它与后面提到的"法律建构机制"和"道德建构机制"的不同之处在于，它注重宗教改革，而"法律建构机制"和"道德建构机制"则注重法律建设和道德建设。

② ［法］阿兰·佩雷菲特：《信任社会——论发展之缘起》，邱海婴译，商务印书馆2005年版，第554页。

③ ［法］阿兰·佩雷菲特：《信任社会——论发展之缘起》，邱海婴译，商务印书馆2005年版，第692页。

通过宗教改革，而是通过类似于宗教改革那样的精神革命或文化革命而被催化、激发。

概而言之，佩雷菲特的信任社会建构思想，主要包括两个方面：

（1）重视深层的精神、文化因素在信任社会建构中的作用。佩雷菲特认为信任品性是资本与劳动之外的第三种非物质要素，是经济发展和社会进步的内在本源和持久动力。信任源于信任品性，而信任品性就是有利于信任产生、运作、维持与扩展的品性，信任社会是整个社会渗透信任品性的社会。因此，信任社会的建构必须重视信任品性这种精神、文化因素。

（2）深层的精神、文化革命是信任社会建构的基础。佩雷菲特认为西方发达国家信任社会的建构机制是一种"宗教建构机制"，即通过宗教改革来建构信任社会的机制。而宗教改革是一场精神、文化革命，因而其他国家要建构信任社会必须进行类似于宗教改革那样的精神、文化革命，因为只有通过这种精神、文化革命才能为信任社会的建构奠定坚实的文化基础。

总之，在佩雷菲特看来，不同的宗教价值观，如新教与天主教价值观，造就了不同的社会类型，即信奉新教的社会（即信任社会）与信奉天主教的社会（即疑忌社会），从而造成它们之间的经济成就差异。因此，精神文化因素在经济发展中起决定作用，它是经济发展的原动力。①因此，在关于信任社会建构机制的看法上，佩雷菲特已经超越了韦伯的信任社会"宗教建构机制"论，即认为信任社会的建构必须以宗教改革为基础，而主张一种较为宽泛的"文化建构机制"论。这种"文化建构机制"论主张信任社会可以通过类似于"宗教改革"那样的"文化革命"来建构。

三　信任社会研究的主要缺失

韦伯、明恩溥、雷丁、福山、佩雷菲特等西方学者大都从中西文化比较角度，立足于较发达的西方社会经济发展现实，以西方人的眼光看

---

① 董才生：《当代西方经济发展研究的新视野》，《学习与探索》2007 年第 6 期。

待和研究中国的社会信任、信任社会状况，提出了具有很高理论学术价值的思想。如韦伯提出的"普遍主义信任"和"特殊主义信任"的信任分类思想、信任社会的宗教建构思想等，佩雷菲特提出的"信任社会是信任主导的社会""信任社会是信任品性充盈的社会"以及信任社会的"文化建构机制"思想等。他们的这些思想为当代信任社会理论的建构和发展奠定了坚实的基础。然而，他们的这种研究不免带有固有的"西方中心论"的偏见或意识形态倾向，他们有关信任社会的判别标准，尤其是有关传统中国社会信任状况以及信任社会建构机制的一些看法，我们并不完全赞同。

这些西方学者认为传统中国人"对外人或陌生人的信任"或"普遍主义信任"度低，而认定传统中国社会信任度低下，以此来推断传统中国社会是"非信任社会"。然而，传统中国社会的信任度真的很低吗？

韦伯是最早对中西社会信任做比较研究的西方学者，他对于中国社会信任状况的判断深刻地影响了后来的学者。如果仔细分析前面韦伯有关传统中国社会信任度低下的论述，我们就会发现其中存在这样一个较为明显的逻辑矛盾，即韦伯既承认传统中国社会信任的缺失及其程度的低下，又承认传统中国社会是存在信任的，只不过这种信任是建立在亲戚关系或亲戚式的纯粹个人关系之上的"特殊主义信任"。也就是说，韦伯也承认传统中国社会信任是不同于西方社会信任的另一种形式。另外，判别社会信任程度高低的标准有多种。韦伯等西方学者仅以一种标准来判别社会信任度的高低是片面的，犯了"以偏概全"的绝对化错误。他们认为由于传统社会中国人"对于外人或陌生人的信任"或"普遍主义信任"度很低，因此，整个传统中国社会信任度就很低。

我们认为，这是一种没有必然性的、存在逻辑错误的、抽象的推论。因为一国社会的信任不是该国社会中个人信任的简单加总，而是整个社会中个人之间的信任所构成的一个有机整体，只有一国的主导信任程度的高低才能代表该国整个社会信任程度的高低。

事实上，中国社会的信任度不仅不低，反而是相当高的，只不过中国社会的信任形式不同于西方，它不是一种基于法律等外在制度的"法律型"信任，而是一种在悠久的中国历史文化传统中孕育的、基于传统中国伦理道德等内在制度的"道德型"信任。这种信任深厚而充满人性意蕴，是传统中国晋商繁荣兴盛的主要支撑与推动力。① 广而言之，由于传统中国是由诸多"社会圈子"所构成的，每一个"社会圈子"内部充满着高度的"道德型"信任，因此，每一个"社会圈子"就构成了所谓的"道德型"信任社会。然而，每一个"社会圈子"的信任社会并不一定意味着由它们所构成的整个社会是信任社会。如果每一个"社会圈子"的信任社会是开放的，它们之间又是相互联系的，那么它们有可能构成整体意义上的信任社会。

总之，韦伯等西方学者所认定的传统中国社会信任度低下以及由此而进一步推定的传统中国社会是一种"非信任社会"，不是信任社会的观点，是他们的一种"西方中心论"偏见，是不符合历史事实的。

韦伯尽管没有直接研究信任社会的建构机制问题，但他在有关传统中国社会信任状况的看法中已触及这个问题。如他认为传统中国社会由于深受没有经过改革的"儒教和道教"的影响，因而普遍缺乏"普遍主义信任"，社会信任度低下，是一种"非信任社会"，资本主义不可能在这种社会中产生和发展。与此相反，西方国家由于深受经过基督教改革后形成的新教的影响，盛行"普遍主义信任"，因而社会信任度很高，是一种信任社会，资本主义在这种信任社会中孕育、产生与发展。因此，在韦伯看来，宗教改革至关重要，社会信任度高低、信任社会能否形成以及资本主义能否产生与发展都依赖于是否进行了宗教改革。也就是说，经过基督教改革所形成的新教是信任社会形成的关键，韦伯由此提出了所谓的信任社会的"宗教建构机制"。佩雷菲特在《信任社会》这部鸿篇巨制中主要继承和扩展了韦伯有关信任社会建构机制的思想，提出了信任社会的"文化建构机制"。

然而，佩雷菲特显然没有区分现代早期和现代中晚期西方国家两种不同的信任社会建构机制。事实上，随着现代社会的发展，西方宗教日益式微，取而代之的法律成为经济社会生活的主导，人们从对基督教上帝这一"天国抽象物"的膜拜转为对社会法律这一"世俗抽象物"的尊崇。于是，现代西方信任社会的建构机制也发生了根本转变，即由"宗教建构机制"或"文化建构机制"转变为"法律建构机制"。西方国家

---

① 董才生：《偏见与新的回应——中国社会信任状况的制度分析》，《社会科学战线》2004年第 4 期。

170 多年前开始于英国的社会信用制度建设就是一种典型的信任社会的"法律建构机制",这种建构机制将社会信用制度的法律建设置于核心地位,重视社会信用的各项法律制度建设,形成了社会信用制度建设的两大典型模式,即以美国为代表的"市场主导模式"和以欧盟为代表的"政府主导模式"。

除了信任社会的"宗教建构机制"或"文化建构机制""法律建构机制"之外,传统中国还存在一种信任社会的"道德建构机制"。这种建构机制注重道德信用建设,即使像具有现代信用意义的契约信用也始终以道德为基础,是一种道德信用形式。比如明清两代发展起来的极具现代法律信用形式的钱庄和票号就始终以道德为基础,本质上仍然是一种道德信用形式。因此,中国古代发达的道德信用在钱庄和票号中所起的作用,一点也不比西方现代的法律信用在现代企业组织中所起的作用来得弱。

总之,韦伯等西方学者主张的信任社会的"宗教建构机制"或"文化建构机制",只是整个信任社会建构机制之一,是现代之前或之初的信任社会建构机制。传统中国晋商的信任社会建构机制是一种典型的"道德建构机制",而在现代西方国家,信任社会的"法律建构机制"在整个信任社会建构机制中占有支配地位。由于信任社会的"道德建构机制"和"法律建构机制"都在信任社会的建构中起着无可替代的作用,因而不可片面强调一方而忽视另一方。在我们看来,未来信任社会的建构机制是一种"综合型制度建构机制",即以由道德等内在制度和法律等外在制度相融合而形成的"综合型制度"为基础的建构机制。因此,韦伯等西方学者有关信任社会的"宗教建构机制"或"文化建构机制"是信任社会唯一建构机制的观点,在本质上漠视了信任社会建构机制在当代的发展以及信任社会的"法律建构机制"和"道德建构机制"在当代信任社会建构中的主导作用。

(载于《吉林大学社会科学学报》2015 年第 3 期)

二　经济社会学理论研究

经济学、社会学研究路径之比较

所谓研究路径就是研究的路线、程序，即研究展开的思路。具体指的是从一个基本假定出发去构建理论与方法，分析、解释现实问题的思维过程。它包括基本假定、理论化模式与研究方法以及政策应用三个方面。其中基本假定是最为根本的、核心的方面，其他方面都是以它为基础的。

在经济社会学发展史上，日本著名的经济社会学家富永健一与美国著名的经济社会学家尼尔·斯梅尔瑟在这方面作了有益的尝试。

富永健一在《经济社会学》（1974）一书中，从逻辑分析这个角度比较了经济学与社会学之间的异同，认为正是这两门学科之间既相同又相异的双重关系，才使夹在这两门"亲缘学科之间"的经济社会学成为"一种有意义的智力性工作"① 富永健一试图通过对这两门学科进行比较以获取经济社会学方法论方面的启示。

斯梅尔瑟在《经济社会学》（1963）一书中，首先，提出了对经济学与社会学进行比较所应依据的标准：（1）确定研究者的研究主体；（2）确定这两门学科研究的相关变项变化的原因（决定性作用、因素、条件），即确定这两门学科用哪些自变项及条件解释相关变项变化的原因；（3）通过分析和罗列这两门学科特有的自变项和相关变项，明确它们的焦点所在。其次，依照上述标准，从相关变项、自变项、变项之间关系以及分析中的"假定"四个方面对经济学与社会学各自的特点进行了比较。最后，在上述基础上提出了经济社会学的定义，确定了经济社会学的两个研究重点。②

---

① ［日］富永健一：《经济社会学》，孙日明等译，南开大学出版社1984年版，第45页。
② ［美］尼尔·斯梅尔瑟：《经济社会学》，方明等译，华夏出版社1989年版，第33—35页。

一 基本假定方面

经济学与社会学最为根本的区别就在于基本的人性假定上。经济学的基本假定是"经济人"。在经济学家看来，经济人具有如下的特点：（1）在经济活动中经济人所追求的唯一目标是自身经济利益的最大化、最优化。例如，消费者所追求的是最大限度的自身满足；生产者所追求的是最大限度的自身利润；生产要素所有者所追求的是最大限度的自身报酬。也就是说经济人主观上既不考虑社会利益，也不考虑自身的非经济利益。（2）经济人所有的经济行为都是有意识的和理性的，不存在经验型和随机型的决策。因此，经济人又称为理性人。（3）经济人拥有充分的经济信息，每个人都清楚地了解其所有经济活动的条件与后果。因此，经济中不存在任何不确定性，获取信息不需要支付任何成本。（厉以宁、章铮，1996）

总之，经济人是具有固定偏好的、理性的、自私自利的、作为工具的追求利益最大化的人，实质上是工具理性之人，工具理性化的人。

社会学基本假定的是"社会人"，在社会学家看来，社会人是"社会化"的人。所谓"社会化"就是社会对人的影响作用过程。人的社会化终其一生，包括儿童社会化与成人再社会化两个过程。经过社会化的个人把存在于社会中的东西内化于自身，因此，个人是社会的产物，正是社会才使个人成其为行动者，个人只能从社会方面得以说明，个人本身就固有其社会性。

社会学家迪尔凯姆有关社会人的观点颇为典型。他说："固然，在社会生活里没有什么不在个人的意识里的，这是显然的事；不过，差不多个人意识里所有的一切都是从社会里来的。假使是在离群索居的境况之下，我们意识状态的一大部分绝不会发生，又假使人类在另一种方式之下团聚，则我们的意识状态也不会是这样发生了的。由此看来，这些意识状态并不从普通人类心理生出来，却是由团聚了的人们依照人数之多寡与关系的深浅而相互发生影响，然后从那影响的方式里生出来的。这是团体生活的产物，也只有团体的性质能够解释它们。"（迪尔凯姆，1934）在迪尔凯姆看来，由于经济学所谈论的人是故意的利己主义者，因而，只是一种理性的、人为的人。我们熟悉的人，是真实的人，复杂得多的人，他属于一个时代、一个国家，他生活在某个地方，他有家庭、有国家、有宗教信仰和政治观点。

总之，"社会人"是存在于历史发展的社会制度以及文化中的人，是不固定的、可变的、有着流动偏好的人，他的行为决定于现实的文化价值，而不是个人自我利益的算计，因而是富有意义的、文化的、复杂的人。因此，社会人实质上是具有价值理性之人，是社会化的人。

经济学与社会学在基本的人性假定方面的不同导致了它们对个人与社会关系看法上的差异。经济学家认为个人是先于社会的，社会是由人组成的，离开了个人及其行为，社会团体和社会活动便不复存在，社会或集体仅是"个人的聚集"，个人是先在的。经济学家实质上主张的是"社会唯名论"。

与此相反，社会学家（韦伯除外）主张的是一种"社会唯实论"，他们认为，尽管个人是社会的主体，个人活动形成社会，但社会不是"个人的聚集"而是"自成一类"的，他一旦形成便会产生新的特征，这些新特征反过来塑造了个人意识与个人行为。因此，社会学家认为社会限定价值，集体影响偏好，社会并不源于个人的选择，相反，个人的存在假定了社会的先在。这正如社会学家帕森斯认为的那样："制度化的动机的基本结构是在社会发展过程中习得的，而不是一种既定的先在。"① 因此，无论什么动机恰恰是社会习得的，是可变的，不由个人原子地、持久地选择的。偏好与行为通过社会和文化类型受人们理解的方式以及价值观念的影响。因此，可以通过考察制度结构、社会规范以及文化价值来理解行为。

经济学与社会学的以上差异也导致了它们在方法论上的对立与哲学态度上的不同取向。社会学家（韦伯除外）主张以群体、制度和社会作为分析基点，认为只有从社会环境角度才能给出个人行为的最好解释。这种以群体、制度和社会为分析基点的方法称为"方法论集体主义"。与此相反，经济学家则主张以个人作为分析基点的方法，即"方法论个人主义"。他们认为，只有从个人行为的角度，才能给出对社会现象的最好

---

① Talcott Parsons, Nielj. Smelser, eds., *Economy and Society*, NewYork: The Free Press, 1965, p.182.

解释。尽管经济学家通过聚集个人水平的理性决定使其分析提高到了一个较高水平。然而，由于制度化的动机结构是在社会发展过程中习得的，而不是一种既定的先在，因此，严格的唯物主义行为对于社会学家来说不是唯一的人类行为的内驱力。

与经济学家行为主义的唯物主义态度相反，社会学家奉行了一种解释的唯心主义哲学态度。他们认为解释其他人对他们世界的理解是一种有效的方法。他们关心他们的看法与参与者的感觉与意义的一致性，以及感觉与意义被接受而影响行为的观点。因此，在社会学家看来，问题不是我们假定的既定效用功能，我们能预见到什么，而是我们如何能找出和解释人们的效用功能，以及我们如何追溯它们的形成、估量它们的变化。

二 理论化模式与研究方法方面

首先，在理论化模式上，我们发现社会学家从最小的假定开始必定经验地、实证地研究偏好、价值行为以及动机的本性，通过社会调查的具体方式搜集积累第一手原始资料，然后，由原始资料驱动，对它进行归纳，这与经济学不同。经济学家不是从第一手原始资料出发进行归纳，而是从先在的"公理"出发进行逻辑推演，结合使用精制的模型与高度抽象的第二手资料来预测、展示和接受人的行为。

因此，在研究方法上，经济学与社会学是截然不同的。经济学致力于演绎发现，以及理论模型的制作，通过高度抽象的第二手资料运用数学手段对经济现象进行定量研究而绝少使用其他方法，即使在消费经济学中运用样本调查方法，也很不普遍。而社会学着重于归纳以及在此基础上的理论建构，通过社会调查搜集原始的第一手资料对社会现象进行定性与定量相结合的综合研究。除样本调查、人种学分析方法外，还使用人口普查、历史数据分析与比较、独立的调查分析、参与观察、实地调查方法等。因此，与经济学相比，社会学使用的研究方法更为多样。

经济学与社会学研究方法上的差异也使得它们所建立的理论模型的特征也迥然相异。经济学的理论模型精致，几乎不包含什么变项，社会学的理论模型混乱，存在许多变项。这也造成了经济学与社会学在有效性方面的不同。经济学具有预测功能，经济学家强调预测的重要性，布拉格（Blaug）认为："自亚当·斯密以来，经济学一直由假定的操纵所构成，由被迫放弃关于真实世界的预测的理论或假定构成。"① 相反，社会学则囿于对现实的解释，社会学对解释感兴趣。因此，经济学家与社会学家常常相互攻讦。社会学家往往指责经济学家忽视实验数据而建构一些抽象的理论模型，而经济学家则批评社会学家无力预测，以及过分偏爱对历史现象的社会学解释。

在合理性的假定方面，经济学与社会学也存在分歧。社会学认为经济学的合理性假定本身是成问题的，这并不是因为社会学中有关人性存在广泛的争议，而是因为在每一项所从事的研究中，合理性可能或者要被研究，或者要被重新定义。的确，自韦伯以来，"合理化"本身一直是社会学理论研究中作为组织和制度发展过程中个人取向与历史过程的一个较为重要的课题。对于大多数社会学家来说，他们的研究多于理论，他们最有可能首先搜集资料，然后从资料中建构理论，结果常常是太偶然、太混乱和不确定，难以适合简洁的公式。许多社会学家在知识活动中揭示了这一结果，因为那里的答案不是已被假定，那里总是有更多的问题要询问。

方法论问题对社会学家来说在这里成为关键，因为这些理论的真理价值依赖于经验支持，而不是它们与核心假定之间的逻辑关联。例如，一位经济学家会从合理性假定中作出推断，或者直截了当地预言：如果由福利支付的合法堕胎被取消，那么青少年怀孕的总体水平将下降。然而，对大多数社会学家来说，他们不是去作推断或预言，而是设法去说明、解释诸如为什么青少年怀孕会经常地发生于低收入妇女中，以及为什么这些妇女由于她们自身的合理决定而常常更愿意让不合法的孩子出生，而不是去实施堕胎等这样一些问题。

---

① Blaug，Mark，eds.，*Economic Theory in Retrospect*，3rd ed Cambridge：CambridgeUniversity-Press，1980，p. 697.

三　政策应用方面

首先，在市场取向上，经济学视市场为独立的变项，主张一种完全竞争的市场，它赞成市场自由竞争，排斥市场中的权力，在市场与公司关系上，认为市场大于公司。与此不同，社会学对于市场持中立取向，视市场为干预或依赖变项，在市场与公司的关系上，主张公司大于市场。

其次，在政策态度上，经济学持规范的态度，要求在一定价值判断的指导下寻找解决问题的方法，重视对社会问题的"治疗"，其目的在于维持社会现状，维护自由的市场。与此不同，社会学对于政策持价值中立的态度，不受解决方法的导向支配，而是力求说明问题，不是专注于"应该是什么"，而是着重于"是什么"，仅对社会问题作出"诊断"，而不是"治疗"，其目的在于暴露社会现实问题，主张对它们进行有效的控制。

最后，在政策水平上，经济学家运用他们的个人选择以及自由市场选择自由的假定总会给出一个答案，而社会学家有关自由市场往往充满着矛盾心理。他们的判断与其说基于自由市场的思想意识，不如说基于他们如何评价政策的应用。因此，他们很少可能自信地提出基于简化的假定、较少的变项以及精致的模型之上的预测。社会学家追求现实的东西，更喜爱限定问题以及暴露几乎所有的解决方案，他们常常是政策的"局外人"。而经济学家则追求预测，如果需要，他们甚至可以不顾事实进行预测。

综上所述，经济学与社会学在研究路径上的不同可用一句话来概括：经济学呈现的是非现实而"干净的模型"，而社会学描述的是现实而"肮脏的手"。

（载于《社会科学家》2001 年第 3 期）

马克思主义经济社会学在当代的建构

21 世纪是挑战与机遇并存的世纪，也是经济社会学发展的大好时期。在当代建构马克思主义经济社会学，不仅是时代的呼唤、经济社会学进一步发展的要求，也是马克思主义在当代展示其独特魅力的需要。因此，具有重大的理论和实践意义。

下面我们就马克思主义经济社会学建构的基本原则和主要方面谈一些粗浅的看法。

一　马克思主义经济社会学建构的基本原则

1. 以世界社会经济发展新特点以及经济学、社会学发展新趋势作为现实背景。第二次世界大战以来，在全球一体化、高科技迅猛发展的条件下，世界的社会经济发展过程中产生了大量的综合性问题，比如政治和战争、环境、资源、能源、人口和粮食问题等。尤其是 20 世纪 80 年代以来，这种综合性特征更为明显。单纯的经济问题或单纯的社会问题并不多见，大量的经济问题同时又是社会问题。因此，在当今，经济社会学就是研究那些在经济与社会结合过程中产生，又只能在其中才能得以解决的综合性问题。

当代经济学与社会学之间相互融合的趋势日益加强，出现了"经济学社会学化"以及"社会学经济学化"两种倾向。"经济学社会学化"倾向指的是在经济学研究中引用社会学的一些概念与方法来扩展经济学的研究范围，它们更多地注意经济的社会关系方面。兴盛于 20 世纪 60 年代的美国激进经济学就是这种倾向的典型代表。"社会学经济学化"倾向指的是在社会学研究中引用经济学的一些概念与方法，以扩展社会学的研究范围，"理性选择理论"就是这种倾向最为典型的代表。在当代，我们所要建构的马克思主义经济社会学就是具有综合视角，能解释大量综合性问题，并且以经济学与社会学相互融合为基础的经济社会学。

2. 把马克思主义，尤其是历史唯物主义作为建构马克思主义经济社会学最基本的指导原则。这不仅符合当代经济社会学发展特点，以及经济社会学作为一门交叉学科的基本特征，也符合历史唯物主义的内在要求。

历史唯物主义是科学的世界观与方法论，是被无数革命实践证明了的全面完备的科学合理的理论。它在社会历史领域坚持唯物又辩证的立场，把整个社会生活建立在物质实践基础上，认为"社会生活本质上是实践的"。把整个社会过程看成是与自然界一样是一个自然历史过程，把生产活动看成是人类社会的最基本活动，把生产力看成是社会发展中最终的推动力量与决定力量。认为生产力与人们在生产过程中形成的生产关系之间是既对立又统一的矛盾关系，以及它们之间的矛盾运动推动着社会由低级向高级发展。

历史唯物主义立足于社会实践的唯物主义观点，以及坚持社会生活中的辩证法立场，尤其是个人活动选择性与社会条件制约性之间相互作用的辩证法观点，是我们建构马克思主义经济社会学的理论依据。我们旨在通过把全面科学合理的历史唯物主义作为最基本的原则，来建立一种具有全面科学合理的基本假设，全面科学合理的基本理论以及全面科学合理的研究方法的马克思主义社会学、马克思主义经济社会学。

3. 以交叉学科形成机制的多样性为理论依据。交叉学科作为一个新兴的科学群，与传统科学相比，有着自己独特的形成机制。就两个学科之间相互影响、相互作用所形成的交叉学科来说，单向移植与双科交融是两种最基本的形式。

单向移植机制指的是从一个学科向另一个学科移植或从一个学科向某实际部门移植。西方经济社会学实质上是这种单向移植的结果，是在社会科学内部由社会学向经济学移植而产生的交叉学科。双科交融机制指的是两个不同学科的理论、方法相互交融、彼此结合在一起，以开拓新的研究领域，形成新的学科。我们所要建构的马克思主义经济社会学就是这样一种交叉学科。

在全球一体化、高科技迅猛发展的条件下，各门学科之间相互交融的趋势日益增强，单向移植的方式大大落后于交叉学科的发展状况，双科交融形式成为主流。因此，在当今应采用双科交融形式来建构符合时代发展趋势的马克思主义经济社会学。

4. 采取科学的批判继承态度。在批判西方经济社会学片面性、不合理性的同时，继承其"合理内核"。西方经济社会学一百多年发展，因其基本假定、基本理论以及研究方法的片面性而曲折艰难，却给我们留下诸多研究成果，为我们建构马克思主义经济社会学提供了重要的思想前提。重要的如韦伯、熊彼特、帕森斯等人的理论和方法。

西方主流社会学家秉持片面的"社会人"基本假定构建自己的社会学理论，并以此为基础开展经济社会学研究。韦伯的社会行动理论强调了个人行动与社会结构之间的互动。他一反以迪尔凯姆为代表的实证主义社会学从社会结构出发去研究社会事实、社会现象的做法，而主张从个人出发，透过个人行动中所包含的主观意义或个人动机去理解个人行动，理解由个人行动之间互动而形成的社会行动以及整个社会现象。韦伯认为个人行动动机归根到底是由社会文化制度造成的，社会文化制度塑造了个人动机，个人在动机支配下行动，个人行动在与他人行动的互动中构成社会行动，形成社会现象。

帕森斯继承了韦伯的社会行动理论，并试图在综合韦伯为代表的人本主义社会学与迪尔凯姆为代表的实证主义社会学的基础上，建立一种更为合理的社会行动理论。帕森斯认为，个人行动是由动机取向与价值取向决定的，取向形式不同构成了不同的行动类型，当各种类型的行动者互动时，逐渐形成互动模式并使这一互动模式"制度化"。个人动机取向的设定肯定了个人的自主性，个人价值取向设定肯定了个人社会结构的制约性。

在方法论方面，帕森斯尝试把韦伯的"方法论个体主义"与迪尔凯姆的"方法论集体主义"这两种根本对立的方法论综合起来，韦伯、熊彼特试图建立一门多学科交叉的"社会或科学经济学"，为我们建构马克思主义经济社会学开启了新的思路。

二 马克思主义经济社会学建构的主要方面

1. 基本假定方面

我们通过吸取西方主流社会学、西方经济社会学"社会人"基本假定，又结合西方主流经济学的"经济人"（理性人）基本假定，并把它们置身于马克思主义社会实践的基础之上，以马克思主义，尤其是历史唯物主义为指导原则，提出"现实人"这个新的基本假定，从逻辑起点上建构马克思主义经济社会学。

西方主流经济学的基本假定是"经济人"，所谓经济人是指具有固定偏好、理性的、自私自利的、作为工具的、追求利益最大化的人，实质上是工具理性之人，是工具理性化的人。西方主流社会学、西方经济社会学的基本假定是"社会人"，所谓社会人是存在于历史发展的社会制度以及文化之中的人，是不固定的、可变的、有着流动的偏好、富有意义的、文化的、复杂的人。实质上是具有价值理性的，社会化的人。

在经济社会学研究中，西方主流社会学"社会人"基本假定对西方主流经济学"经济人"基本假定确实起到补充与纠偏的作用。然而，"社会人"这个基本假定与"经济人"一样是片面的、抽象的、非现实的。"社会人"与"经济人"是相对的两个极端，所谓"社会人"或"经济人"（或理性人）假定，只是抽取了一个现实人的诸多本质属性中的某个方面。"社会人"是对一个现实人的"社会制约性"这个本质属性的抽象并加以绝对化，"经济人"是对一个现实人的"社会理性"这一本质属性的抽象并加以绝对化。"经济人"过分强调人的活动过程中自我理性选择的一面，个人的自主性、主动性的发挥；"社会人"则过分强调人的活动过程中社会制度结构、文化等对个人活动制约的一面。

在马克思主义看来，现实的社会实践是一种主观见之于客观的活动，是人能动地改造世界的客观物质活动，是在一定社会历史条件下、又随着社会历史条件的变化而发展的活动，因而是一种全面、具体、历史的活动。

所谓"现实人"是指在一定社会历史条件下、从事一定社会实践活动（包括经济活动）的人，是受社会制约又对社会产生影响的所有个人。"现实人"将随着社会历史条件的变化、社会实践的发展而发展，将在社会结构制约性与个人行动自主性之间的"张力"中展开自身的活动。

因此，"现实人"是全面的、具体的、历史的人。全面、具体、历史的社会实践活动使"现实人"具有了全面、具体、历史的现实特点。因此，"现实人"这个基本假定的提出，不仅实现了在社会学理论内部，对人本主义社会学与实证主义社会学的统一或超越，而且实现了在经济社会学理论内部，社会学与经济学的统一或超越，成为具有全面性、合理性的基本假定。

在社会学理论上，"现实人"基本假定立足于社会实践，既克服了人本主义社会学对于人的活动中主观方面的片面强调，又克服了实证主义社会学对于人的活动中客观方面的片面强调，是主观与客观、精神与物质的统一体。因而超越了实证主义社会学与人本主义社会学。

在经济社会学理论上，"现实人"的基本假定，是对西方经济社会学片面、抽象的"社会人"以及西方主流经济学片面、抽象的"经济人"的克服，并在社会实践基础上的统一，是"社会人"与"经济人"的统一体，是个人行动（包括经济行动）自主性与社会制度结构制约性之间的辩证统一。因而，是对西方经济社会学与西方主流经济学的超越。"现实人"基本假定，既符合作为经济学与社会学相交融而形成的经济社会学这门交叉学科的性质和发展形式，也符合当代不同学科之间相互融合趋势日益增强的新的社会事实，因而必将使当代经济社会学向着全面、合理、科学的方向发展。

"现实人"的基本假定具有以下几个特征：

（1）是多种属性的统一体。在社会学理论上，"现实人"是主观性与客观性、精神与物质的统一；在经济社会学理论上，"现实人"又是"经济人"与"社会人"的统一；"现实人"还是理性与非理性的统一。因为"现实人"的行动是在社会文化制度约束下的个人自我发出的行动，因此，这种行动既可以是理性的行动，又可以是非理性的行动。

"现实人"是"经济人"与"社会人"的统一，因此也是"经济人"与"政治人"、"经济人"与"道德人"、"经济人"与"文化人"等的统一。这就为经济社会学与其他学科的交融提供了通道，从而为经济社会学在当代的发展创造了宽广的可能性空间。

（2）实现了多种统一。"现实人"的基本假定，不仅实现了社会学理论上人本主义社会学与实证主义社会学的统一，经济社会学理论上经济学与社会学的统一，实现了个人与社会、个人主义与结构主义的统一，还实现了"社会唯名论"与"社会唯实论"的统一。

"现实人"是受社会结构制约又对社会产生影响的个人，从"现实人"出发去研究社会与经济现象，既可避免片面强调个人的个人主义，又能避免片面强调社会结构的结构主义，从而避免陷入"社会唯名论"

或"社会唯实论"的片面哲学的泥潭中。

在方法论以及具体的研究方法上,西方主流经济学一般奉行以个人为分析基点的"方法论个人主义",而西方主流社会学以及西方经济社会学一般奉行以社会为分析基点的"方法论集体主义"(韦伯的"方法论个体主义"只是一个特例)。"现实人"实现了"方法论集体主义"与"方法论个体主义"的统一,克服了它们各自的片面性。

宏观分析与微观分析之间的互相过渡与互相联系是许多社会学家、经济社会学家在分析和研究社会经济现象时试图解决的一个重大问题。"现实人"的基本假定,实现了对于经济现象宏观分析与微观分析的统一,并且实际上为宏观分析与微观分析提供了互相过渡与互相联结的桥梁与纽带。

(3)以社会实践为基础的基本假定。"社会存在就是现实的人的社会生活","现实人"的社会实践活动构成了这个社会的基础,使整个社会得以存在,使整个社会生活得以展开。"现实人"是在一定社会历史条件下,从事一定社会实践活动(包括经济活动)的现实的人,因而也将随着社会历史条件的变化,社会实践的发展而发展。"现实人"本身的诸多统一,以及现实的诸多统一,也是奠定于一定的社会实践基础之上的。

总之,"现实人"因本身具有的诸多统一、实现的诸多统一都以社会实践为基础而成为一个全面、具体、历史的基本假定。"现实人"是全面的、具体的、历史的人。"现实人"基本假定是我们所要建构的马克思主义经济社会学的核心和理论基石。

2. 基本理论方面

我们将从全面合理的"现实人"这个基本假定出发,去建构全面、科学的社会学理论,并以此为基础去建构马克思主义经济社会学理论。

从"现实人"基本假定出发去建构马克思主义社会学,不仅是对以孔德、迪尔凯姆为代表的实证主义社会学与以韦伯为代表的人本主义社会学这两种片面理论的克服与超越,因为"现实人"的活动是主观与客观、精神与物质相统一的活动;而且也是对帕森斯带有"综合"性的社会学理论的克服与超越,因为"现实人"的活动是建立在现实的、深厚的社会实践基础上的,是一种全面的、具体的、历史的活动。

我们所要建构的马克思主义社会行动理论是在对社会学发展史上韦伯、帕森斯等社会学家的社会行动理论的超越,因而是一种科学、全面的"个人行动与社会结构"之间唯物辩证的互动理论。这种理论是以社会实践为基础的，并在社会实践中展开的。

以全面、科学的社会学理论为基础的马克思主义经济社会学，必须也是全面、科学的经济社会学，它以"现实人"这个核心概念或基本假定统一或超越了西方主流经济学的"经济人"概念或基本假定以及西方主流社会学的"社会人"概念或基本假定。经济学与社会学在它那里得到了现实的统一，经济社会学作为交叉学科的性质也在它那里得到了充分体现。经济社会学内在的真正的发展形式，即经济学与社会学相互交融的形式，在它那儿由可能变成了现实。

如果说西方经济社会学以"单向移植的帝国主义扩张"为主要发展形式，那么，当代经济社会学的发展则主要靠经济学与社会学"双科交融"来推动。"双科交融"的发展形式在建构马克思主义经济社会学那里是题中应有之义。

在我们所要建构的马克思主义经济社会学看来，从事经济活动的人，不是抽象的"经济人"和"社会人"，而是具体的、历史的"现实人"。他在从事经济活动时，内在利己动机的支配去追求经过理性选择的、合理的、现实的经济利益，同时这种追求经济利益的活动又是在一定历史条件下展开的，因而必然受到一定的社会文化制度的制约与影响，社会文化制度对于求利活动的制约，规定了求利活动的价值走向与合理程度。现实人的经济活动保持了个人经济行动的自主性与社会文化制度制约性之间的"必要张力"。

我们所要建构的马克思主义经济社会学又是开放的，因为"现实人"的基本假定决定了它必然与其他学科经常处于一种相互影响、相互渗透的关系之中，也决定了它必然只有在与其他学科相互交融中，才能得到进一步发展。它随时可能吸纳对其发展有利的经济学、政治学等其他学科的概念、理论与方法。

西方经济社会学采用了多种发展形式，但它们都不是源自经济社会学学科内在性质的"内在发展形式"，仅是被动的"外在发展形式"。与西方经济社会学不同，我们所要建构的马克思主义经济社会学则采用了一种内在于其自身本性的自觉的发展形式，它具有符合自身本性的内在发展机制，因而具有永不枯竭的发展的内驱力，必将为经济社会学在当代的平稳发展奠定坚实的基础。

3. 研究方法方面

我们将从全面合理"现实人"这个基本假定出发，去建构全面科学的马克思主义社会学方法，并进一步建构全面科学的马克思主义经济社会学方法。

在社会学发展史上，实证主义社会学与人本主义社会学的对立和斗争在社会学研究的方法论上得到了反映。在方法论上，实证主义社会学主张一种统一的科学观，即反对区分为自然科学与社会科学，认为从科学角度看，社会学研究只是自然研究的一部分，因而社会学研究应该而且必须袭用自然科学的方法，主张对不可还原为个人行为的社会整体现实进行客观的描述与分析。这是一种自然主义、客观主义看待社会问题的观点，又是所谓的"方法论集体主义"。

与此相反，人本主义社会学则认为，实证主义的观点过于武断，没有看到自然现象与社会现象之间的本质区别，经济社会现象都是人的行动直接或间接参与的结果，因而其背后都潜藏着作为行动主体的人的主观意义，因而作为行动结果的社会现象的事实中包含着属于人的主观意义。为此，在研究任何社会现象时，先要从构成社会现象的人们行动的"主观意义"入手去理解这种主观意义，这就是所谓的"方法论个体主义"。

以全面合理的"现实人"基本假定为基础的马克思主义社会学，在方法论上则主张用辩证统一的方法去看待社会，因而避免了上述两种观点或方法论的片面性和缺陷。因此，马克思主义社会学，在方法论上是对实证主义社会学的"方法论个性主义"与人本主义社会学的"方法论集体主义"的统一或超越，它既强调对社会现象的客观描述与分析，又强调对它的主观理解，因而是一种全面、合理、科学的方法论。

社会学具体的研究方法也因其提出和研究的问题千差万别而多种多样。但不外乎经验与理论或定量与定性两个层面。实证主义社会学借用自然科学方法，倾向于经验层面的观察实验、调查、测量、统计等实证方法。定量分析是它常用的方法。人本主义社会学则倾向于理论层面的定性分析方法，如"结构同源法""功能分析法""历史分析与比较法"等等。

以"现实人"为基本假定的马克思主义社会学研究方法就是经验与理论或定量与定性两个层面相统一的全面科学的研究方法。以这种集

"方法论个体主义"与"方法论集体主义"相统一，经验实证研究与理论因果分析相统一，定量研究与定性分析相统一于一身的马克思主义社会学方法为基础，去建构的马克思主义经济社会学方法，它在形式和内容上将更加丰富、具体、多样，它包容了经济学、政治学等学科一些具体的研究方法与分析技术，如抽象的数学模型建构法、数学计量法、演绎法等也将为它所用。

因此，马克思主义经济社会学实现了研究方法上的创新，使"方法论个体主义"与"方法论集体主义"，经验实证研究与理论分析、定量研究与定性分析、归纳与演绎、分析与综合、抽象与调查等研究方法达到了高度统一，因而是对西方经济社会学研究方法的超越，开辟了经济社会学研究的新天地。

总之，从"现实人"基本假定出发去建构的全面科学的马克思主义经济社会学，将弥合经济学、社会学之间长期存在的鸿沟，为经济学、社会学等学科之间的对话、交流提供通道，为解决长期困扰经济社会学家的有关宏观研究与微观研究之间相脱节的问题开启新的思路，从而使当代经济社会学，在真正内在于自己本性的形式推动下平稳、健康地向前发展。

以上我们只是就马克思主义经济社会学建构的原则性、基础性方面发表了一些浅见，其他方面，如基本范畴、体系结构、基本内容等，由于篇幅所限，没有涉及，打算另文介绍。建构马克思主义经济社会学是一项艰巨、复杂而漫长的工作，有赖于有志于这项工作的研究者的不懈努力。

[载于《昭乌达蒙族师专学报》（汉文哲学社会科学版）2001 年第 3 期]

西方经济社会学历史演化的具体过程

西方经济社会的思想源头可以追溯到古希腊时期的柏拉图与亚里士多德，然而，真正意义上作为社会学一个分支学科的经济社会学，是直到 19 世纪末 20 世纪初才产生的。韦伯与迪尔凯姆首先使用了"经济社会学"这一术语，并对它展开了卓有成效的开创性研究，他们因此被公认为西方经济社会学的创始人。西方经济社会学在一百多年的历史演化过程中，涌现出了像韦伯、迪尔凯姆、熊彼特、布兰尼、帕森斯、斯梅尔瑟以及格兰诺维特等这样一些杰出的经济社会学家。他们以自己独创性的理论与方法为西方经济社会学不断向前发展作出了巨大的贡献。然而，西方经济社会学一百多年的历史演化道路并不平坦，在经历了 19 世纪末期至 20 世纪 30 年代形成和最初发展之后，不久，就跌入低谷，逐渐走向低潮，直至 20 世纪 50 年代才获得新的发展机遇。之后，又一次跌入低谷，直至 20 世纪 70 年代之后，才走向"复兴"之路。20 世纪 80 年代至今，逐渐进入稳定发展时期。

西方经济社会学一百多年的历史演化大致经历了以下四个时期：

一　形成与最初发展时期（19 世纪末期至 20 世纪 30 年代）

在这个时期，有两个理论源头成为经济社会学产生的理论前提，它们分别是德国社会学与法国社会学。德法两国的社会学家不约而同地促成了经济社会学的产生。

德国社会学家秉承德国传统学术思想的历史与比较的特点，致力于运用解释的方法与原则去剖析经济问题，着重于经济发展与国家在经济中的作用方面的研究，韦伯、桑巴特和熊彼特就是这个时期的主要代表人物。

韦伯认为，经济社会学应同时汲取历史研究与理论分析的合理精华，并应成为历史研究和理论分析的纽带和桥梁。韦伯研究了许多经济社会学的主题，例如，中世纪的贸易公司、股票以及主要宗教的经济伦理等。在韦伯学术生涯的后期，他主要致力于为经济社会学提供理论基础。他在未完成的巨著《经济与社会》以及《世界经济通史》中，集中阐述了他的经济社会学思想。

在《经济与社会》第一部分的第二章"经济行为的社会学范畴"中，韦伯认为经济社会学理论范畴主要涉及三个方面的内容：（1）它设想经济行为是"社会的"，这是经济社会学的基点。（2）它总是包含"意义的"，因此，经济社会学应该是解释的。（3）它考虑了"权力"，认为权力在经济中起了关键的作用。

在《世界经济通史》的"资本主义精神的演变"一章里，韦伯概括了《新教伦理与资本主义精神》中的主要观点，阐述了西方经济日益理性化理论，以及"世界宗教的经济伦理"的思想，也对所谓的"韦伯之谜"即"为什么在西方能产生理性的资本主义，而在世界其他地方却不能"作了解答。

熊彼特是唯一的、最主要的对经济社会学有浓厚兴趣，并对它作出贡献的经济学家。他通过直接汲取社会学传统来讨论经济制度，试图分析国家财政问题，发展了一种"财政社会学"，并在其中提出了许多有关税收、财政方面的思想。他受马克思的影响，在《资本主义、社会主义和民主主义》一书中，对资本主义体系结构矛盾作了精辟的分析，对资本主义进行了"诊断"，强调资本主义经济由于其自身所固有的"创造性破坏"而引起的不断变化过程。并据此，预示了资本主义的前途，提出了有关资本主义一般命运的著名宣言："资本主义能活下去吗？不。我不认为它能活下去。"①

在《经济分析史》中，与韦伯一样，熊彼特试图创建一门包括经济社会学在内的科学的或社会的经济学。就他而言，经济社会学是"对经

---

① ［美］约瑟夫·熊彼特：《资本主义、社会主义和民主主义》，绛枫译，商务印书馆1979年版，第79页。

济制度的研究","处理的问题是人们怎么会这样行为的",① 因此，它只涉及经济的制度联系，而不是经济本身。

作为新历史学派的最后一个代表的桑巴特，也在他的著作《现代资本主义》一书中，对资本主义的特征和起源进行了探讨。他认为资本主义在被社会主义取代之前，经历了三个发展阶段，即早期的资本主义（15 世纪至 1760 年）、全盛时期的资本主义（1760—1914 年）以及晚期的资本主义（1914 年以后）。在资本主义中的企业是典型的私人企业，它们主要追求个人利益，很少受外界的控制，因此，它们具有较高的经济积极性，既承担着失败的全部风险，也享有诸多成功的机会。资本主义机器正是靠这些私人企业维持着正常的运转。桑巴特强调追求利润的积极性这一点与韦伯的看法有点类似。

总之，韦伯、熊彼特与桑巴特等德国的经济社会学家最关心的是资本主义及其前途，他们试图在经济理论中为经济社会学争得一席之地。与此不同的是，以迪尔凯姆为代表的法国经济社会学家却热衷于"工业社会"及其整合问题。因此，他们力图与经济学家作斗争，试图用经济社会学替代经济理论。

迪尔凯姆的经济社会学与韦伯的经济社会学相比虽欠综合、系统，却是很有独创性的。他认为经济学应该成为"社会学的一个分支"，主张以一种不同于大多数经济学家的研究方法，即经验的和社会学的研究方法，尤其是通过"社会的经济"这个概念来研究经济问题。为此，他以较为积极的倾向开展了经济社会学家感兴趣的几项研究，其中最为主要的是《社会劳动分工论》。

它的核心是认为经济学家的错误在于仅用经济学的术语描述劳动分工，把劳动分工仅作为创造财富，进一步提高效率的一种手段。在他看来，分工起了更为广泛的作用，在现代社会中，它是形成内聚力和团结的重要的媒介物。他论证说，由于劳动分工的发展和任务的互不相同，人们终止了建立在相似性基础上的团结（机械团结）。相反，由于人人都有不同的任务，他们开始互相依赖。因此，为了他们各自的福利相互需要（有机团结）。在发达的社会里，由劳动分工产生的相互依赖形成了责

---

① ［美］约瑟夫·熊彼特：《经济分析史》（第一卷），朱泱等译，商务印书馆 1996 年版，第 41 页。

任和权利。并且，正是由于这些责任和权利而不是交换或市场结构使社会结合在一起。

同时，迪尔凯姆承认由分化产生的整合是不完备的。他从人们经常使用的生物学上的类推来推论，认为如果"社会机体"运转正常，那么，社会的各个"器官"必须经常处于相互联系之中。反之，将由于丧失规则而反常。他把这一逻辑应用于现代工业社会，认为在过去的二百多年里，经济发展如此迅猛，以致规则与法规的发展不能与经济发展保持同步。在这种"经济反常"的状态下，人民与社会都受损害。

迪尔凯姆指责像圣西门那样的工业社会的倡导者，认为他们没有治愈"反常"的方法。因为他们相信增加产量就是一切。一般而言，经济学家与社会主义者一样也是医治不好"反常"的。因为他们都把经济看成是社会中最为重要的方面。他认为，如果道德没有崩溃，就应是道德而不是经济，才是社会的中心。迪尔凯姆提出了自己的改进建议，即工业和贸易组织起来的专业团体必须渗透于社会，并通过仪式、节日以及其他增强团结的机制为社会奠定真实的基础。

二　停滞徘徊与新的发展时期
(20 世纪 40—50 年代)

20 世纪 30 年代末期，随着第二次世界大战的爆发，西方世界学术中心发生了由欧洲向美国的大转移，社会学中心也随之转移到美国，经济社会学在欧洲（主要是德国和法国）的研究也日益衰落，以致在 20 世纪 30 年代后一直处于停滞徘徊的低谷状态。这种状态持续到 20 世纪 50 年代才开始出现新的转机，其标志是 1956 年帕森斯与斯梅尔瑟合著的《经济与社会》的正式出版。

帕森斯在现代社会学家中对经济社会学作出了最为重要的贡献。他在第一部重要著作《社会行动结构》中，提出了他独特的研究方法"分析要素观"以及经济学与社会学之间关系的系统观点。其基本看法是：像经济学与社会学这样的社会科学各自应集中于社会行动的不同方面。经济学应关心"满足需求的稀有手段的选择使用"，社会学应研究"与它们相联系并构成它们基础的目的与态度的一般的基本作用"。

帕森斯对经济社会学的主要贡献是 20 世纪 50 年代与斯梅尔瑟一起设计、共同撰写的《经济与社会》。该书在许多方面表明帕森斯试图对经济学与社会学之间关系的进一步探索已进入了一个新的阶段，在研究方法上也与"分析要素观"决裂了，经济思想在此已概念化为一般社会系统理论的一种特殊情形，经济已被视为社会系统的一个子系统。帕森斯在该书中认为，经济的基本功能是处理社会对它所处环境的适应问题（正如帕森斯概念化的 AG – IL 图解所展示的那样）。

他们也强调了经济与社会其他子系统之间的系统交换。例如，货币工资在经济与潜在的子系统之间在边界上被交换成劳动力。资本被认为是政治与经济子系统之间的交换，银行在它们之间起了"填隙"的作用。在《经济与社会》中，帕森斯与斯梅尔瑟也发展了一般化中介货币的概念，并把它扩展，用于社会系统的一般分析。他还把"结构分化"的社会学理论应用于经济制度的分析与研究。

作为帕森斯的得意门生，斯梅尔瑟是帕森斯有关经济社会学方面工作的继承者。他的博士学位论文《工业革命中的变迁》就是有关经济社会学的。在该文中，他运用结构分化理论，详尽研究了英国工业革命期间经济安排与社会安排（包括童工法、工会和储蓄银行的演化）。

1963 年斯梅尔瑟出版了第一本讲解性的经济社会学教科书《经济生活的社会学》。斯梅尔瑟在此书中，基于整个社会生活可以分解成经济、法律、宗教等若干方面这样一个基本观点，选取了经济方面作为重点来开展经济社会学研究。他不像经济学家那样孤立地研究经济，而是考察了经济方面与非经济方面的互动关系，从四个方面介绍了经济社会学对这一问题的探讨：（1）系统地比较了经济学与社会学这两门学科，并研究了有关问题；（2）将社会生活的各个方面作为社会的一个子系统来研究；（3）研究了非经济因素是如何影响经济活动的各个过程——生产、分配和消费的；（4）研究了社会变迁时期经济因素与非经济因素的相互影响关系。

尽管 20 世纪 40 年代西方经济社会学的发展处于停滞状态，但仍有一些经济学家、社会学家在默默地工作。除了帕森斯、斯梅尔瑟之外，布兰尼是其中较为突出的一个，他为经济社会学的再次振兴做出了巨大的贡献。布兰尼的第一批著作产生于 20 世纪 40 年代，主要探讨了 19 世纪和 20 世纪市场占支配地位的社会起源及其进一步发展这个主题。其主要思想表达在《我们过时的市场思想》一文与《伟大的变迁》一书中。

　　20世纪50年代布兰尼探讨的第二个主题是原始社会的经济与社会的关系，有关这个主题的主要著作是《早期帝国的贸易和市场》（论文集）。

　　在布兰尼所有富有创见性的概念中，最为著名的是"嵌入"这个概念。这是他在一篇题为《作为制度化过程的经济》的文章中提出来的。他认为"人类经济是被嵌入于经济的或非经济的制度之中"，非经济因素也是必不可少的，因为宗教或政府对于经济的结构和功能是非常重要的。"经济嵌入于更大的社会之中，是一个更大的制度结构的一部分"，这个观点与美国制度学派的凡勃伦、康芒斯、米切尔的观点有某些相似之处，暗示了对类似于"非嵌入"经济学理论的批评。

三　停滞徘徊与复兴时期（20世纪60—70年代）

　　20世纪60年代西方经济社会学发展又走向低潮，跌入低谷，直到20世纪70年代又一次走出低谷，走向复兴的大道。

　　20世纪70年代经济社会学的"复活"，据说与当时西方世界发生的石油危机和经济"滞胀"有关。石油危机和经济"滞胀"动摇了某些经济学家的观点和信念，使他们开始对自己的经济学视野和经济学理论产生了怀疑。另外，20世纪60年代和70年代初期，在阶级和政治方面的研究占统治地位的新马克思主义与新韦伯主义的影响得到复苏，宏观社会学的重要性明显地再现，女性主义知识的广泛传播导致的经济生活中性别问题的研究等，也为经济社会学的复活创造了条件。许多经济学家在现实面前开始反思新古典经济学的主流地位，深感西方主流经济学的范围太狭窄了，并决定扩展它。他们主要是在社会学方面进行扩展。

　　"行为经济学"的产生就是这种努力的直接结果。它不仅对新古典经济学的决策概念进行修正，而且在经济学研究中引入经验实证研究方法（如西蒙）。经济学这种在社会学方面的扩展，是经济学研究中的一种"社会学化"的倾向。

　　其实，经济学研究中的这种"社会学化"的倾向早在20世纪50年代就已存在，其标志是加里·贝克尔的《歧视经济学》以及唐斯的《民主的经济理论》的出版。然而，这种"经济学社会学化"的倾向只是到了 20 世纪 70 年代才获得了进一步发展的契机，这就是贝克尔 1976 年出版的《人类行为的经济分析》。

到了 20 世纪 70 年代中期，新制度经济学也开始引起人们的注意，尤其是威廉姆森的《市场与等级制度》。新制度经济学与旧制度经济学一样，重视历史和制度对人们经济生活的影响作用，试图结合一种社会的观点来研究经济现象。因此，新制度经济学的出现大有复活旧制度经济学的迹象。

经济学研究中的"社会学化"倾向，在 20 世纪 70 年代以后达到了高潮。20 世纪 80 年代中期的一篇题为"经济学正在扩展领地"的调查文章对此下了一个判断：经济学构成了社会科学的一般原理。事实上，从否定意义上说，这是一种学科的"帝国主义"，即"经济学帝国主义"。然而，这种"经济学帝国主义"激励了社会学家，促使他们思考了社会学研究的视野与兴趣，通过更新兴趣，拓展视野于经济学领域的经济现象来回应经济学研究的"入侵"。

一些社会学家，比如科尔曼等人把"理性选择"概念和"方法论个体主义"结合到社会学的研究分析中，并且在制度上加以保证。怀特在 20 世纪 70 年代中期以来发展了一种"市场社会学"，他的学生之一格兰诺维特写了一篇题为："经济行为和社会结构：嵌入问题"的文章恢复了源于布兰尼的一种社会学观点。

格兰诺维特对于那些试图把新古典经济学应用于非经济领域的经济学家提出了批评。他赞同新制度经济学的制度分析，但更强调经济生活中"网络"的重要性，他认为经济是制度化地嵌入于它运作的网络之中的。后来，格兰诺维特把这种注重网络分析的理论与方法称之为"新"经济社会学。

四 新的稳定发展时期（20 世纪 80 年代至今）

20 世纪 80 年代以来，随着新制度主义经济学与网络理论的蓬勃发展，经济学与社会学之间的对话重新开始。1994 年《经济社会学手册》这部由社会学家与经济学家共同撰写的论文集的出版，标志着促进经济学与社会学合作的一个重要转折点，以及探索经济学与社会学广泛的理论综合的新进展，预示着经济社会学发展的新时期即将到来。20 世纪 80—90 年代经济社会学研究呈现出一种新趋向，既注重社会经济生活中的"中观"或"微观"方面的研究，同时又不忽视社会经济生活中文化因素的作用。

归纳起来，20 世纪 80 年代至今西方经济社会学研究的焦点包括以下五个方面：

（一）网络

网络理论研究在经济生活中的作用。网络研究的方法是一种比较灵活的研究方法，也被用来研究个人、企业，甚至整个工业与经济之间的关系。网络研究方法也有助于定量分析，并且是一种展示经济中个人与经济之间实际相互关系的很有价值的手段。

（二）市场

当今经济社会学研究市场，主要是把它看成不同种类的社会结构，关心市场动因的不同的权力现象。怀特在 1981 年的研究中把注意力集中于没有参与者的"生产者市场"，并推断：参与公司通过相互间的观望，然后最终行动而创造了市场。博纳斯、弗兰姆也发现，在一个复杂的规则系统中市场作为复杂的网络而运转。

（三）公司

研究公司的动因来自于 20 世纪 50 年代以来的组织理论的发展，以及与新制度经济学的对抗，尤其是威廉姆森的著作《市场与等级制度》。有些社会学家对市场与公司之间的区分提出了质疑，认为整个中间区域可被经验地观察到。有些社会学家研究公司则是受查德勒有关大公司兴起的著作所激励，梅也之后的经验研究也提出了分散的公司是否发展的问题。

（四）性别

当今经济社会学强调性别涉及两个主题，即有偿雇佣劳动和家务劳动。有关前者，许多研究者致力于证明和解释在报酬方面的性别差异以及在工作方面的性别隔离。有关后者，研究者主要研究女性收入与家庭权力之间的关系。一般而言，那些在市场中创造利润的女性比那些没有被雇佣的女性在家庭中享有更大的权利。另外，女性在公司中的作用也是性别研究的一大主题。

（五）文化

当今经济社会学研究的文化方面，主要是指"历史地建构"的一整套群体意义和"社会手迹"，它存在于各种各样的活动中。扎利泽、霍顿等人强调，如果在市场、消费以及工作场所的相互作用的研究中不考虑文化因素，那么这种狭隘的研究是危险的。布尔迪厄则很明显地试图在其著作中把文化方面建构到经济制度和行为的分析之中。

［载于《内蒙古民族大学学报》（社会科学版）2001 年第 3 期］

西方经济社会学曲折发展的原因分析

西方经济社会学的产生是由社会学家、经济学家共同促成的。西方经济社会学的发展，也是由社会学家、经济学家共同推动的，是经济学家、社会学家共同努力的结果。

然而，西方经济社会学一百多年的发展曲折而艰难。在经历了19世纪末期至20世纪30年代形成和最初发展不久就跌入停滞徘徊状态，直至20世纪50年代才获得了新的发展机遇，之后又一次跌入停滞徘徊状态，直至20世纪70年代才走向"复兴"之路，20世纪80年代至今，逐渐进入稳定发展时期。

我们从基本假定、发展形式角度对西方经济社会学一百多年曲折发展的原因作一粗浅分析。

一 基本假定上的片面性是西方经济社会学停滞徘徊的根本原因

基本假定是一门学科的核心、基础和出发点。西方主流经济学、西方主流社会学都是在其各自的基本假定基础上构建起来的，基本假定是它们的逻辑起点。

西方主流经济学的基本假定是"经济人"。在西方主沆经济学看来，经济人是具有固定偏好的、理性的、自私自利的、作为工具的、追求利益最大化的人，实质上是工具理性之人，工具理性化的人。

西方主流社会学的基本假定是"社会人"。在西方主流社会学看来，"社会人"是存在于历史发展的社会制度以及文化之中的人，是不固定的、可变的、有着流动偏好的人，他的行为决定于现实的文化价值，而不是个人的自我利益算计。因而，是富有意义的、文化的、复杂的人，实质上是具有价值理性的、社会化的人。

西方主流社会学家与西方主流经济学家都想通过抽象的基本假定构筑纯净的理想模型、理论体系。然而他们所说的"经济人"由于忽视"社会人"所强调的社会制约性，而陷入目的决定论和意志论的泥潭，认为个人行为不受社会条件因素的影响，仅是其既定不变的目的的"囚徒"，个人可以不受任何约束任凭自己的理性、意志行为，这种人在现实生活中是不存在的。同样"社会人"由于忽视了"经济人"所强调的自我的理性选择、自主性、主动性一面，而陷入于因果决定论、宿命论的陷阱，认为社会结构因素是决定性的、不可改变的，而个人行为则是被决定的和可以改变的，社会整体对于个体行动者具有优先的地位，个人行为是社会结构的"俘虏"，个人仅是"社会的复制品"。

西方主流经济学与西方主流社会学基本假定上的片面性及其进一步发展，筑就并加深了经济学与社会学之间的鸿沟。西方主流经济学坚守"经济人"的基本假定，片面强调个人行动的自主选择性和"方法论个体主义"；西方主流社会学固执于"社会人"的基本假定，片面强调社会结构的制约性和"方法论集体主义"。它们各执一端，各持己见，走向了两个极端，促使经济学与社会学之间鸿沟的形成、加深，让经济学与社会学、经济学家与社会学家之间出现了分离和隔离状态，西方经济社会学因此而停滞徘徊。

其实，经济学与社会学之间的鸿沟在西方经济社会学形成之初就已出现，并且在以后的发展一直存在，只不过深度不同而已。因此，西方主流社会学、西方主流经济学基本假定上的片面性及其进一步的发展是西方经济社会学在 20 世纪 40 年代、60 年代停滞徘徊的根本原因。经济学与社会学之间鸿沟加深之日，正是西方经济社会学停滞徘徊之时。

经济学家认为社会学家应专注于一些诸如婚姻家庭、越轨行为和贫穷等社会问题的研究，而不应涉入他们的经济领域。社会学家也甘愿专注于构筑区别于经济学的社会学体系。尤其是由挪威的青年经济学家弗里希和荷兰的青年经济学家丁伯根在 20 世纪 30 年代所创建的计量经济学及其在整个西方世界的盛行，使得西方主流经济学研究中的片面性得到了进一步发展。

计量经济学研究经济中现实存在的数量关系，重视数学、统计方面的技术分析，提高了经济学的量化度、精确度以及科学性，体现了经济学发展的"数学化""形式化"倾向。然而，由于计量经济学包括较多的计量模型、方程式和变量，看起来较为复杂而"高深"，社会学家对此望而却步。因此，计量经济学在西方世界的盛行客观上排斥了社会学家涉足经济领域，很大程度上阻碍了社会学家与经济学家、社会学与经济学之间的对话和交流。因此，更加深了经济学与社会学之间的鸿沟。

美国经济学家与社会学家、经济学与社会学之间的这种隔离状态一直到20世纪50年代，同时兼通经济学与社会学的帕森斯与斯梅尔瑟合著《经济与社会》（1956）一书之后，才开始被打破。西方经济社会学从此走出停滞徘徊状态，进入新的发展时期。

西方经济社会学在20世纪50年代得到振兴之后，不久，又一次进入停滞徘徊状态，其根本原因也在于西方主流经济学与西方主流社会学基本假定上的片面性。具体表现在以下两个方面：

一是西方主流经济学家仍然沉迷于经济学的技术分析手段，经济学研究中的"数学化""形式化"倾向日趋增强，对于社会学方法更加忽视，使得经济学越来越远离社会学。

二是社会学本身的理论水平没有得到相应的提高，社会学本身的"经济学化"的倾向不够明显。在20世纪50年代之后工业社会学家就有一种远离较大经济问题的趋向。他们只是专注于"工厂社会学"，即研究远离经济的其他部分的工厂和办公室中小群体的动力学问题。社会学家甘愿囿于自己狭小的圈子，经营社会学的"微观层面"，无能力也无兴趣涉足经济领域。经济社会学自身逐渐分裂成一系列分支，比如，工业社会学、消费社会学以及休闲社会学，等等。社会学家社会学视野的"狭窄化""微观化"使得社会学与经济学越来越"疏远"了。

经济学与社会学之间的相互疏远、隔离状态一直到20世纪70年代西方世界发生石油危机和经济"滞胀"之后才被完全打破。从此，西方经济社会学又一次走出低谷，走向"复兴"大道，逐渐进入稳定发展时期。

二 三种研究形式是推动西方经济社会学向前发展的直接动力

在西方经济社会学一百多年发展过程中，经济学家与社会学家一直在为填平经济学与社会学之间的鸿沟努力着，他们在各个不同时期，采取了不同的形式来推动经济社会学的发展。概括起来，主要有三种形式：

1. "综合"式

西方经济社会学发展初期，经济学与社会学的学科界限并不十分清晰，经济学，尤其是社会学处于发展的初期，严密完整的学科体系尚未最终建立起来，各种社会经济现象耦合在一起，复杂性尚未显露出来。因此，作为社会科学的两个分支，研究人类行为的两个不同方面（经济行为与社会行为）的经济学与社会学之间的关系自然是十分密切的，它们有诸多的共同或共通的领域，在这些领域中"无论经济学家或社会学家，他们走不多远就会互相踩着脚跟"。

因此，韦伯既研究社会又研究经济，迪尔凯姆研究的劳动分工实质上是亚当·斯密的一个经济学命题，熊彼特是个经济学家却直接吸收社会学成果进行经济问题的研究。韦伯以社会学家的背景研究经济问题，写出了名著《世界经济通史》，熊彼特则以经济学家的背景探讨社会问题，提出了"财政社会学""帝国主义社会学"，在《资本主义、社会主义和民主主义》一书中，预示了资本主义的命运与前途。与韦伯一样，把经济社会学看成是他所要建立的"社会经济学"的一个重要的组成部分。

因此，韦伯与熊彼特等经济学家或社会学家很容易同时精通经济学或社会学，很容易把它们联系起来、综合起来进行考察，他们既是经济学家，又是社会学家。通过他们的"综合"研究，不仅拓展了领域也开阔了视野，他们大多具有"跨学科的综合"视野，甚至具有"整个社会科学"的视野。这种"综合"式的研究方法符合西方经济社会学初期发展的现实，因此，促进了经济社会学的最初发展。

2. "帝国主义"式

这种研究方法是在经济社会学发展的某一特定时期所采用的研究方法，是 20 世纪 50 年代、70 年代推动经济社会学发展的一种有效形式。在西方经济学获得新发展的这两个时期之前的 40 年代、60 年代，经济学与社会学分离日久，且各自构筑起严密完整、精致的理论体系，正如帕森斯所指出的："没有什么精通社会学理论的人具备经济学的实践经验；另一方面，也没有几个经济学家懂得许多社会学知识。"

经济学与社会学之间的鸿沟日益加深，各种社会经济现象的复杂性程度日益加强与显露，经济学与社会学各自研究的主题越来越微观化、细化，因而能同时兼通经济学与社会学这两门学科的"通才"很难出现，即使出现了这样的"通才"（如帕森斯、斯梅尔瑟）也不能像韦伯、熊彼特那样通过采取"综合"的方式联结、综合这两门学科，来促进经济社会学的发展，而只能采取立足于本领域，逐渐向外扩张、拓展领域的"帝国主义"式的研究方法。

在经济学领域以贝克尔、舒尔茨为代表的经济学家通过将经济学的理论与方法应用于非经济领域，进行"帝国主义"式的扩张。在社会学领域，以帕森斯为代表的社会学家通过将社会学的理论与方法应用于经济领域，把经济归属于社会的一个部分，进行"帝国主义"式的扩张。前者称为"经济学帝国主义"，后者称为"社会学帝国主义"。这两种"帝国主义"形式使经济社会学发展摆脱了停滞徘徊的状态，走向振兴之路。因此，无论是经济学领域里的"经济学帝国主义"，还是社会学领域里的"社会学帝国主义"，在一定程度上都促进了经济社会学的发展。

然而，由于"帝国主义"式的研究方法，仅拓展了领域，而未开阔视野，因此，很少顾及整体，具有较大的片面性，其科学成果也较贫乏，因而就其作为一种处理经济行为或社会行为的研究形式或方法来说，是没有前途的。特别是在当代经济学与社会学研究领域的界限日趋模糊，无论是经济问题，还是社会问题呈现复杂性、综合性的特点，这种研究方法就显得没有必要了。

3. "共同协作"式

由于当今经济学与社会学已发展到了一个新的高度，经济与社会关系的复杂性程度越来越高，经济与社会的综合性特征愈益明显，因此，要同时兼通经济学和社会学并把它们联系起来、综合起来很不容易，"综合"式的研究方法显得力不从心，"帝国主义"式的研究方法更是没有必要，而"共同协作"式的研究方法应运而生。所谓"共同协作"式的研究方法是指在发展经济社会学的旗帜下，精通经济学的经济学家与精通社会学的社会学家真诚地协作，共同开展经济社会学方面的研究。

比如，1994年出版的《经济社会学手册》，就是采用这种"共同协作"式的研究方法开展经济社会学研究的一个重大的成果。这是一部由社会学家与经济学家共同撰写的论文集。《经济社会学手册》的撰写与出版，不仅加强了经济学与社会学之间的交流、对话、沟通与合作，而且推进了经济学与社会学之间广泛的理论综合。因此，"共同协作"式的研究方法是一种在新的历史条件下促进经济社会学发展的新的、有效的发展形式。这种新的发展形式已经使西方经济社会学在20世纪90年代获得了进一步稳定发展。

［载于《昭乌达蒙族师专学报》（汉文哲学社会科学版）2002年4期］

论现代公民社会兴盛的社会资本基础

现代公民社会的兴盛是公民社会研究中一个非常重要的问题。然而，以往对于这一问题的研究大多局限于政治学、经济学角度，着重研究国家或政府、市场经济在现代公民社会兴盛过程中的作用。本文尝试从社会学角度，运用社会资本理论研究现代公民社会兴盛的基础。

一 社会资本及其与公民社会的"亲缘性"

社会学家布尔迪厄最先于 1980 年明确提出社会资本概念。他认为社会资本就是"真实或虚拟资源的总和，对于个人和团体来说，由于要拥有的持久网络是或多或少被制度化了的相互默认和认可关系，因而它是自然积累而成的"①。自此以后，不同学科的学者从各自的角度来定义与使用这一概念。根据奥斯特罗姆与布朗的研究概括，社会资本大致在三种意义或三个层面上被定义或使用。一是最狭义或微观层面的社会资本。它属于个人的社会资本，指的是个人的联系，最主要的形式就是与潜在的帮助者之间的联系。福山就是在这一意义上定义与使用社会资本的。二是过渡意义上或中观层面的社会资本。这是一种具有公共产品性质的社会资本。科尔曼在《社会理论的基础》一书中强调了社会资本的公共产品的性质。三是扩展意义上或宏观层面的社会资本。这种社会资本与集体行动和公共政策相联系。普特南认为，社会资本包含的最主要的内容就是社会信任、互惠规范以及公民参与网络，它们可以通过促进合作行动而提高社会效率。（李惠斌，2003）尽管社会资本在不同的意义或层

---

① Pierre, B. ed., *Invitationtore Flexivesociology*, Chicago: University of Chicago Press, 1992, p. 119.

面上被不同的学者加以定义和使用，但研究社会资本的学者大都对科尔曼关于社会资本的基本特征所作的论述比较认同。科尔曼认为，与物质资本和人力资本等资本形式相比较，社会资本具有这样几个基本特征：（1）不可让渡性。指的是社会资本是一种具有个性的资本，它与拥有者共存，并且具有一定的使用范围。（2）互惠性。是指社会资本在使用上可以达到互惠的效果，并能促进集体行动。（3）可再生性。指的是社会资本是非短缺的，可以通过使用和投入而得到增加。（4）公共产品性。社会资本的这一性质决定了社会资本的其他性质，同时也将社会资本与其他形式的资本区分开来。（科尔曼，1999）

我们发现，无论是福山、科尔曼还是普特南，他们所规定的社会资本的主要内容大多涉及社会信任、社会规范或规则、社会网络等。因此，我们将社会资本的主要形式规定为社会信任、社会规范或规则（包括互惠规范）、社会网络（包括公民参与网络）等，认为它们具有不可让渡性、互惠性、可再生性以及公共产品性等基本特征，它们之间是相互依存、相互促进的。

公民社会（Civil Society）是一个历史性的范畴，在不同的社会历史发展时期具有不同的内容与形态。如古希腊时期的公民社会就是所谓的"城邦国家"，近现代时期的公民社会则被称之为"市民社会"或"资产阶级社会"，而当代公民社会的概念在内涵与外延上得到了进一步的扩展。然而，在国内外学术界对于公民社会概念的理解存在着诸多分歧，人们从不同的角度给出了各种各样的公民社会的定义。联合国开发计划署认为："公民社会是在建立民主社会的过程中与国家、市场一起构成的相互关联的三个领域之一。社会运动可以在公民社会领域里组织起来。公民社会里的各个组织代表着各种不同的、有时甚至是相互矛盾的社会利益，这些组织是根据各自的社会基础、所服务的对象、所要解决的问题（即环境、性别与人权等问题）以及开展活动的方式而建立和塑造的。诸如与教会相联系的团体、工会、合作组织、服务组织、社区组织、青年组织以及学术机构等都属于公民社会中的组织。"我国学者俞可平认为，公民社会就是"国家或政府系统，以及市场或企业系统之外的所有民间组织或民间关系的总和，它是官方政治领域和市场经济领域之外的民间公共领域。公民社会的组成要素是各种非政府和非企业的公民组织，包括公民的维权组织、各种行业协会、民间的公益组织、社区组织、利益团体、同人团体、互助组织、兴趣组织和公民的某种自发组合等等。由于它既不属于政府部门（第一部门），又不属于市场系统（第二部门），所以人们也把它们看作是介于政府与企业之间的'第三部门'"①。

纵观当代国内外学者有关公民社会的定义，我们发现，尽管它们在某些方面不尽相同，但在一些基本方面却存在相当的一致性，如认为公民社会是指相对独立于政治、经济领域之外的一个空间或领域，公民社会是由具有公民权利与意识的公民所构成，等等。基于这些看法，我们认为，公民社会就是由一些具有相应公民权利与意识的公民及其参与活动所构成的一个具有非政治或非经济意义的社会空间或领域。如第三部门（Third Sector）或非政府组织（NGO）、非营利组织（NPO）、志愿性社团、社会运动，公共领域等一些典型的公民社会领域。②

在一些西方学者与社会思想家看来，社会资本与公民社会之间具有某种"亲缘"关系，因而可以将社会资本与公民社会联结起来，从社会资本角度研究公民社会问题。美国学者戈兰·海登在《"公民社会""社会资本"与发展——对一种复杂话语的剖析》一文中解释了人们将社会资本与公民社会联结起来的原因。他说："更具体地说，最近几年来，发展话语已经渐渐地集中于民主与发展之间的关系上。一个日益共享的前提是'民主有利于发展'；民主可能是发展的促进因素。就是在这种观点中，'社会资本'和'公民社会'的概念逐渐产生了关联。前者是指公民在日常生活中所持有的规范价值观和信念，也就是托克维尔所说的'心智习惯'。这些习惯为各种规则的存在与制定提供了理由和标准。我们很难想象，宪法、法律和规范在没有深深地嵌入并且反映出构成一个既定社会的团体和社群所持有的价值观和规范的情况下，会起到什么应有的作用。因此，'公民社会'被认为是心智习惯得以滋养和发展的温床。从这个意义上讲，'社会资本'和'公民社会'本身都是分析性的范畴，独立于民主。然而，对'社会资本'和'公民社会'的投入仍然被认为是达到民主继而取得发展所必需的。"③

---

① 俞可平：《中国公民社会：概念、分类与制度环境》，《中国社会科学》2006 年第 1 期。

② 董才生：《"社会主义公民社会"在当代中国的建构》，《吉林大学社会科学学报》2006 年第 6 期。

③ ［美］戈兰·海登：《公民社会、社会资本与发展》，周红云译，《马克思主义与现实》2000 年第 1 期。

以普特南、赛里格曼、福山等为代表的一些当代社会思想家，将社会资本与公民社会联结起来，从文化角度直接切入，运用社会资本理论研究公民社会问题，掀起了一场公民社会的文化研究高潮，预示了公民社会研究的新发展趋势。因此，我们运用社会资本理论研究现代公民社会的兴盛，不仅可以看成是对西方公民社会研究的学术前沿的一种积极的理论回应，也可以视为在社会学视野里思考公民社会问题的一次有益的尝试。

二　社会资本是现代公民社会兴盛的基础

我们认为现代公民社会的兴盛与社会信任、社会规范或规则以及社会网络等这些社会资本的主要形式密切相关。社会资本在现代公民社会兴盛的过程中起着非常重要的作用，它是现代公民社会兴盛的基础。

1. 社会资本直接地促进现代公民社会的形成、维系与繁荣

公民社会的主要存在形式之一是"道德性社团"，而"道德性社团"形成的重要因素是社会信任。福山在《信任：社会道德与繁荣的创造》中认为："所谓信任，是在一个社团之中，成员对彼此常态、诚实、合作行为的期待，基础是社团成员共同拥有的规范，以及个体隶属于那个社团的角色。"[①] 因此，享有共通价值观的社团，由于其先天的道德共识而使社团成员彼此之间产生互相信任。这种相互信任就是社会信任，而具有这种社会信任的社团就是信任度高的社团，或称"道德性社团"。福山进一步认为："虽然契约和自我利益对群体成员的联属相当重要，可是效能最高的组织却是那些享有共通伦理价值观的社团，这类社团并不需要严谨的契约和法律条文来规范成员之间的关系，原因是先天的道德共识已经赋予社团成员相互信任的基础。"[②] 因此，由于"道德性社团""不是根据明显的法规、律令来制约，而是经由一套团体中每个成员内化的伦理习惯和相互约束的道德义务所凝聚而成"，因而它属于所谓的"文化

---

① ［美］弗朗西斯·福山：《信任：社会道德与繁荣的创造》，李宛容译，远方出版社 1998 年版，第 35 页。
② ［美］弗朗西斯·福山：《信任：社会道德与繁荣的创造》，李宛容译，远方出版社 1998 年版，第 36 页。

团体"。①

赛里格曼认为公民社会的观念是 18 世纪出现的，它被用来作为克服公域和私域之间新产生的紧张关系的手段。因此，"实际上，在当时或随后解释公民社会概念的所有尝试中，核心问题就是公域与私域、个人与社会、公共伦理与个人利益、个人情感与公共关怀之间的或然性关系。很明显，公民社会问题以前是，现在仍然是个人怎样在社会领域中追求自己的利益，以及在个人或私人领域中怎样实现社会的善……公民社会的最根本问题就是：要么以私域的形式，要么根据共享的既存公共领域来规范建构社会的适当模式"②。尽管法律规范与社会信任一样，也是协商调解公民社会内在矛盾的一种手段，但社会信任与法律的强制不同，它体现着对他人作为自主个体的自由的承认。

社会信任体现着文明，而公民社会就是一种文明的社会。公民社会不同于国家，它是一个既独立于国家又受到法律保护的社会生活领域，这个领域又必须能够使个人得以构成社会，即它还必须具有道德、伦理的含义。公民社会这一概念在词源学意义上本身就具有文明社会的意蕴。1990 年著名社会学家达伦道夫在谈及原苏东地区面临的挑战时说："公民社会是关键。"因为他认为公民社会的建设必然需要一种"精神的框架"：一个公民社会必须是文明的，甚至是高尚的。而公民身份意味着一种机会，一种参与政治过程、劳动市场、社会的积极而充实生活的机会。要有效地做到这一点，有些公民美德是不可缺少的，包括文明礼貌，也包括自立自主。③ 也就是说，公民社会是"一个高道德性的公共领域"。赛里格曼以吸烟和礼仪为例，强调了它们是对每一个体的承认、认知和评价。而礼貌的瓦解则将导致法律干预，从而导致社会信任危机。他说："随着人们协商能力的逐渐降低，信任逐渐减少，越来越多的互动领域完全由法律规定来明确，而就其本质来说，这些规定是不利于信任发展的。"④ 因此，赛里格曼认为法律干预必然引发社会信任危机，从而危及公民社会的存在。公民间的相互关系主要依靠社会信任来调解或协商，

---

① ［美］弗朗西斯·福山：《信任：社会道德与繁荣的创造》，李宛容译，远方出版社 1998年版，第 14 页。
② 李惠斌：《全球化与公民社会》，广西师范大学出版社 2003 年版，第 362 页。
③ 郁建兴：《社会资本是公民社会的"粘合剂"》，《南方日报》2006 年 1 月 19 日。
④ 李惠斌：《全球化与公民社会》，广西师范大学出版社 2003 年版，第 363 页。

社会信任是协商调解公民社会内在矛盾的一种有效手段。

普特南认为公民精神就是由公民社团培育的、在密集的参与网络中表现出来的广泛合作的精神，其中内涵着作为参与者的公民所内化的互惠规范和社会信任。普特南发现，由于美国从 20 世纪 60 年代起正在耗尽社会资本，即社会信任度逐渐下降、一般性的社会互惠逐渐减少以及从事互惠互利集体行动的能力逐渐减弱，使得美国公民社团的基础逐渐遭受侵蚀，公民精神正在衰退。这也从另一个方面说明了公民精神是由社会资本决定的。因此，公民社会的形成与维系需要公民精神这一"精神的框架"，社会资本在最终意义上是公民社会得以形成与维系的"粘合剂"。

福山在《大分裂：人类本性与社会秩序的重建》中认为社会资本可以直接地促进公民社会的发展与繁荣。在此书中，福山从反面论证了社会资本的这一作用，他主要研究了西方社会由工业化时代向信息化时代转型过程中所出现的非常严重的社会失序现象，即社会的大分裂。福山认为"犯罪与社会混乱的加剧，作为社会凝聚力源泉的家庭与亲属关系的衰落，以及信任的不断下降，构成了大分裂的特点"[①]。而大分裂这种社会现象的出现表明了西方社会的社会资本正在明显地下降。他以美国为例，非常赞同普特南对于这一现象的论证与判断。他说："罗伯特·帕特南论证说，在美国这两类资料同时反映了一个动向：长期以来人们对公共机构的信任以及人们彼此之间的信任都减少了，各种团体的数目及其参与人数也下降了。他不无道理地认为，应把两类资料联系起来，也就是说，在文明社会里信任对于人们共同工作、参加团体都是必要的。因此，这两类资料都是衡量社会资本的标准。"[②] 然而，福山认为，"总的来看，只有对维系不同团体的各种联系做出重大的定性区别——我在此之前所说的'正面信任半径'，帕特南的论点才可以站得住脚"[③]。他以烟草游说团体与人类生境组织（Habitat for Humanity）这两类团体之间的

---

① ［美］弗朗西斯·福山：《大分裂：人类本性与社会秩序的重建》，刘榜离等译，中国社会科学出版社 2002 年版，第 67 页。

② ［美］弗朗西斯·福山：《大分裂：人类本性与社会秩序的重建》，刘榜离等译，中国社会科学出版社 2002 年版，第 54—55 页。

③ ［美］弗朗西斯·福山：《大分裂：人类本性与社会秩序的重建》，刘榜离等译，中国社会科学出版社 2002 年版，第 59 页。

区别来说明，基于共通伦理规范的社会信任作为一种特定的社会资本形式在促进文明社会的健康发展中具有不可替代的作用。福山认为烟草行业可以组成一个团体去游说国会，以削减香烟的货物税，但大多数美国人会认为，这种行为与建立在信仰基础之上的团体，如人类生境组织的行为大不相同。因为人类生境组织旨在在市中心的贫穷地区为人们组建家园。因此，烟草游说团体与人类生境组织的一个根本区别在于，前者是以利益为宗旨的利益团体，而后者则是以实现普通价值观为宗旨的慈善机构。这两类团体对于现代社会的成功都是很重要的。然而，福山认为像人类生境组织这类团体对于一个健康的文明社会发展更为有利，因为它们的形成与扩展取决于基于非利益的共通伦理规范或普通价值观（如道德、信仰等）的社会信任。

总之，公民社会就是一种文明社会，作为社会资本形式的社会信任则直接地促进现代公民社会这一文明社会的健康发展与繁荣。由社会信任等社会资本所孕育、塑造、构成的公民精神作为一种精神力量也直接地促进现代公民社会的繁荣。公民精神不仅是促进现代公民社会形成与维系的一种"精神的框架"，也是促进现代公民社会繁荣的一股强大精神动力。

2. 社会资本间接地促进现代公民社会的发展与繁荣

市场经济的发展是现代公民社会发展与繁荣的基础，而社会资本作为一种文化因素（即它基于文化因素而产生或本身就是文化因素）通过推动市场经济的发展间接地促进现代公民社会的发展与繁荣。社会资本对市场经济的推动作用具体表现在以下两个方面：

（1）社会资本直接地推动市场经济的发展与繁荣。福山认为作为社会资本主要形式的社会信任能降低经济交易成本，提高经济效率与效益，从而推动市场经济的发展。他在《信任：社会道德与繁荣的创造》中认为，社会资本与物质资本之间呈负相关的关系，即一个低信任度的社会，其社会资本弱，则开展经济活动所需的物质资本就多；反之，一个高信任度的社会，其社会资本强，则开展经济活动所需的物质资本就少。也就是说，社会中人与人之间的相互信任，即社会信任，作为一种社会资本，能够通过降低或节约交易成本而大大提高经济行为者的经济效率与效益。福山强调："一个社会能够开创什么样的工商经济，和它们的社会资本息息相关，假如同一个企业里的员工都因为遵循共通伦理规范，而对彼此发展出高度的信任，那么企业在此社会中的经营成本就比较低廉，这类社会比较能够井然有序地创新开发，因为高信任感容许多样化的社会关系产生"，而"反观人们彼此不信任的社会，企业运作只能靠正式的规章和制度，而规章制度的由来则需经过谈判、认可、法制化、执行的程序，有时候还需配合强制的手段。以种种法律措施来取代信任，必然造成经济学家所谓的'交易成本'上升。如果一个社会内部普遍存在不信任感，就好比所有形态的经济活动课征税负，而高信任度社会则不须负担此类税负。"①

福山进一步认为社会信任不仅会影响一国的工业结构，而且会影响一国的企业规模，从而决定该国的经济繁荣，影响该国在全球化经济中的地位。福山研究了各国的工业结构（包括企业规模、企业在整体经济里的分布，以及个别公司的组织方式等）后发现，在社会信任度不同的国家里，企业的规模是不同的。也就是说，一国社会信任度的高低与该国经济规模的大小存在着必然的联系。他说："尽管影响企业规模的因素还有很多，譬如租税政策、反托拉斯制度，以及其他形态的法规等等，但是拥有充足社会资本的高信任度的社会（如德国、日本、美国），以及创造大规模民营企业组织的能力，两者之间的确存在某种关联。这三个社会率先发展出大型现代化专业管理的科层制公司组织，至于相对而言，信任度较低的社会，如……法国、意大利，传统上都以家族企业居多，使得现代化专业管理公司姗姗来迟，甚至永远无法诞生。"② 也就是说，在社会中存在的人与人之间高度的社会信任，作为一种强大的社会资本，能促进一国大规模企业的产生与快速发展，从而提升该国在国际上的总体竞争力，促进该国经济的繁荣。普特南也认为社会资本的其他主要形式，如社会规范与社会网络也能促进经济的繁荣。他说："公民参与的规范和网络有助于经济繁荣，反过来，经济繁荣又加强了这些规范和网络。"③

---

① ［美］弗朗西斯·福山：《信任：社会道德与繁荣的创造》，李宛容译，远方出版社 1998 年版，第 37 页。

② ［美］弗朗西斯·福山：《信任：社会道德与繁荣的创造》，李宛容译，远方出版社 1998 年版，第 40 页。

③ ［美］罗伯特·D. 帕特南：《使民主运转起来》，王列等译，江西人民出版社 2001 年版，第 212 页。

（2）社会资本通过解决"集体行动困境"间接地推动市场经济的发展。"集体行动困境"主要包括集体行动中所发生的"搭便车"与"囚徒困境"等机会主义现象。奥尔森在《集体行动的逻辑》中认为，人们的共同利益并不意味着集体行动的自然达成，造成这一局面的原因是，由于集体物品的不可排他性，一个人不管是否提供目标的达成成本，他都不能被排除在最终收益的享用者之外，因此，自我利益最大化的个人的最佳选择是不提供达成成本，而坐享他人的成果。（奥尔森，1995）这就是所谓的"搭便车"的机会主义现象。而市场经济中出现的集体行动的"囚徒困境"指的是一种集体无理性或集体非效率现象。在普特南看来，普遍的互惠是一种具有高度生产性的社会资本，而遵循这一规范的共同体就可以更为有效地约束投机，解决"集体行动的困境"，因为普遍的互惠将自我利益和团结互助结合起来。并且，某些公民参与网络本身也促进了集体行动困境的解决。[1] 格兰诺维特也认为，当协议"嵌入"到更大的私人关系和社会网络的结构之中时，社会信任就会产生，胡作非为就会被遏制。[2] 我们认为市场经济中的集体行动是一个互利互惠的行动，正式制度的实施在一定程度上抑制了人们在经济交往活动过程中可能出现的机会主义行为，但不能杜绝所有的机会主义行为的发生。社会信任，作为一种类似于非正式制度的"软约束"，从内部规范着人们的经济交往行为，从而较为有效地抑制了经济交往活动过程中"搭便车"等机会主义行为的发生，因而降低了监督以及协调经济交往过程中的经济交易成本。市场经济中出现集体行动的"囚徒困境"现象，其最为深层的原因是市场经济交往过程中缺乏必要的社会信任。因此，在市场经济过程中经济交往主体之间较高的社会信任就能避免集体行动的"囚徒困境"现象的发生。

人们普遍认为，市场经济与公民社会因遵循不同的运作模式与运作逻辑而关系紧张。因此，社会资本通过推动市场经济的发展来促进公民社会的发展与繁荣，必须首先缓和或解决市场经济与公民社会之间的紧张关系。这是公民社会发展与繁荣的首要前提。诚然，市场经济与公民

---

① ［美］罗伯特·D. 帕特南：《使民主运转起来》，王列等译，江西人民出版社 2001 年版，第 202 页。

② Granovetter M. , "Economicaction and Social Structure: the Problem of Embededness" *American Journal of Sociology*, Vol. 91, No. 3, 1985.

社会遵循不同的运作模式与运作逻辑。因为市场经济的主体所提供的是私人物品，而公民社会的主体则以提供（准）公共物品或集体物品为主。这一差异导致了两种主体行动性质的不同，即市场经济主体的行动是个体行动，而公民社会主体的行动是集体行动。公民社会主体提供公共或集体物品要求其成员对其行为加以协调，达成有效的相互合作，在此基础上才能实现集体行动。而市场经济主体由于提供私人物品，根据新古典经济学的有关理论，在绝大多数情况下，他们缺乏通过共谋而追求集体利益的条件。因而市场经济主体行动的逻辑不同于公民社会主体行动的逻辑。尽管市场领域中也存在集体行动，如利益集团行动，但这种集体行动往往陷入困境，而公民社会的存在则必须以集体行动的普遍达成为标志。① 因此，市场经济与公民社会所遵循的不同的运作模式与运作逻辑造成了市场经济与公民社会之间的紧张关系。而这种紧张关系在我们看来，被社会资本所缓和了，甚至解决了。因为社会资本有效地解决了市场经济中的"集体行动困境"，从而填平了市场经济主体行动与公民社会主体行动之间的鸿沟，即市场经济主体的个人行动可以通过社会资本的作用而发展成为与公民社会主体行动相同的相互合作的集体行动。

总之，社会资本通过降低市场交易成本、提高经济效率与效益、促进大规模企业的产生与快速发展或有效解决"集体行动困境"来推动市场经济的发展，为现代公民社会的发展与繁荣奠定现实基础与扫清障碍，从而间接地促进公民社会的发展与繁荣。

三　结论

我们从社会学角度，运用社会资本理论研究现代公民社会的兴盛，强调社会资本在现代公民社会兴盛过程中的基础性作用，即社会资本直接或间接地促进现代公民社会的形成、维系、发展和繁荣。具体而言，社会资本直接地促进公民社会的形成、维系与繁荣。社会资本直接或间接地通过公民精神推动市场经济的发展与繁荣。社会资本孕育、塑造、

---

① 陶传进：《市场经济与公民社会的关系：一种批判的视角》，《社会学研究》2003 年第 1 期。

构成了公民精神,并通过公民精神或市场经济促进现代公民社会的发展与繁荣。公民精神为现代公民社会的兴盛提供精神动力,而市场经济则为公民社会的兴盛奠定物质基础。社会资本、公民精神、市场经济、公民社会它们四者之间是相互依存、相互促进的。

有一点需要加以特别的说明,我们强调现代公民社会兴盛的社会资本基础,并没有否认国家或政府、市场经济在现代公民社会兴盛过程中所起的重要作用,而只是想强调现代公民社会兴盛过程中"文化因素"的作用。而这一"文化因素"为以往公民社会研究所忽视,因而我们的研究可以看成是对于这一研究偏差的一种纠正。总之,我们对于现代公民社会兴盛的社会资本基础的研究,尽管只是一种尝试,但无疑将开阔公民社会研究的视野,推进公民社会的研究与理论建构,同时也将为当代中国"社会主义公民社会"的建设与发展提供有益的启示。

(载于《吉林大学社会科学学报》2008 年第 3 期)

三　一般社会学视野里的信任问题研究

社会化与信任的培育①

一 社会化是人类个体不断自主地内化社会规范的长期过程

社会规范是人类个体参与社会生活必须遵守的行为准则。它基于人们普遍认可的社会价值观念，是具体社会价值观念的体现，规定了社会行动者行动的界限。任何人类个体参与社会生活必须熟悉并遵守社会规范，才能在社会生活中达到自己的目的。因此，社会规范是人类社会生活中的主要内容，对于维持社会生活秩序起着至关重要的作用。人类在长期的社会生活中创造和发展社会规范，目的在于维持社会稳定，促进社会发展。人类个体只有自觉遵守社会规范，才能成为真正的社会人，才能在社会中生存和发展。我们可以依据不同的标准把社会规范划分成不同的类型。一是特殊的社会规范与普遍的社会规范。特殊的社会规范指的是只适用于某一特定社会或群体的社会规范。普遍的社会规范指的是不仅适用于某一社会或群体，而且适用于许多，甚至所有的社会或群体的社会规范。二是传统的社会规范与现代的社会规范。传统的社会规范主要是指习俗、道德、宗教等。现代社会规范主要是指法律。三是内在的社会规范和外在的社会规范。内在的社会规范是指已经内化了的社会规范，它以人们的信念、行为方式和行为习惯等表现出来。外在的社会规范是指在人之外的、没有内化的社会规范。社会化，就其内在机制而言，是人类个体不断自主地内化社会规范的长期过程。人类个体不断地把外在的社会规范变为内在的社会规范，使自己由一个生物个体逐步

---

① 与徐晓海合作。徐晓海，吉林大学哲学社会学院讲师。

成为一个日趋完善的社会人。然而，这种不断内化社会规范的过程不是一个被动的过程，而是一个主动的自主过程。这一过程充分反映了人类个体行动的自主性与社会规范约束性之间的矛盾。

人的社会化是一个长期的过程。人在长期的社会化过程中不断地获取社会性。一个人类生物个体如果不去自主地把外在的社会规范内在化，那么他是无法成长为一个社会人的。因此，只有通过长期的社会化，才能不断地获得社会性，把生物个体提升为社会人，并使社会人进一步得到完善与发展。

二　社会化是人与人之间信任培育的基本途径

人与人之间的信任是人与人之间产生的对双方都能作出符合社会规范行为的持续性期待。它具有三个方面特征。第一，它是在人与人之间的社会交往中产生与扩展的，反映了人与人之间的一种社会交往关系。第二，人与人之间的信任是人与人之间多次互动的结果，是人与人之间产生的符合社会规范的自愿行为。双方能自愿地作出符合社会规范的行为，一方面说明了双方都是一个社会化的存在；另一方面说明了双方的信任行为是在内化了的社会规范的导引下自愿发出的，而不是因外在压力被迫作出的。因此，人与人之间的信任从本质上说，是一种自愿行为。这种自愿行为是基于内化了的社会规范所形成的社会共识。第三，人与人之间的信任是由于人们在内化了的社会规范导引下作出的自愿行为，因而，它只能是一种价值理性行为。

人与人之间信任所基于的社会规范，是一种内化了的社会规范，在现代社会主要是指道德与法律社会规范。因此，人与人之间的信任所基于的社会规范共识，在现代主要是对道德和法律社会规范的共识。现代的人与人之间的信任就是人们对他人能自愿地作出符合道德或法律社会规范行为的持续性期待。为此，人与人之间的信任也相应地具有三种现代模式或形式。第一，道德性信任是人们对他人能自愿地作出符合以道德社会规范为主的行为持续性期待。这种信任模式在中国传统社会中比较典型。第二，法律性信任是人们对他人能自愿地作出符合以法律社会规范为主的行为持续性期待。这种信任模式在西方社会中比较典型。第三，综合性信任是人们对他人能自愿地作出符合以道德和法律相交融而成的社会规范行为的持续性期待。这种信任模式代表了中国和西方信任发展的未来方向。

社会化是人与人之间信任培育的基本途径。家庭、邻里社会、学校、志愿性社团等是社会化的基本场所，书籍、杂志、报纸、广播、电视、电影以及互联网等大众传媒是社会化的重要手段。人与人之间的信任就是在这些社会化场所中以及在这些大众传媒的影响下逐步啬育起来的。

家庭社会化主要是指人的婴儿期（从新生儿到3岁）和幼儿期（从3岁到7岁）所进行的社会化过程。一个生物个体最先遇到的社会环境就是家庭。家庭社会化对于一个人基本信任的培育起着关键性的作用。婴幼儿天真无邪，父母和其他家人的言传身教与照料对于他们基本信任的形成起着根深蒂固的先导作用。E. 爱里克森在《童年和社会》一书中认为，婴儿如果能得到父母或其他家人的良好照料，各种需求得到充分满足，能使婴儿建立起对周围环境的信任感。而未得到良好照料的儿童会对他人和环境产生不信任，以至于对以后各个阶段的社会化产生不良影响。因此，婴儿照料者的爱抚中所蕴含的是基本信任。吉登斯在《现代性与自我认同》与《现代性的后果》中也认为，基本信任就是对其他人的连续性及客观世界的信任，它产生于早期时的儿童经验。基本信任形成之初的一个基本特征，是确信照料者还会回到身边。母亲的缺场并不代表失去关爱，当婴儿意识到这一点时，便确立起了对他人既信赖又独立的经验感受，而这对于自我认同的连续性特别重要。所以，信任消除了在时间和空间上的距离感，也阻断了种种存在性焦虑。因此，照料者对于儿童的关爱与言传身教实际上是在向他们传授一些基本的社会规范，只不过这一过程是潜移默化的。

邻里社会也是一个重要的社会环境，对于儿童与青少年的社会化起着非常重要的作用。邻里社会是儿童与青少年将要进入现实大社会的雏形，对于他们个性的塑造和人生观的形成起着决定性的影响。因此，邻里社会在库利看来是与家庭一样同属于群体中的初级群体。邻里社会与学校一样对孩子影响很大的就是同性和同龄群。同性和同龄群是儿童在感情上和体质上最为接近的群体。因为他们是面对面的交往最为频繁的群体。在邻里社会中儿童在潜移默化中接受或感受着共同的社会规范，从而形成较为自觉自愿的信任行为。邻里社会中培育的信任是一种建立在自由、平等基础上的信任，这种信任为儿童长大成人之后参加志愿性社团奠定了心理基础。

学校中的社会化主要是指人的学龄初期、少年时期和青年时期所进行的社会化过程。这一社会化过程主要是通过有组织、有计划、系统的学校教育来实现的。学校不仅要对儿童进行知识、技能方面的系统教育，而且要对他们进行社会规范方面的系统教育，还要有计划、有意识地促使他们参加范围较大的集体活动。这样，他们不仅直接感受了一些社会规范的制约，而且也接受并内化了一些社会规范。在这一阶段，他们从基本信任中发展出了多种形式的信任。

志愿性社团不仅是由相互信任的参与者结成的团体，而且也培育和强化了社团成员之间的信任。志愿性的社团信任指的是在一个社团之中，社团成员共同拥有规范，以及个体隶属于那个社团的角色。享有共同道德规范的志愿性社团，由于道德规范的共识使社会成员互相信任。因此，志愿性社团也称道德性社团。道德性社团进一步培育和强化了社团成员的普遍化信任。这种普遍化信任突破了建立在个人情感或私人关系基础上的特殊化人格信任，是一种非人格的信任。

大众传媒是指社会组织为在广大社会成员之间传递信息和互通情报所采用的各种通信手段。大众传媒通过新闻报道、舆论宣传、知识教育、生活娱乐等方式，为广大社会成员理解，也为接受社会所倡导的社会规范提供了一个广泛的社会环境。在现代社会中，随着大众传媒的日益发达，它在人们社会化方面的影响显得日益重要，因而成为信任培育的重要手段。

（载于《中共长春市委党校学报》2003 年第 6 期）

偏见与新的回应

——中国社会信任状况的制度分析

韦伯（Weber）、明恩溥（Smith）、雷丁（Redding）、福山（Fukuya-ma）等众多的西方学者都认定传统中国是一个低信任度的社会。他们对于中国社会信任状况的这种偏见，不时地受到中西方学者的挑战。传统中国社会信任度到底是高还是低呢？本文拟从制度的角度对这一问题作出新的解答。

韦伯在《儒教与道教》（1997）中认为，中国人是"世上绝无仅有的不诚实"，这种不诚实的品质导致了"中国人彼此间是典型的不信任"。也就是说，传统中国社会是信任缺失的。他认为，在中国一切信任的基石明显地建立在亲戚关系或亲戚式的纯粹个人关系上。而儒教中习以为常的不正直的官方独裁以及死要面子的独特含义是造成中国人之间尔虞我诈、普遍不信任的原因。总之，在韦伯看来，传统中国人之间存在着普遍的不信任，传统中国社会信任是缺失的，传统中国社会的信任度是相当低的。

明恩溥在《中国人的素质》（2001）中也考察了传统中国社会信任状况。他与韦伯的不同之处在于把中国社会的信任缺失看作是一种反例，一种反常，一种违反"公理"的现象。他认为，"没有一定的相互信任，人类就不可能存在于一个有组织的社会，尤其是在像中国这样一个组织得如此严密、如此复杂的社会之中，这更是不容置疑"。这是"公理"，而中国社会存在的一系列有关中国人之间互相猜疑的、互不信任的现象却与这一"公理"相违背。明恩溥列举了政治、经济、社会生活领域的许多例子来说明传统中国社会信任的普遍缺失。他还分析了中国人之间互不信任的原因，认为有两个方面：一是他们相互不了解；二是他们相互了解。并进一步从中国的一些俗语、格言来挖掘中国社会信任缺失的文化根源，如"一人不进庙，两人不窥井"，"瓜田不纳履，李下不整冠"

等。总之，明恩溥认为由于传统中国人之间相互猜忌、相互不信任，因此，传统中国社会的信任度是很低的。

雷丁在《中国资本主义精神》（1990）中，也认为由于传统中国人的家族主义文化意识浓厚，使得他们存在一种强烈的倾向，只信任与自己有关系的人，对于家族以外的其他人则极端地不信任。他指出，华人香港企业"主要的特征是你对家人全然信任，对朋友和熟人则建立某种程度的相互依存感，为彼此互留余地，至于其他的人，你绝对不会假设他们对你存有什么好心。你有权期望陌生人表现礼节、遵从社会风俗，可是一超过这条界线，你就必须期待他们和你一样，主要维护的是自己家人的利益。对华人而言，彻底了解自己的心理动机，就是对别人的存心保持警戒，这在其他文化里就没有那么明显"。因此，在雷丁看来，传统中国社会的信任度是极低的。

福山在《信任》（1998）中也提出了中国社会信任度低的观点，这一观点不仅是对韦伯、明恩溥观点的延伸与发挥，而且也是对雷丁观点的一种重复。他认为，由于中国人的家族主义文化根深蒂固，使得他们对于家族之外的外人或陌生人的信任感极低，对他们存在普遍的、极度的不信任，"在华人社会里，只要出了家族的圈子，人与人之间的信赖感就变得相当低""对外人的信任感又太低"。因此，中国是一个社会信任度极低的社会。福山进一步认为，一国社会信任度的高低与该国经济规模大小存在着必然的联系。由于中国社会信任度极低，通常阻碍了家族企业顺利地向现代公司转型，不仅使得中国家族企业规模无法扩大，维持较小的形态，也使中国家族企业经常不断地上演创立、崛起、衰败的三部曲。与中国家族企业发展与规模形成鲜明对照的是，美国、德国等一些西方国家，由于西方文化培育与塑造了那些国家较高的社会信任度，使得它们的家族企业一般较为顺利地建立了现代公司制度，因而那些国家的企业规模一般都很大。

很显然，韦伯、明恩溥、雷丁、福山等西方学者用以判定一个国家社会信任度高低的标准就是对于外人或陌生人的信任程度。由于中国人对于外人或陌生人的信任度低，因而中国社会信任度就低，而西方人由于对于外人或陌生人的信任度高，因而西方社会信任度就高。

传统中国社会信任度真的很低吗？针对韦伯、明恩溥、雷丁、福山等人对于传统中国社会信任度很低的这一判断，一些中国学者作出了积

极的回应。如彭泗清在《信任的建立机制：关系运作与法制手段》
（1999）一文中，从区分"对于外人不信任"的两种情况出发，重点批驳
了福山有关中国社会信任度低的观点。他认为"对外人不信任"，存在两
种情形：一是起点上的不信任。这种不信任源于对外人的不了解，也就
是说，随着了解的深入，不信任的情况可以改变。二是永远的不信任。
即使对外人有很大了解也不给予外人信任。他认为福山等西方学者所谓
的"对外人不信任"就是属于这种情况。因为从逻辑上讲只有认同这种
情况，才能必然推断出传统中国社会信任度极低的结论，否则就是对于
中国传统的社会关系的曲解。因此，中国人对外人并非绝对地、永远地
不信任，对自己人也并非绝对地、无条件地信任。彭泗清等中国学者所
作的这种积极回应，为我们从制度角度进一步批驳所谓传统中国社会信
任度低这一偏见提供了有益的启示。

　　作为一种新的回应，我们从制度角度，立足于传统中国的社会现实，
对于韦伯、明恩溥、雷丁、福山等人所谓"中国社会信任度低"的偏见
作进一步的分析与批判。韦伯是最早对于中西方社会信任作比较研究的
西方学者，他对于传统中国社会信任状况的判断影响了后来的其他学者。
因此，批驳韦伯的观点实际上是对众多具有类似倾向的西方学者的一种
总体批驳。

　　如果仔细分析韦伯上面的那段议论，我们就会发现其中存在这样一
个较为明显的逻辑矛盾，即韦伯既承认传统中国社会信任的缺失及其程
度的低下，又承认传统中国社会是存在信任的，只不过这种信任是建立
在亲戚关系或亲戚式的纯粹个人关系之上的。这一逻辑矛盾反映了韦伯
对于传统中国社会信任现象的困惑。明恩溥在考察传统中国社会信任状
况时也出现了类似于韦伯的逻辑矛盾与现实困惑。如果我们再深入地探
究一下这一逻辑矛盾，我们就会把注意力聚焦于被韦伯故意否认的另一
面，即传统中国社会信任是存在的这一方面。虽然人们对于这种信任产
生与存在的基础存有不同的看法，但韦伯这一逻辑矛盾却为我们进一步
认识信任形式开启了思路，即传统中国社会信任并不缺失，只不过在形
式上不同于西方社会。

　　为什么传统中国社会与现代西方社会具有完全不同的信任形式呢？
我们认为主要是因为这两种社会具有完全不同类型的制度。制度是人类
在社会交往过程中形成的一切社会交往行为模式，包括支配与约束人们

社会交往行为的定型化、非定型化的规则与规范，它是一种规则与规范体系。可以从约束形式的角度将制度划分为内在制度与外在制度两种类型。内在制度就是一种从内部对于社会交往行为者的行为实施约束的制度，如习俗、惯例以及道德规范等，而外在制度则是一种从外部对于社会交往行为者的行为实施约束的制度，如法律制度、规定、规章等。

信任是对他人能作出符合制度规则或规范行为的期望，因此，制度是信任的基础。制度对于信任的基础作用具体表现为：（1）制度培育与塑造了信任。内在制度与外在制度的"社会化"与"制度化"是信任培育与塑造的内在机制，制度培育与塑造了信任的模式与结构；（2）制度维持与保障了信任。内在制度与外在制度之间的相互容纳、相互激励、相互补充是信任维持与保障的内在机制。制度维持与保障了信任的全面性、稳定性与长期性；（3）制度变迁促进了信任的变化。制度变迁使信任形式与结构发生转型，使信任程度与范围发生变化。因此，一国社会的信任是以该国的社会制度为基础的，传统中国社会与现代西方社会具有完全不同的信任形式，就是由其不同的社会制度造成的。

传统中国社会是一种"熟人社会"，它主要是以伦理道德等内在制度为基础的社会，而西方现代社会则是一种"生人社会"，它主要是以法律等外在制度为基础的社会。不同的社会制度所培育与塑造的信任形式是不同的。在传统中国社会，传统的伦理道德等内在制度培育与塑造了传统中国社会的信任形式，这种信任形式是基于伦理道德等内在制度的，因此，我们称之为"内在制度型"的信任形式，如山西晋商从事票号金融活动所依凭的就是这种信任形式。而在现代西方社会，现代的法律等外在制度培育与塑造了现代西方社会的信任形式，这种信任形式是基于法律等外在制度的，因此，我们称之为"外在制度型"信任形式，如现代西方社会开展大量的经济活动所依凭的就是这种信任形式。

我们强调的"主要制度"是指社会中占主导地位的制度类型。一个现实社会既存在内在制度，又存在外在制度，只是两种制度在某一社会中的地位不同。中西方社会所具有的两种不同的信任形式基于不同的社会制度，每一个社会都有适合于自己的主导的信任形式，它决定了这个社会的信任状况，维系着该社会的稳定与发展。一般而言，传统中国社会其"外在制度型"信任是一种非主导的信任形式，这种信任形式的程度相对很低，但其"内在制度型"信任是一种主导的信任形式，这种信任形式的程度相对很高，这是由传统中国社会的制度性质所决定的。而现代西方社会其"内在制度型"信任是一种非主导的信任形式，这种信任形式的程度相对很低，但其"外在制度型"信任是一种主导的信任形式，这种信任形式的程度相对很高，这也是由现代西方社会的制度性质所决定的。总之，中西方社会的信任形式各有特色，各有优长，它们之间是相互补充的。

因此，韦伯所谓的传统中国社会信任缺失及其程度低下指的是"外在制度型"信任的缺失及其程度的低下。这种信任并不是传统中国社会的主导信任，因而其程度的低下并不决定传统中国社会信任程度的低下。传统中国社会的信任是一种"内在制度型"信任，它不仅不低，反而是相当高的。因此，所谓传统中国社会的信任度低是韦伯等西方学者的一种偏见，这种偏见实质上只承认一种信任形式，并以此来评判传统中国社会信任状况，因而犯了绝对化、抽象化、简单化的错误。

韦伯等西方学者仅以对"外人或陌生人"的信任程度来判定一国社会信任缺失与否以及一国社会信任程度的高低。这是片面的，犯了"以偏概全"的绝对化错误。韦伯等西方学者都认为，由于在传统中国社会中国人对于外人或陌生人的信任度很低，因此，传统中国社会的信任度就很低。彭泗清就正确地指出，他们得出这一结论，不仅不合逻辑，而且对于现实的说明也是苍白的。因为"对外人不信任"的第二种情况仅是一种猜测，以猜测作为前提是推不出必然结论的。况且，不同文化环境中的任何人，无论是中国人还是西方人在一般情况下都不太可能绝对地采取信任或不信任的态度。彭泗清等中国学者指出了韦伯等西方学者在逻辑和现实方面的谬误，为我们进一步从根本上批驳他们的偏见提供了思想前提。我们从制度角度去判定一国社会信任程度的高低是对他们有关思想的一种深化。一国社会的信任状况是由该国的社会制度决定的。各国不同的社会制度培育与塑造了各具特色的社会信任形式，造就了各国之间社会信任程度的高低不同。如前所述，传统中国社会的"内在制度型"信任相对很高，而"外在制度型"信任相对很低，这是由传统中国的社会制度性质决定的。

韦伯等西方学者从一国社会中个人对于外人或陌生人的信任程度的高低来推断一国整个社会的信任程度高低。这是一种没有必然性的、存在逻辑错误的、抽象的推论。因为一国的社会信任是以该国现实的社会制度为基础的，它不是该国社会中个人信任的简单加总。况且，只有一国社会的主导信任形式程度的高低才能决定该国整个社会信任程度的高低。

不同社会发展阶段的制度性质是有差异的。正是这种处于不同社会发展阶段的制度培育与塑造了不同的社会信任形式，造就了不同的社会信任程度。韦伯等西方学者漠视不同社会发展阶段具有不同的社会信任状况这一事实，不仅将复杂问题简单化，而且以较高社会发展阶段的信任状况来苛求较低社会发展阶段的信任状况。众所周知，韦伯等西方学者所处的社会是资本主义社会，这一社会实行的是一种市场经济制度，而传统中国仍然处于落后的前市场经济社会，实行的是一种农业经济制度。市场经济是一种"生人经济"，农业经济是一种"熟人经济"，维系它们存在与发展的信任形式肯定是不同的。如前所述，一种是"外在制度型"信任，一种是"内在制度型"信任。因此，韦伯等西方学者所谓传统中国社会信任度低的偏见，是对中国社会的一种不切合实际的苛求，犯了简单强加的错误。

韦伯等西方学者在传统中国社会信任程度的判定上为什么会产生如此严重的偏见呢？我们认为深层的原因是他们根深蒂固的西方文化中心论或优势论。在他们的心目中，只有以西方文化为背景的制度才能孕育出较高程度的信任，中国传统文化的本性决定了其制度只能孕育出较低程度的信任。他们的"潜台词"是，西方文化是世界的中心，西方文化比中国传统文化优越。韦伯等西方学者由于深受西方文化中心论或优越论的影响，因而不顾逻辑错误与中国现实给传统中国社会信任状况妄下断语，得出了传统中国社会信任度低的结论。

综合上述分析，韦伯等西方学者所谓的传统中国社会信任度低的论调，不仅不符合传统中国社会信任实际，而且充满了逻辑矛盾，是西方学者的一种偏见。传统中国社会的信任度不仅不低，反而是相当高的，只不过传统中国社会的信任形式不同于西方，它不是一种基于外在制度的"外在制度型"信任，而是一种在悠久的中国历史文化传统中孕育的、基于中国传统伦理道德的"内在制度型"信任。这种信任形式是过去中国晋商繁荣兴盛的主要支撑与推动力量之一，如果加以很好地继承与发扬，也必将成为当今中国社会主义市场经济建设强大的内在推动力。

[载于《社会科学战线》（博士论坛）2004 年第 4 期]

信任本质与类型的社会学阐释

有关信任问题的研究由来已久，始于近代西方，然而，直到 20 世纪 50 年代，信任问题才成为西方社会科学研究的一个中心课题。20 世纪 70 年代以来，西方学者纷纷从各自学科出发研究信任问题，在西方学术界掀起了一股信任问题研究的热潮。20 世纪 90 年代以来，信任问题逐渐成为中国学术界的研究热点。本文尝试运用韦伯的社会行动理论对信任的本质与类型作不同于心理学的社会学阐释。把握信任本质是开展信任问题研究的出发点，因此，我们相信，这种对于信任本质与类型的新阐释，必将推动信任问题的进一步研究。

一　信任本质的心理学阐释

西方学者无论是心理学家还是社会学家大多是从心理学角度去阐释信任本质的。西方社会心理学家对于信任问题的研究开展得较早。

罗特尔认为，信任是认为另一个人的言词、承诺以及口头或书面陈述可靠的一种概括化的期望，即信任是对他人言行方面可靠性的信任。[1]

山岸俊男把信任定义为对行为对象友好和良好意图的期待，并将信任与安心（或放心）作了令人深思的区分。山岸认为，安心（或放心）是对对象者善意行为的期待，这一期待并非来自对象者的善良而是来自确保对象者乐意合作的诱因构造。因此，信任与安心（或放心）之间的不同在于，前者基于对行为对象者的推测，而后者基于对关系周围诱因

---

[1]　J. B. Rotter, A New Scales for the Measurement of Interpersonal Trust, *Journal of Personality*, 1967.

构造的理解。①

西方社会学家以加芬克尔、巴伯、福山对信任本质的研究最为著名。加芬克尔着迷于探究"一些使普通事物具有人们所熟悉的、日常特征的期望"。② 因此，他把信任定义为对普通的和日常道德世界的持续、规则、秩序和稳定性的期望。

巴伯认为，信任"乃是对维持合乎道德的社会秩序的期望"③。这一般性定义可以具体化为两个方面：（1）对有技术能力的角色行为的期望。所期望的有能力行为可能包括专门知识、技术能力或日常习惯的行为；（2）对信用义务和责任的一些期望。这种期望指的是在我们的社会关系中的一些人有道德上的义务和责任来特别关心其他人的利益，而且甚于关心他们自己的利益④。

福山认为，所谓信任指的是"在一个社团之中，成员对彼此常态、诚实、合作行为的期待，基础是社团成员共同拥有的规范，以及个体隶属于那个社团的角色"⑤。

总之，尽管西方学者对于信任本质有不同的阐释，但他们的基本取向是一致的，即都把信任看成是一种纯粹个人或私人的心理现象或心理行为。

二 信任本质与类型的社会学阐释

1. 韦伯的社会行动理论

韦伯认为，所谓社会行为是"以其他人过去的、当前的或未来所期

---

① 王飞雪、山岸俊男：《信任的中、日、美比较研究》，《社会学研究》1999 年第 2 期。

② Garfinkel, *Studies in Ethnomethodology*, Englewood Cliffs, Harold, 1967. p. 66.

③ ［美］巴纳德·巴伯：《信任的逻辑与限度》，年斌等译，福建人民出版社 1989 年版，第 88 页。

④ ［美］巴纳德·巴伯：《信任的逻辑与限度》，年斌等译，福建人民出版社 1989 年版，第 91 页。

⑤ ［美］弗兰西斯·福山：《信任：社会道德与繁荣的创造》，李宛容译，远方出版社 1998 年版，第 192 页。

望的举止为取向"的行为。① 其他人，包括单个人或很多人，熟人或陌生人。因此，某一行为者的行为属于社会行为，具有社会的性质，是因为他的行为是以其他人的举止为取向的，也就是说，他的行为在主观意义上是以别人的举止为取向的。"以他人的举止为取向"就是具有针对他人的主观动机，即社会行为具有针对他人的主观意义。在韦伯看来，只有具有主观意义的社会行为才是可理解的，才是属于社会学的研究范围。因此，判定一个行为是不是社会行为，就要看这个行为是不是"针对他人"的，有没有"主观意义"。如果以这个标准来判别，首先，并非任何方式的行为（包括外在行为与内在态度）都是社会行为或"社会的"行为。如果外在的行为仅以期待客观物体的效用为取向，那么它就不是社会行为。内心态度，如宗教行为仅是静身养性、孤寂祈祷，它就不是社会行为，一个人的经济行为也只有同时考虑了第三者的举止时，才是社会行为。其次，受他人举止影响，纯粹模仿他人的反应性的行为，也不是社会行为。因为这种行为仅是因果性的，而不具有主观意义性，即其行为不具有意义相关性，"这种行为并没有以他人的举止为取向，而是通过观察这种举止，行为者认识到了某些特定的客观机会，并以这种机会为取向。"② 总之，社会行为本质上就是以他人的举止为取向的个人行为，社会行为是理解社会学的核心概念。

韦伯认为，社会行为类型是由以下四种情况决定的。第一种情况：目的合乎理性情况，指的是把对外物和其他人的举止的期待作为条件和手段，并利用它来实现自己合乎理性的目的。第二种情况：价值合乎理性的情况，指的是有意识地对一个特定的举止中内含的固有价值无条件地纯粹信仰。第三种情况：情绪或感情情况，指的是现时的情绪或感情情况。第四种情况：传统的情况，主要是指约定俗成的习惯。由这四种情况决定，社会行为可分为四种类型或形式，即目的理性行为、价值理性行为、情感行为、传统行为。

所谓传统行为，是一种对于习以为常的、刺激的、迟钝的、在约定俗成的方向上进行的反应。在严格的意义上，它与纯粹的反应性模仿一

<hr />

① ［德］马克斯·韦伯：《经济与社会》（上、下卷），林荣远译，商务印书馆1998年版，第54页。

② ［德］马克斯·韦伯：《经济与社会》（上、下卷），林荣远译，商务印书馆1998年版，第106页。

样，不是一种"意义性"取向的行为，因而处于边缘状态（即处于接近的状态）。大量约定俗成的日常行为都接近这种类型。

所谓情感的行为，指的是一种对日常生活之外的刺激的反应。在严格的意义上也不是一种以"意义"为取向的行为，因而同样也处于边缘状态。这两种行为都是没有经过理性思考的行为，但两者的依据不同，传统行为的依据是"习惯如此，历来如此"，情感行为的依据是感情和情绪，它是受感情和情绪支配的行为。①

所谓价值理性或价值合乎理性的行为，总是一种根据行为者认为是向自己提出的"戒律"或"要求"而发生的行为。如果一个人的行为无视可以预见的后果，而是服务于他对义务、尊严、美、宗教训示、孝顺或某事的重要性的信念，不管什么形式，他坚信必须这样做，这就是纯粹的价值合乎理性的行为。价值的行为与情感的行为不同在于，它是有意识地突出行为的最后基准点（义务、尊严、美、宗教训示、孝顺或者某事的重要性的信念，等等）。并且在行为过程中始终如一地、有计划地以此为取向。情感的行为，则在于满足现时的情绪或感情的需要（现时的报复、献身，等等）②。

所谓目的理性或目的合乎理性的行为，就是以目的、手段和附带后果作为取向的行为。如果一个人根据目的、手段和附带后果作为他的行为取向，而且同时既把手段与目的，也把目的与附带后果，以及最后把各种可能的目的相比较，做出合乎理性的权衡，那么他的行为就是目的合乎理性的行为。这种行为与情感的行为、传统的行为是截然不同的，但与价值的行为处于各种各样的关系之中。因为在相互竞争和相互冲突的目的与后果之间做出决定，有可能是以价值合乎理性为取向的。然而，从目的合乎理性的立场来看，价值合乎理性总是非理性的，而且它越是把行为以之为取向的价值上升为绝对的价值，它就越是非理性的，"因为对它来说，越是无条件地仅仅考虑行为的固有价值（纯粹的思想意识、美、绝对的善、绝对的义务），它就越不顾行为的后果。"③

---

① M. Deutsch, Trust and Society, *Journal of Conflict Resolution*, 1958（2）.

② ［英］安东尼·吉登斯：《现代性与自我认同》，赵旭东等译，生活·读书·新知三联书店1998年版，第210页。

③ ［德］马克斯·韦伯：《经济与社会》（上、下卷），林荣远译，商务印书馆1998年版，第241页。

韦伯是根据"合理性"（即合乎理性）及"合理性"程度来对社会行为进行分类的。在韦伯看来，目的理性的行为具有最高程度的合理性，价值理性的行为次之，情感的行为和传统的行为属于非理性行为。因此，韦伯实际上把社会行为的四种类型分为理性行为与非理性行为两类。理性行为包括目的合乎理性行为和价值合乎理性行为，非理性行为包括传统行为和情感行为。

韦伯为理解社会学而主观建构的社会行为的四种类型，是概念上的纯粹理想类型，它们在现实生活中并不以单纯的形式存在。任何现实的行为既有理性成分，又有非理性成分，即理性行为和非理性行为并不是两种不同的现实行为，而是同一现实行为的两个不同的侧面，"现实的行为或多或少地接近它们，或者从它们当中产生的——还更经常一些——混合类型的。"①

2. 信任的本质与特征

西方学者无论是心理学家还是社会学家对于信任本质的阐释大都是心理学的，即把信任看成是一种纯粹个人或私人的心理现象或心理行为。根据韦伯的社会行动理论，我们认为：首先，信任不是一种纯粹个人的或私人的心理行为或心理现象，而是一种极为重要的社会行为或社会现象。其次，信任是一种以对他人能作出符合社会规范的行为或举止的期待或期望为取向的社会行为。

信任这种以对他人能做出符合社会规范行为或举止的期待或期望为取向的社会行为具有以下几个特征：1. 社会性。信任这种社会行为是以对他人未来的行为或举止的期待为取向的行为，又是在人与人之间的互动、人与人之间的社会交往过程中培育、产生、增强、扩展的，体现了人与人之间的一种社会交往关系或联系。因此，它是一种具有社会性质的行为。② 2. 可理解性。信任这种社会行为在主观意义上是以别人的举止或行为为取向的，具有针对他人的主观意义。因而，是可以理解的行为。对于信任这种社会行为我们可以通过理性去理解，也可以通过感性去体验。3. 合规范性。信任这种社会行为是以他人未来的符合社会规范的行

---

① ［德］马克斯·韦伯：《经济与社会》（上、下卷），林荣远译，商务印书馆1998年版，第234页。

② L. S. Wrightsman, *Assumptions about Human Action*, Newbuy Park, 1992. p. 114.

为或举止的期待为取向的，它本身也应该是符合社会规范的。在一般意义上，社会规范包括习俗、道德、宗教、法律等。因此，信任就是符合习俗、道德、宗教、法律这些社会规范的社会行为。[①] 4. 简化性。人与人之间的关系，随着社会的发展呈现出越来越复杂的性质。信任这种社会行为就是为了减少人与人之间互动、人与人之间社会交往中的复杂性而做出的。因此，它具有简化人际关系复杂性的功能。5. 风险性。信任这种社会行为是以对他人未来行为或举止的期待为取向的，未来的行为或举止与信任这种社会行为之间存在一个时间差、空间差，即所谓的时空缺场。时空缺场加上人类理性的有限而导致信息不对称，使得信任这种社会行为充满了风险。

3. 信任的类型

我们基于韦伯的社会行为的分类理论，对信任这一社会行为进行分类。韦伯认为，社会行为是由目的合乎理性的情况、价值合乎理性的情况、情绪或感情情况以及传统情况决定的，相应地可以分成四种类型，即目的理性行为、价值理性行为、情感行为、传统行为。因此，作为社会行为的信任也是由目的合乎理性的情况、价值合乎理性的情况、情绪或感情情况以及传统情况决定的，相应地也可以分成四种类型，即目的理性信任、价值理性信任、情感信任以及传统信任。这四种信任的产生、维持、扩展、丧失都分别依赖于利益、价值、情感、传统等。

韦伯又根据"合理性"（即合乎理性）及"合理性"程度来对社会行为进行分类的。把社会行为的四种类型分为理性行为与非理性行为两类。理性行为包括目的合乎理性行为和价值合乎理性行为，非理性行为包括传统行为和情感行为。因此，作为社会行为的信任也可按合理性及其程度分为理性信任与非理性信任两大类，前者包括目的理性信任、价值理性信任，后者包括情感信任与传统信任。正如韦伯的社会行动类型是一种理想类型一样，信任的四种类型也是一种理想类型。在现实生活中，就某一种具体的信任行为而言，它可能不单纯是这四种类型中的某一种类型，而可能是其中的某几种类型的混合。

（载于《河北师范大学学报》2004 年第 1 期）

---

① Luhman, *Trust and Power*, New York, 1980. p. 151.

引发社会信任危机倾向的制度分析①

　　信任是指某一社会交往主体对其他社会交往主体能作出符合制度规则或规范行为的期望。社会交往主体包括个人以及企业、政府、社团等组织。社会信任就是社会交往主体之间的相互信任，即社会交往主体彼此之间对于对方能作出符合制度规则或规范行为的相互期望。而制度是人类在社会交往过程中形成的一切社会交往行为模式，是支配与约束人们社会交往行为的定型化、非定型化的规则与规范（包括内在制度与外在制度。内在制度就是一种从内部对于社会交往行为者的行为实施约束的制度，如习俗、惯例以及道德规范等；而外在制度则是一种从外部对于社会交往行为者的行为实施约束的制度，如法律制度规定、规章等）。因此，制度是社会信任的基础。

　　中国的社会转型本质上是一种制度转型。由于此时社会外在制度的有效供给不足，往往会引发某种程度的社会信任危机。众所周知，从新中国成立后一直到改革开放前，我国实行的是社会主义计划经济制度。在社会主义计划经济建设过程中，作为新设计与供给的社会主义计划经济制度以及与之相适应的单位制等外在制度，与从传统社会继承而来的以伦理道德为主体的内在制度之间是分离的、不协调的。但为了使社会主义计划经济制度能够得到顺利推行，于是又设计与供给了与之相匹配的、作为内在支持的社会主义集体主义道德规范这一内在制度。然而，这一新的内在制度，不是经过长期培育，并逐渐为人们所认可、接受，直至自觉遵守的，而是通过专门机构、媒体等宣传、个人的示范等形式，逐步地从外部对人们进行灌输的。事实上，这种内在制度被作为一种外在制度来对待了。这种内在制度与原有传统的内在制度之间也缺乏内在的本质联系与一致性。更为严重的是，"文化大革命"对于传统的内在制

　　① 　与张宝祥合作。张宝祥，吉林大学哲学社会学院 2000 级博士研究生。

度采取了漠视、压制、摧残与摧毁的态度。因此，这段时期中国社会信任状况始终处于一种不是令人十分满意的状态。很显然，这是由当时的外在制度与内在制度之间在总体上的不相容所造成的。这种社会信任状况的不断蔓延、扩散，使得在改革开放后，实现社会转型、进行社会主义市场经济初期出现了一定程度的社会信任危机倾向。

因此，除了有其历史的制度根源之外，我国社会某种程度的信任危机更为主要的是由现实的制度转型直接引发的。新制度经济学认为有两类制度变迁：一是诱致性制度变迁。它是指由个人或一群人或社会团体等自发倡导、组织和实行所引起的制度变迁；二是强制性制度变迁。它是由政府命令、法律引入和实现所引起的制度变迁。根据新制度经济学的制度变迁模型理论，我国目前的制度转型是一种较为典型的"强制性制度变迁"。它是依靠国家或政府的力量来实现的，国家或政府在这种制度转型中起主导作用，国家或政府实行外在制度的有效供给是这种制度转型顺利进行的关键。

然而，在目前中国实现由原有的计划经济制度等外在制度与原有的内在制度（包括从传统中国社会继承而来的内在制度和新设计与供给的内在制度）向新设计或引进与供给的市场经济制度等外在制度的初期转型中，充满了种种矛盾、冲突，具体表现为原有的内在制度（以传统伦理道德和社会主义集体主义道德为主体）与旧的外在制度（某些计划体制、单位制度等），尤其是与新的外在制度（社会主义市场经济制度以及相应的法律制度等）之间的矛盾、冲突，以及新旧外在制度之间的矛盾、冲突等。而这些矛盾和冲突产生的原因最为根本的在于制度的有效供给不足，尤其是外在制度的有效供给不足。它不仅造成了新旧制度之间的矛盾、冲突或不相容，而且也严重妨碍了新的社会信任模式与结构的形成。旧有的社会信任模式与结构，随着新的外在制度的供给，社会主义市场经济的发展，逐渐失去了效力，而新的社会信任模式与结构由于新的外在制度的有效供给不足，没有形塑而成，因而造成了社会信任模式与结构的"真空"状态，从而使目前中国社会信任出现某种程度的危机。

因此，要从根本上克服目前中国社会的信任危机，必须加强外在制度的有效供给。外在制度的有效供给主要包含两个层面的含义：一是外在制度供给的合法性，即是指它基本上与社会历史文化传统是相容的，为社会所认可的。二是外在制度供给的有效率性，它不仅决定于外在制度是否合法，而且决定于外在制度是否符合社会现实，更是决定于外在制度执行的情况。因此，外在制度的有效供给，一方面依赖于外在制度的合法程度；另一方面则取决于外在制度的执行情况。而在目前中国影响外在制度有效供给的主要因素就是外在制度的执行情况，包括外在制度的执行强度、力度与广度。因此要从根本上克服目前我国社会的信任危机，就要发挥政府或国家的作用，利用政府或国家的力量加强外在制度的有效供给，这样就可以为建成以外在制度为主导的制度系统提供尽可能多而有效的外在制度安排，同时为作为新的制度系统和新的社会发展内在强大支撑的新的内在制度的迅速成长提供尽可能好的制度环境。具体而言，加强外在制度的有效供给主要包括以下三个方面：

（1）政府或国家在制定或引进大量有效的外在制度的同时，在目前一定要加强外在制度执行的强度、力度和广度，尤其要加强外在制度执行的强度与力度。目前中国制定或引进的外在制度的数量是相当大的，基本上能够满足社会发展的需要。之所以会产生严重的某种信任危机等社会失序现象，主要原因在于外在制度执行的强度与力度不够，即所谓的"执法不严"。而造成外在制度执行程度低的主要原因是"人情渗透"与监督机制的不完善。"人情"渗透到了社会生活的各个领域、各个方面，削弱了人们的法制观念与意识，影响了外在制度的执行力度与强度。因此，政府或国家在加强外在制度的执行强度与力度时要充分考虑到"人情渗透"的情况，使"人情渗透"降低到最低程度，同时加强外在制度执行的监督机制，以从根本上铲除社会信任危机发生的根源。

（2）政府或国家可以利用自己的优势注重社会信任关系的制度化建设，营造一种有利于社会信任形成与发展的制度环境。可以下大力气进行社会信任制度化的基础性建设，如宏观的诚信制度环境建设，包括国家信用体系、整个社会信用体系、组织信用体系以及个人信用体系的建设等。通过这些诚信制度环境的建设，在全社会形成社会信任关系的制度化网络。政府或国家也可以通过传媒（广播、电视、互联网等）来宣传诚信道德，引导人们注重诚信道德的培养，使整个社会形成诚信风气。

（3）依靠政府或国家制度与政策的引导，利用政府或国家之外的个人和其他社会力量，注重发挥个人、组织等在社会信任建构中的独特作用。虽然从宏观上通过政府或国家的力量，加强外在制度的有效供给能克服目前社会信任危机，但要想在中国较为有效地防止社会信任危机的发生，建立长期稳定的社会信任，我们应该在政府职能实现转型的前提下，依靠政府或国家的制度与政策引导，发挥个人和其他社会力量（如各种社会组织）在社会信任培育与建构中的作用，比如加强个人的内在制度与外在制度素养的培育，尤其是诚信道德与法制意识的培育，加强企业、社团等组织的内在制度与外在制度创新与有效供给等，如在企业里有效地供给一些类似于德国企业中实行过的学徒制、团队工作制；日本企业中实行过的终身雇佣制、精简式生产制；中国晋商实行过的身股制等有利于企业高度社会信任产生的制度等。

（载于《长白学刊》2004 年第 2 期）

论社会信任在社会生活中的作用[①]

一　社会信任是特定的社会资本形式

"社会资本"是经济社会学的一个概念，社会学家布尔迪厄（Bourdieu）最先于 1980 年明确提出这个概念，他认为："社会资本就是实际和虚拟资源的总和，个人或者群体通过拥有或多或少制度化了的相互熟悉和认可关系的优势而逐渐增加这种资源。"自此以后，不同学科的学者从不同角度定义与使用这一概念。根据奥斯特罗姆（Ostrom）与布朗（Brown）的研究概括，社会资本大致在三种意义或三个层次上被定义或使用。[②] 一是最狭义或微观层面的社会资本。它指的是个人的联系。这个意义上的社会资本概念使用于社会网络的分析中，被理解为个体获取有利的人际关系网络的途径。社会资本就是一个人与朋友、同事的关系或者更一般的联系，通过这些关系，人们可以使已经获得的金融资本和人力资本的效用最大化。二是过渡意义上或中观层面的社会资本。这是一种具有公共产品性质的社会资本。科尔曼（Coleman）在《社会理论的基础》中，强调了社会资本的结构性及其公共产品性，认为这种意义上的社会资本有助于对社会行动的解释从微观过渡到宏观，从而可以克服与弥补经济学与社会学对于社会行为解释上的不足。它不仅是个人利益增加的手段，也是解决集体行动问题的重要资源。三是扩展意义上或宏观层面的社会资本。这种社会资本与集体行为和公共政策相联系。普特南（Putnam）运用这种意义上的社会资本对意大利南部与美国进行社会资本

①　与吴克领合作。吴克领，淮阴师范学院历史与社会学系助教。
②　李惠斌：《全球化与公民社会》，广西师范大学出版社 2003 年版，第 325—330 页。

研究。他认为社会资本是指社会组织的特征，例如信任、规范和网络，因而社会资本包含的最主要内容就是社会信任、互惠规范以及公民参与网络，它们可以通过促进合作行动而提高社会效率。

虽然社会资本在不同的意义或层面上被不同的学者从不同的学科角度加以定义和使用，但研究社会资本的学者大都对科尔曼较早时候对于社会资本的定义及其特征的分析比较认同。科尔曼认为社会资本指的是潜藏于社会结构中并为其中的行动者的行动提供便利的社会资源。与物质资本和人力资本等资本形式相比，社会资本具有这样四个方面的特征：（1）不可让渡性。指的是社会资本是一种具有个性的资本，它与拥有者共存，并且具有一定的使用范围；（2）互惠性。是指社会资本在使用上可以达到互惠的效果，并能促进集体行动；（3）可再生性。指的是社会资本是非短缺的，可以通过使用和投入而得到增加；（4）公共产品性。社会资本的这一性质决定了社会资本的其他性质，同时也将社会资本与其他形式的资本区分开来。

福山（Fukuyama）、科尔曼、普特南等社会学家从社会资本角度研究信任问题，认为社会信任是社会资本的一种特定形式，并强调社会信任这种社会资本形式在经济与社会发展中的独特作用。福山在《信任：社会道德与繁荣的创造》中，将社会信任立基于文化道德规范，并对各种文化道德传统下的社会信任度进行了比较，强调了文化（通过社会信任）对于经济的作用。认为社会信任是指"在一个社团之中，成员对彼此常态、诚实、合作行为的期待，基础是社团成员共同拥有的规范，以及个体隶属于那个社团的角色"[1]。社会资本是指"在社会或其下的特定群体之中，成员之间的信任普及程度"[2]。科尔曼在《社会理论的基础》中，借用经济学的理性选择理论与方法，主要是"理性经济人"的假定与成本——效益的分析方法来研究社会信任问题。他假定了行为者不仅是理性的、不受规范约束的，而且是纯粹追求自我利益的，利益是行为者的目的，是行为的驱动力，效用最大化的合理性推动着行为者的行为。因而利益被看成是所有解释的最终来源。因此，科尔曼在研究社会信任时，

①　［美］弗朗西斯·福山：《信任：社会道德与繁荣的创造》，李宛容译，远方出版社 1998 年版，第 35 页。

②　［美］弗朗西斯·福山：《信任：社会道德与繁荣的创造》，李宛容译，远方出版社 1998 年版，第 35 页。

强调了即时的利益以及委托人与受托人的成本——效益的计算在社会信任形成与发展中的作用。认为社会资本包括信任关系、规范、权威关系、信息网络、多功能社会组织、有意创建的组织等多种形式，着重强调了"信任是社会资本的一种形式"①。普特南在其成名之作《使民主运转起来：现代意大利的公民传统》中，将社会信任等社会资本作为社会组织的特征，研究它如何促进民主治理以及经济的繁荣。

很显然，福山、科尔曼以及普特南等社会学家一般都将相互信任或双向信任，而不是单向信任视为社会资本的一种特定形式。社会信任就是社会交往主体之间的双向信任或相互信任，指的是在社会交往过程中社会交往主体彼此对对方能作出符合制度行为的持续性期望。因此，制度是社会信任的基础。所谓制度指的是人类在社会交往过程中形成的一切社会交往行为模式，包括支配与约束人们社会交往行为的定型化、非定型化的规则与规范，它是一种规则与规范体系。具体而言，制度包括内在制度（如习俗、惯例、道德规范等）和外在制度（如法律制度、规定、规章等）两种基本类型。相应地，社会信任也包括"内在制度型"社会信任与"外在制度型"社会信任两种基本形式或模式。"内在制度型"社会信任指的是基于内在制度而形成的社会信任，而"外在制度型"社会信任指的是基于外在制度而产生的社会信任②。社会信任作为一种特定的社会资本，除了与其他的社会资本形式一样具有不可让渡性、互惠性、可再生性、公共产品性等特征之外，它还具有这样一些特征：1. 它产生于社会交往主体之间的相互作用，存在于社会交往主体之间的相互关系之中；2. 它是无形的，表现为社会交往主体之间的社会关系。

二 社会信任在社会生活中的独特作用

作为社会资本特定形式的社会信任，以社会资本的运作方式在社会生活中起着独特而积极的作用。具体而言，包括以下四个方面：

---

① ［美］詹姆斯·S. 科尔曼：《社会理论的基础》，邓方译，社会科学文献出版社 1999 年版，第 360 页。

② 董才生：《偏见与新的回应——中国社会信任状况的制度分析》，《社会科学战线》2004 年第 4 期。

（一） 创立与维护社会团结，整合社会秩序

社会信任是创立与维护社会团结的一个综合性的机制。社会信任通过表达与维护它所基于的共同的基本价值观念，创立与维护着社会团结。社会交往主体之间的相互信任表征了他们共有的基本价值观念的存在，是共同的基本价值观念将他们紧紧地联系在一起。社会信任不是一个"零和问题"，它具有增益的特征，在社会交往关系中它会增进所有社会交往主体的福利，它是一种"公益"[1]。社会信任在社会生活中具有整合社会秩序的作用。在一个整合的系统中行动者在发挥他们作用时彼此之间是相互信任的，这种相互信任反过来有助于这一系统的稳定。他们彼此相互信任是由于他们的集体是团结的。集体将纪律强加于他们，这将有助于他们不辜负这些期望，应付不明确情形所造成的不确定性[2]。因此，基于"互惠"与"互补"规范的社会信任是一种自动的社会整合机制，整合着整个社会的秩序。

（二） 实现社会控制，维护社会秩序与社会稳定

社会信任所发挥的社会控制作用是一种积极的功能，即它不是对于行为的抑制和约束，而是社会进步所必需的手段和目标机制。权力是一种有效的社会控制手段，社会信任能使这种强有力的社会控制手段成为可能，并能通过防止拥有权力的那些人滥用权力而使它更为有效和强有力。作为社会控制的一种手段或机制，社会信任是社会生活中无处不在的、极具广泛性的一种重要手段或机制[3]。社会信任在维护社会秩序与社会稳定中起着非常重要的作用。社会信任是"稳定社会关系所不可缺少的基本因素"（布劳，Blau）。社会信任为社会交往主体之间的相互作用提供了期望模式，因此，它有助于社会交往关系中的行为者克服"存在于所有社会关系中的不确定性和易变性"（海默，Hei – mer）。社会信任通过减少社会交往行为者所面临的社会现实的复杂性来维护社会秩序和社会稳定。社会信任作为一种"社会公益"，"如果它被破坏，社会就会

---

① ［美］伯纳德·巴伯：《信任的逻辑与限度》，年斌等译，福建人民出版社 1989 年版，第 20—21 页。

② T. Parsonsed., *The Social System*, New York: Free Press, 1951, p. 193.

③ ［美］伯纳德·巴伯：《信任的逻辑与限度》，年斌等译，福建人民出版社 1989 年版，第 20—21 页。

混乱和崩溃"①（鲍克，Bok）。

（三）润滑社会交易与合作，促进人的发展与社会繁荣

社会信任是"经济交换中一种相当有效的润滑剂"（阿罗，Arrow），作为一种"社会公益"，它是许多经济交易达成的必要因素（赫西，Hirsch）。"没有信任，即使是人类十分简单的现场交易合作也是不可能的。没有信任，甚至连个体行为也是无能力筹划的。"②（卢曼，Luhmann）社会信任是人们相互依赖的一种形式，它作为一种社会的润滑剂，使生产与交换成为可能。合作需要社会信任，社会信任是合作的一个前提，社会信任能够促进合作在于"它是一种'预先承诺'（pre‐commitment），是一种装置，依靠它我们就能对我们自己施加一些限制，而且因此限定其他人不得不对于我们的可信赖性的担心程度"③（甘姆贝塔，Gambetta）。"信任是一种氛围，它使社会繁荣……当信任受到损害时，整个社会就会受到损害，当信任被破坏时，社会就会不稳定和崩溃。"④（鲍克）社会信任，尤其是由内在制度的内化而产生的具有深厚人性底蕴的社会信任，由于其自身已扬弃了制度化所带来的对于人性的漠视与扭曲的弊端，作为人的全面自由发展的一种"氛围"，必将促进人的全面自由的发展。同样，这种充满人性底蕴的社会信任对于建构一个文明社会是必要的，它作为一种强大而持久的社会资本，不仅维持着社会秩序的稳定，而且推动着社会的进步与繁荣。

（四）抑制"机会主义行为"，避免"囚徒困境"现象

制度的实施在一定程度上抑制了人们在社会交往活动过程中可能出现的机会主义行为，但不能杜绝所有机会主义行为的发生。基于制度的社会信任，尤其是基于内在制度的"内在制度型"社会信任，由于它是对于内化的内在制度共同的直觉，是自觉自愿的产物，因此，作为一种类似于内在制度的"软约束"，从内部规范着人们的社会交往行为，从而

---

① ［美］伯纳德·巴伯：《信任的逻辑与限度》，牟斌等译，福建人民出版社 1989 年版，第 20—21 页。

② ［美］伯纳德·巴伯：《信任的逻辑与限度》，牟斌等译，福建人民出版社 1989 年版，第 20—21 页。

③ Gambetta D. ed. , *Trust*：*Making and Breaking CooperativeRelations*，Oxford，UK：Basil Blackwell，1988，p. 221.

④ ［美］伯纳德·巴伯：《信任的逻辑与限度》，牟斌等译，福建人民出版社 1989 年版，第 20—21 页。

较为有效地抑制了机会主义行为，如"搭便车"行为的发生，因而降低了监督以及协调人们之间关系的成本。"囚徒困境"是一种集体无理性或集体非效率现象。人们一般是从理性人之间缺乏合作这一角度去解释这种现象的，认为只有他们之间合作而不对抗，"囚徒困境"现象才是可以克服与避免的。我们认为人们在社会交往过程中之所以会出现"囚徒困境"现象，最为深层的原因是社会交往主体之间缺乏必要的相互信任。因此，社会交往主体之间较高的社会信任就能避免社会交往过程中"囚徒困境"现象的发生。

（载于《淮阴师范学院学报》2005 年第 2 期）

社会信任的模式与结构新解[①]

  制度是人类在社会交往过程中形成的一切社会交往行为的模式，包括支配与约束人们社会交往行为的定型化、非定型化的规则与规范，它是一种规则与规范体系。具体而言，制度包括习俗、惯例、道德规范、法律制度、规定、规章等。可以从约束形式的角度将制度划分为内在制度与外在制度两种类型。内在制度就是一种从内部对于社会交往行为者的行为实施约束的制度，如习俗、惯例以及道德规范等，而外在制度则是一种从外部对于社会交往行为者的行为实施约束的制度，如法律制度、规定、规章等（柯武刚、史漫飞，2002）。信任是指某一社会交往主体对其他社会交往主体能作出符合制度规则或规范行为的期望（巴伯，1989）。社会信任就是社会交往主体之间的相互信任，即社会交往主体彼此之间对于对方能作出符合制度规则或规范行为的相互期望。而不同的制度类型塑造了不同的社会信任的模式与结构。

  社会信任的模式指的是社会信任的形式或类型，它最为基本的含义是"因什么而信"或"基于什么而信"。学术界有人将传统社会信任的模式概括为"因亲情而信"，将现代社会信任的模式概括为"因原则而信"。因为传统社会是一种"熟人社会"，或如费孝通所说，传统中国社会是"乡土社会"，[②] 传统社会的主要特点是以具体的亲情关系（包括血缘、地缘关系，亲戚、朋友关系）为基础，并且社会流动性小，人们基本上生活在一个熟人的圈子里。现代社会是一种"生人社会"。现代社会的主要特点是以一般的原则关系为基础，并且社会流动性大，人们基本上生活在一个陌生人的世界里。实际上这种亲情关系与原则关系都是以制度为基础的，亲情关系是在内在制度（主要是道德）的基础上形成的，而

---

① 与闻凤兰合作。闻凤兰，吉林大学马克思主义学院副教授。
② 费孝通：《乡土中国·生育制度》，生活·读书·新知三联书店1998年版，第9页。

原则关系则是在外在制度（主要是法律）的基础上形成的。因此，可以从制度类型的角度将社会信任的模式分为"内在制度型"社会信任模式与"外在制度型"社会信任模式两种类型。制度塑造的就是这两种"因制度而信"或"基于制度而信"的社会信任模式。

社会信任的结构是指社会信任整体各部分之间的构成方式或形式。国内外学术界有关社会信任结构的看法也不尽一致。米斯兹塔尔认为，社会信任可以沿着从人格化到抽象这样一个连续统排列。[①] 据此，有人从社会信任程度的角度将社会信任结构分为三类：

一是人格化的深度的社会信任结构。这种社会信任结构是前现代社会或传统社会的社会信任结构，它建立在传统社会中内聚性的日常互动的基础上，起源于亲密的人格化关系，同一宗族成员之间的社会信任是它的主要组成部分。由于传统社会中同一宗族成员之间的深度的社会信任是"机械团结"的基本组成部分，因此，这种社会信任结构也称"迪尔凯姆型"社会信任结构。

二是较为非人格化的浅度的社会信任结构。这种社会信任结构是现代社会的社会信任结构，它建立在发生于工业社会中相互交叠的正式组织内部的较为有限而且稀疏的社会接触的基础上，起源于志愿性组织中的次级关系，同一志愿性社团和共同体组织成员之间的社会信任是它的主要组成部分。由于现代社会创造的不是"机械团结"的深度的社会信任，而是"有机团结"的浅度的社会信任。因此，这种社会信任结构也称"托克维尔型"社会信任结构。

三是抽象的社会信任结构。这种社会信任结构是后现代社会的社会信任结构，它起源于"想象的""移情的"或"反思性的"共同体中的"熟人类型"的社会关系。所谓熟人（Acquaintance）不是一般意义上的认识并有相当了解的人，而是指可能不认识或者了解相当少，但在某些重要方面却被认为是与自己相近的个体。熟人关系就是这样的熟人之间的关系，抽象的社会信任就是这样的熟人之间所产生的相互信任。因此，后现代社会中的抽象社会信任可能存在于同一国家内的两位陌生人之间，还有可能存在于不同国家的两位陌生人之间。抽象的社会信任是后现代

---

① Barbra A. Misztal, *Trustin Modern Societies: the Search for the Bases of Socialsoder*, Cambridg: Polity Press, 1996, p. 72.

社会的抽象社会信任结构的主要组成部分，它通过教育和大众媒体获得。因为家庭、学校等教育能够教会孩子们去理解和运用诸如公正、平等和普遍主义等抽象原则、以优雅文明的方式对待他人的基本原则、与他人合作的艺术以及一整套共同的文化参照物等，而大众媒体能够不断重复一整套共同的社会价值观。这些教育与宣传内容有助于创造抽象的社会信任与社会团结。①

　　然而，人们一般从社会信任的性质这一角度将社会信任的结构划分为两种类型：一是普遍主义社会信任结构，即以普遍主义社会信任为主导成分所构成的社会信任结构；一是特殊主义社会信任结构，即以特殊主义社会信任为主导成分所构成的社会信任结构。前者是现代"生人社会"的社会信任结构，后者是传统"熟人社会"的社会信任结构。

　　这种社会信任结构的分类源于韦伯。韦伯在《儒教与道教》一书中将社会信任结构分为特殊主义社会信任结构与普遍主义社会信任结构两种类型，而且进一步比较分析了传统中国与现代西方的社会信任结构，认为传统中国的社会信任结构是一种典型的特殊主义社会信任结构，而现代西方的社会信任结构是一种典型的普遍主义社会信任结构。吉登斯在《现代性与自我认同》与《现代性的后果》中，对于这种社会信任结构观作了进一步的阐发与深化。他把社会信任结构分为人格社会信任结构与非人格社会信任结构或抽象系统的社会信任结构两类，抽象系统，由象征标志和专家系统所组成。认为人格社会信任结构就是一种特殊主义社会信任结构，非人格社会信任结构或抽象系统的社会信任结构就是一种普遍主义社会信任结构。

　　我们认为以韦伯为代表的社会信任结构分类理论，涉及到的最为深层的基础是人与人之间的社会关系，即普遍主义关系与特殊主义关系。帕森斯与希尔斯（T. Parsonsand E. Shils）在《关于行动的一般理论》中认为，普遍主义（Universalism）关系就是指"独立于行动者与对象在身份上的特殊关系"的关系，特殊主义（Particularism）关系则是指"凭借与行动者之属性的特殊关系而认定对象身上的价值的至上性"的关系（T. Parsonsand E. Shils，1951）。所谓普遍主义社会信任是基于普遍主义关

---

① 李惠斌、杨雪冬：《社会资本与社会发展》，社会科学文献出版社 2000 年版，第 398—409 页。

系的社会信任，所谓特殊主义社会信任是基于特殊主义关系的社会信任。

　　然而，无论是特殊主义关系还是普遍主义关系都是以制度为基础的。特殊主义关系大多是在内在制度基础上形成的，"从己向外推以构成的社会范围是一根根私人联系，每根绳子被一种道德要素维持着""传统社会里所有的社会道德也只有在私人联系中发生意义。"① 而普遍主义关系一般是在外在制度基础上形成的。用费孝通的话来说，乡土社会或熟人社会关系是以道德、规矩、礼俗、习俗等为基础的，而现代社会或陌生人社会是以法律、契约等为基础的，前者是从熟悉中获得的一种个别联系，这种个别联系能够从熟悉里得以个别认识，后者则是陌生人结成的一种普遍联系，这种普遍联系是基于抽象的普遍原则。②

　　因此，我们认为从制度层面而不是仅仅停留在社会关系层面，才能更深刻地把握到社会信任结构的本质与特征。从制度层面，就是从内在制度与外在制度层面，我们可以将社会信任结构分成"内在制度型"社会信任结构与"外在制度型"社会信任结构两种类型。所谓"内在制度型"社会信任结构就是以"内在制度型"社会信任为主导成分所构成的社会信任结构，所谓"外在制度型"社会信任结构则是以"外在制度型"社会信任为主导成分所构成的社会信任结构。制度所培育与塑造的就是这两种"以制度为基础"的社会信任结构。在我们看来，传统中国的社会信任结构是典型的"内在制度型"社会信任结构，而现代西方国家的社会信任结构是典型的"外在制度型"社会信任结构。

　　从上面的论述中，我们也可以看到社会信任模式与社会信任结构之间的关系。社会信任模式与社会信任结构虽然都是以制度为基础的，但社会信任模式作为社会信任的形式或类型是社会信任结构的主要组成成分。也就是说，不同种类的社会信任模式的不同构成形成了不同类型的社会信任结构。社会信任模式与社会信任结构相比是更为深层、更为基本的社会信任形式。因此，社会信任结构的塑造，不仅与社会信任模式的塑造是同一个过程，而且是以社会信任模式的塑造为基础的。外在制度与内在制度的制度化与社会化同样也是社会信任模式与社会信任结构

---

　　① 费孝通：《乡土中国·生育制度》，生活·读书·新知三联书店 1998 年版，第 30—33 页。

　　② 费孝通：《乡土中国·生育制度》，生活·读书·新知三联书店 1998 年版，第 10—11 页。

塑造的内在机制。

然而，社会信任模式与社会信任结构的形塑是社会交往主体在长期的交往实践过程中实现的，是社会交往主体对于制度的一个长期认知与理解、直觉与体验的结晶。某一社会信任模式与社会信任结构一旦形塑，就成为一种稳定性存在，除非制度发生变迁，它一般难以发生变易。社会信任模式与社会信任结构的这种稳定性对于社会信任的维持是十分有益的，但在制度发生变迁时往往会成为一种障碍性因素。不仅影响了制度变迁本身，而且也影响了新的社会信任模式与社会信任结构的塑造。

总之，社会信任的模式与结构是由制度形塑而成，不同的制度类型塑造了不同的社会信任的模式与结构，随着制度的变迁，社会信任的模式与结构相应地也要发生变化。我们对于社会信任的模式与结构所做的这种新理解，不仅有助于建构新的社会信任理论，而且对于建构作为社会主义市场经济内在支撑的新型的社会信任也具有非常重要的现实指导意义。

（载于《中共南京市委党校南京市行政学院学报》2005 年第 5 期）

中西社会信任的制度比较

　　制度是人类在社会交往过程中形成的一切社会交往行为模式，包括支配与约束人们社会交往行为的定型化、非定型化的规则与规范，它是一种规则与规范体系。具体而言，制度包括习俗、惯例、道德规范、法律制度、规定、规章等。可以从约束形式的角度将制度划分为内在制度与外在制度两种类型。内在制度就是一种从内部对于社会交往行为者的行为实施约束的制度，如习俗、惯例以及道德规范等，而外在制度则是一种从外部对于社会交往行为者的行为实施约束的制度，如法律制度、规定、规章等。信任是指某一社会交往主体对其他社会交往主体能作出符合制度规则或规范行为的期望。社会信任就是社会交往主体之间的相互信任，即社会交往主体彼此之间对于对方能作出符合制度规则或规范行为的相互期望。因此，制度是社会信任的基础。制度对于社会信任起着基础性的作用：（1）制度培育与塑造社会信任；（2）制度维持与保障社会信任；（3）制度变迁促使社会信任变化。以内在制度为基础产生的社会信任，可以称之为"内在制度型"社会信任，而以外在制度为基础产生的社会信任，则可以称之为"外在制度型"社会信任。本文以制度为基点从以下五个方面对中西社会信任进行比较。

　　（一）传统文化

　　中西社会信任以各自不同的制度为基础，中西不同的制度类型在不同的传统文化中孕育而成，甚至有些制度本身就构成了传统文化的一个重要部分。因此，中西之所以能形成各具特色、不同样态的社会信任，其深层的原因在于它们的传统文化具有不同的特点。中国传统文化的核心是儒家文化，儒家文化的人性预设是"人性善"或"原善"，即认为善是人的本性。为此，中国传统文化强调道德灌输与道德教化，来呼唤人的善性潜能的发挥，因而主张人治或德治，以及社会治理的"扬善性"，中国政治因此被称为"扬善政治"。在儒家文化中孕育的制度尤以道德这一内在制度为重。即使统治者制定与设计的法律等外在制度也往往具有道德倾向，是一种道德化的外在制度，一般被称为伦理法。这种伦理法是德性内涵与法的形式的结合体，是中国古代法的基本形态。在中国伦理法中到处渗透着亲亲尊尊的内容，在法理中也兼顾情理。① 这种伦理法有很大的惯性，对于当代社会也有很大的影响。当代中国执法效率不高的一个主要原因是"人情渗透"。"人情渗透"极大地阻碍了中国法制化进程。这种道德内在制度安排以扬善为目的，强调个人发自内心的自觉自愿性。因此，以道德内在制度为基础的"内在制度型"社会信任充分体现了人的善性本质与人的行为的自主性，是具有高度自觉程度、充满人性（善性）的深厚的社会信任。如中国晋商票号企业内部存在的社会信任就是这种"内在制度型"社会信任发展的一个极致，西方一些"道德性社群或社团"中存在的社会信任也属于这种社会信任。

西方传统文化的核心是基督教文化，基督教文化的人性预设是"人性恶"或"原罪"，即认为恶是人的本性。为此，西方传统文化注重法律制度的制定与安排，来抑制人的自然的恶欲，因而主张法治，以及社会治理的"抑恶性"，西方政治因此被称为"抑恶政治"。在基督教文化中孕育的制度尤以法律这一外在制度为重。这种法律外在制度安排以抑恶为目的，强调外在制度对于人的恶欲本性的约束。法律外在制度对于个人来说是一种被迫的、强制性的外在力量。人之恶性被合理地规制，人之"善性"通过抑恶发挥出来，即所谓"抑恶扬善"。"抑恶扬善"虽然也是人性（善性）的发挥，但是一种被动的、强迫的发挥，不是发自个人内心的自觉自愿行为。因此，以法律外在制度为基础的"外在制度型"社会信任以被动的形式体现了人之善性本质，因而是一种自觉化、人性化程度很低的社会信任。如在泰勒（Taylor）科学管理原理指导下强调外在制度至上的工厂中，工厂员工之间以及工厂领导人与员工之间的社会信任就是这种"外在制度型"社会信任。

（二）基础与载体

传统中国的"内在制度型"社会信任以中国的内在制度为基础，中国的内在制度主要是在儒家文化中孕育而生的伦理道德规范，西方国家的"外在制度型"社会信任以西方的外在制度为基础，西方国家的外在

① 葛晨虹：《人性论》，中国青年出版社 2001 年版，第 89 页。

制度主要是在基督教文化中孕育而生的法律制度。中国的内在制度对中国人的社会交往行为的规范与约束主要是一种非正式的"软约束",它以道德灌输与道德教化为主要手段,通过非正式的惩罚方式,如排挤、指责、社会舆论谴责等来对违背者实施惩罚。西方国家的外在制度对西方人的社会交往行为的规范与约束主要是一种比较正式的强制性的"硬约束",它以强制执行的手段迫使人们遵守与服从,对于违背者采取正式的惩罚方式。中西两种不同的制度类型培育与塑造了它们各具特色的社会信任模式与结构,即"内在制度型""外在制度型"社会信任模式与结构。

　　传统中国的"内在制度型"社会信任以中国内在的传统伦理道德规范为基础,产生和存在于中国社会庞大的"差序格局"系统中,并以家或家族为基本载体。家或家族是传统中国社会主要的组织形式。家或家族作为福山意义上的"道德性社群或社团"是中国社会信任存在之依托或基本载体(福山,1998)。传统中国社会的"民间志愿性社团"很多,这种社团基本上是以传统中国的伦理道德规范为基础建构起来的,也是一种"道德性社团",甚至一些经济组织也同样是以传统的中国伦理道德规范为基础形成、发展与壮大起来的,如清末山西的票号企业等,但它们不是社会的主要的组织形式。现代西方国家,家庭或家族不是社会信任产生和存在的基本载体,人们从类似于家庭或家族的"道德性社群或社团"中获取"内在制度型"社会信任,但大量的社会信任却是"外在制度型"社会信任。这种社会信任以西方外在的法律制度为基础,产生和存在于大量的、普遍存在的"法人组织"中,大量的、普遍存在的"法人组织"主要是一些经济、政治组织,它们是西方社会信任产生与存在的基本载体。

(三) 模式与结构

　　社会信任模式与结构是由制度塑造而成,某一社会的主导制度类型塑造了该社会的社会信任模式与结构。所谓社会信任模式指的是社会信任的形式或类型,它最为基本的含义是"因什么而信"或"基于什么而信"。传统中国的社会信任模式是"因亲情而信"的模式,现代西方的社会信任模式是"因原则而信"的模式。传统中国社会是一种"熟人社会", 或如费孝通所说, 是"乡土社会"①。传统中国社会的主要特点是以具体的亲情关系(包括血缘、亲戚、朋友关系)为基础, 并且社会流动性小, 人们基本上生活在一个熟人的圈子里。现代西方社会是一种"陌生人社会"。现代社会的主要特点是以一般的原则关系为基础, 并且社会流动性大, 人们基本上生活在一个陌生人的世界里。实际上这种亲情关系与原则关系都是以制度为基础的, 亲情关系是在内在制度(主要是道德)的基础上形成的, 而原则关系则是在外在制度(主要是法律)的基础上形成的。因此, 传统中国的社会信任模式可以称之为"内在制度型"社会信任模式, 而现代西方的社会信任模式可以称之为"外在制度型"社会信任模式。中西不同的主导制度类型塑造的就是这两种"因制度而信"或"基于制度而信"的社会信任模式。

社会信任结构是指社会信任整体各部分之间的构成方式或形式。韦伯在《儒教与道教》一书中将社会信任结构分成普遍主义社会信任结构与特殊主义社会信任结构两种类型。帕森斯与希尔斯在《关于行动的一般理论》中认为, 普遍主义关系就是指"独立于行动者与对象在身份上的特殊关系"的关系, 特殊主义关系则是指"凭借与行动者之属性的特殊关系而认定对象身上的价值的至上性"的关系(Parsons T., Shilse, 1995)。所谓普遍主义社会信任是基于普遍主义关系的社会信任, 所谓特殊主义社会信任是基于特殊主义关系的社会信任。而普遍主义社会信任结构就是以普遍主义社会信任为主导成分所构成的社会信任结构, 特殊主义社会信任结构就是以特殊主义社会信任为主导成分所构成的社会信任结构。韦伯进一步比较分析了传统中国与现代西方的社会信任结构, 认为传统中国的社会信任结构是一种典型的特殊主义社会信任结构, 而现代西方的社会信任结构是一种典型的普遍主义社会信任结构。(韦伯, 1997)

然而, 无论是特殊主义关系还是普遍主义关系都是以制度为基础的。特殊主义关系大多是在内在制度基础上形成的, "从己向外推以构成的社会范围是一根根私人联系, 每根绳子被一种道德要素维持着", "传统社会里所有的社会道德也只有在私人联系中发生意义。"② 而普遍主义关系

---

① 费孝通:《乡土中国》, 生活・读书・新知三联书店1998年版, 第9页。
② 费孝通:《乡土中国》, 生活・读书・新知三联书店1998年版, 第30页。

一般是在外在制度基础上形成的。用费孝通的话来说，乡土社会或熟人社会关系是以道德、规矩、礼俗、习俗等为基础的，而现代社会或陌生人社会是以法律、契约等为基础的，前者是从熟悉中获得的一种个别联系，这种个别联系能够从熟悉里得到个别认识，后者则是陌生人结成的一种普遍联系，这种普遍联系是基于抽象的普遍原则。[1] 因此，普遍主义社会信任结构与特殊主义社会信任结构都建立在制度基础上。

为此，可以从制度角度将社会信任结构划分为"内在制度型"社会信任结构与"外在制度型"社会信任结构两种类型。所谓"内在制度型"社会信任结构就是以"内在制度型"社会信任为主导成分所构成的社会信任结构；所谓"外在制度型"社会信任结构则是以"外在制度型"社会信任为主导成分所构成的社会信任结构。这两种社会信任结构是前两种社会信任结构的基础。传统中国的社会信任结构是典型的"内在制度型"社会信任结构，而现代西方国家的社会信任结构是典型的"外在制度型"社会信任结构。

（四）程度与范围

传统中国的社会信任是典型的"内在制度型"社会信任，现代西方的社会信任是典型的"外在制度型"社会信任。从自觉化、人性化程度方面看，"内在制度型"社会信任比"外在制度型"社会信任所体现的自觉化、人性化程度要高。因为"内在制度型"社会信任以内在制度为基础，产生于社会交往主体对于内在制度的共同直觉，在"内化了"的内在制度的规范下社会交往主体的行为是较为自觉、更具人性的，"内在制度型"社会信任体现了社会交往主体行为的这种高度自觉化、人性化程度。福山在《信任：社会道德与繁荣的创造》中所研究的西方社会的"道德性社群或社团"的社会信任，实际上也是这种"内在制度型"社会信任。"外在制度型"社会信任以外在制度为基础，产生于社会交往主体对于外在制度的共同理解，在这种外在制度的安排下，社会交往主体的行为缺乏自觉自愿性，具有较少人性化的特点，因此，"外在制度型"社会信任体现的社会交往主体的行为的自觉化、人性化程度较低。科尔曼在《社会理论的基础》中所研究的西方社会的"法人组织"的社会信任，（科尔曼，1999）就是这种社会信任。

---

[1]　费孝通：《乡土中国》，生活·读书·新知三联书店1998年版，第10—11页。

从社会信任本身的程度，即"社会信任度"的角度讲，传统中国的"内在制度型"社会信任度高于现代西方国家，而它的"外在制度型"社会信任度则低于现代西方国家。因为一国的社会信任度取决于该国社会的主导性制度，主要是这一主导性制度的"制度化"与"社会化"程度。传统中国是以内在制度为主导的社会，其内在制度的"制度化"与"社会化"程度较高，因而其"内在制度型"社会信任度不仅代表了传统中国的社会信任度，而且这种社会信任度是很高的，中国晋商就是依凭这一高度的社会信任而兴盛和繁荣的。而现代西方国家是以外在制度为主导的社会，其外在制度的"制度化"与"社会化"程度较高，因而其"外在制度型"社会信任度不仅代表了现代西方国家的社会信任度，而且这种社会信任度也是很高的，现代西方国家正是依凭这种高度的社会信任，取得了许多令世人瞩目的经济社会成就。

传统中国的内在制度的安排是持久的，其"内在制度型"社会信任的范围或半径也是很广大的。传统中国的社会信任范围或半径以"差序格局"的系统所涵盖的范围为边界。相对而言，传统中国的外在制度安排所产生的社会信任度极为低下，有些外在制度安排不仅无益于社会信任的生成，反而是社会信任产生的强大遏制力量。尤其是政府与人民之间的社会信任几乎处于"底线"的边缘。这是因为中国封建社会中"国家既不能保障人民财产，又以不定的税赋掠夺人民的财富，人民自然不能对国家政府产生信赖，他们对开展和扩大生产和交易也就难以产生信心和自我激励。"[①] 在现代西方国家，外在制度的安排遍及社会的各个领域，广泛而深入。因此，现代西方国家的"外在制度型"社会信任的范围或半径更广大，它能够超越一个家族、一个民族，甚至一个国家的界线。福山所论及的"道德性社群或社团"的"内在制度型"社会信任，不是现代西方国家主导的社会信任形式，而科尔曼所研究的"法人组织"的"外在制度型"社会信任，则是现代西方国家主导的社会信任形式。因为现代西方社会现代化、组织化程度很高，各种各样的以理性人为基础的"法人组织"在现代西方社会中较为普遍。

（五）理性追求

韦伯认为西方社会现代化的实质就是理性化，现代化就是不断理性

---

① 汪和建：《迈向中国的新经济社会学》，中央编译出版社1999年版，第275页。

化的过程，具体而言，是目的理性化的过程。韦伯在《经济与社会》中提出了四种"理想型"的社会行为，即传统行为、情感行为、价值理性行为与目的理性行为。其中目的理性行为与价值理性行为是两种基本的理性行为。所谓价值理性行为，是一种根据行为者认为是向自己提出的"戒律"或"要求"而发生的行为。如果一个人的行为无视可以预见的后果，而是服从于他对义务、尊严、美、宗教训示、孝顺，或者某事的重要性的信念，这就是纯粹的价值合乎理性的行为。所谓目的理性行为就是以目的、手段和附带后果作为取向的行为。如果一个人根据目的、手段和附带后果来作为他行为的取向，既把手段与目的，也把目的与附带后果，以及各种可能的目的相比较之后才做出合乎理性的权衡，那么他的行为就是目的合乎理性的行为。① 韦伯实际上将理性划分为两种基本类型，即目的理性与价值理性。目的理性就是纯粹从形式上来进行计算、权衡行为的手段与结果的理性，因此也叫"形式理性"。而价值理性就是以任何特定或既定的价值取向为出发点的理性，这种理性注重实质内容、特定的价值观念，因此也叫"实质理性"。哈贝马斯所谓的社会生活被殖民化，指的是社会生活被目的理性化，而他所要建构的"交往或沟通理性"实质上是一种价值理性。（哈贝马斯，1994）哈贝马斯建构交往或沟通理性的目的在于在当代重建社会生活中社会交往主体之间的社会信任，他呼唤的是一种"内在制度型"社会信任。

中西不同的社会信任体现了人类对于不同理性的追求。社会交往主体之间产生"内在制度型"社会信任，说明他们都有一种对价值理性的共同追求。中国的"内在制度型"社会信任是中国人对于传统中国伦理道德规范这一内在制度的直觉而产生的。传统中国的伦理道德规范是古代中国人价值理性的体现。因此，中国的"内在制度型"社会信任体现了中国人对于价值理性的追求。社会交往主体之间产生"外在制度型"社会信任，说明他们都有一种对于目的理性的共同追求。现代西方国家的"外在制度型"社会信任是西方人对于西方现代的法律规范这一外在制度的理解而产生的。西方现代的法律规范是人类目的理性的体现。因此，现代西方国家的"外在制度型"社会信任体现了西方人对于目的理性的追求。

---

① ［德］韦伯：《经济与社会》，林荣远译，商务印书馆 1998 年版，第 57 页。

　　总之，制度是社会信任的基础。中西不同的文化传统孕育了它们不同的制度类型，而由不同的制度类型塑造而成的中西社会信任在传统文化、基础与载体、模式与结构、程度与范围以及理性追求等方面呈现了各自不同的特点。中西社会信任正是依凭这些不同的特点在各自的经济与社会发展中发挥着独特的作用。

（载于《学习与探索》2005 年第 1 期）

对中国封建社会长期延续问题的社会学解读

一 "古老难题"的历史学解读及其超越

"中国封建社会为什么会长期延续几千年而不崩溃?"是一个很早就被提出,并不断被解读的问题,因而被学术界称为"古老难题"。然而,对于这一"古老难题"的探讨大都局限于史学界。金观涛与刘青峰在《兴盛与危机:论中国封建社会的超稳定结构》一书中认为,20世纪20年代末与20世纪50年代初史学界就已对这一"古老难题"进行了两次讨论,到了20世纪80年代,这一"古老难题"被重新提了出来。在此书中,他们首先对以前有关这一"古老难题"的历史学探讨进行了梳理,认为不外乎经济、政治、地理环境等角度,主要包括以下几种观点:(1)单一的小农经济长期稳定发展。自给自足的单一的小农经济长期得不到必要的变更,使得商品经济得不到充分的发展,这就造成了中国封建社会的长期延续;(2)残酷的剥削制度与剥削关系。剥削制度一次又一次地把农民大众推向死亡线,使生产发展和积累中断,造成了中国封建社会的长期延续;(3)强大的中央集权。国家依靠强大的中央集权,重本抑末、闭关自守、独尊儒术,推行将盐铁矿及手工业置于官办的经济政策,对思想文化实行严密控制,从而有效地延续着封建制度,遏制了资本主义萌芽的出现和发展,使中国封建社会长期停滞与延续;(4)与世界相对隔绝的地理环境。中国东濒大洋,西隔高原,西北、北部与东北部则是高山、沙漠、草原和原始森林。这种地理环境成为对外交流的巨大障碍，阻止了资本主义的产生与发展。①

金观涛、刘青峰首次从社会整体结构角度，运用系统论、控制论的理论与方法对这一"古老难题"作了解读。他们认为，根据控制论，某一社会的停滞意味着这个社会系统的结构具有巨大的稳定性。中国封建社会能长期延续，一方面说明它不是一个僵死的社会形态。事实上，在几千年的长期延续中，中国封建社会的各个方面，如生产水平、生产关系、社会组织、文化教育等，一直处于变化发展之中。另一方面说明它的结构具有巨大的稳定性。中国封建社会形态的长期延续意味着它本身是停滞的，它并没有发展出新的社会结构。"以至十九世纪中叶西方的鸦片和炮舰打开古老帝国的大门时，中国封建社会的政治、经济、文化各领域中的资本主义因素仍然微乎其微，没有形成建立新的社会形态的力量，而是呈现出一种社会结构在变动中保持固有形态的巨大稳定。这种系统由于存在着不断消除和压抑内在不稳定因素的振荡机制，所以从总体上看结构长期不变。控制论把这种系统称为超稳定系统"②。为此，他们认为，由于中国封建社会的结构是一个超稳定系统，因此，它能够长期地延续。

总之，对于"中国封建社会为什么会长期延续几千年而不崩溃？"这一"古老难题"的探讨，虽然角度不同，但基本观点是一致的，即中国封建社会存在长期限制资本主义萌芽、产生与发展的因素。这些因素，或者是中国的小农经济形态、残酷的剥削制度与剥削关系、强大的中央集权、闭塞的地理环境，或者是超稳定的社会结构，由于它们长期限制甚至阻碍了资本主义的萌芽、产生与发展，从而使中国封建社会长期延续几千年而不崩溃。

德国社会学家韦伯提出并探讨了著名的"韦伯命题"，表明他已超越历史学学科界限，触及"中国封建社会为什么会长期延续几千年而不崩溃？"这一"古老难题"的实质。韦伯在《新教伦理与资本主义精神》一书中，研究了新教伦理与西方资本主义发展之间的关系，认为新教伦理作为一种精神力量促进了西方资本主义的产生与发展。韦伯的这项研

---

① 金观涛、刘青峰：《兴盛与危机：论中国封建社会的超稳定结构》，湖南人民出版社1984年版，第3—7页。

② 金观涛、刘青峰：《兴盛与危机：论中国封建社会的超稳定结构》，湖南人民出版社1984年版，第9—14页。

究成功地证明了宗教伦理与社会发展之间的正相关关系。然而，这项研究所得出的结论是否具有普适性呢？韦伯进一步对中国封建社会进行了研究，其研究成果就是《儒教与道教》。在此书中，韦伯分析研究了中国封建社会的结构，重点研究了建立在这种社会结构基础之上的中国的正统文化，即儒教伦理，并将中国的儒教与西方的清教作了较为透彻的比较研究，最后得出了一个结论：儒教伦理不仅不能促进，反而阻碍了资本主义在中国的产生与发展。韦伯的这一研究结论实际上从反面证明了宗教伦理与社会发展之间的正相关关系，即儒教伦理与新教伦理不同，它与资本主义之间不具有正相关的关系，而只具有负相关的关系。学术界一般将韦伯从正反两个方面所证明的宗教伦理与资本主义之间关系的论述，合称为"韦伯命题"。

在《儒教与道教》中，韦伯从信任的角度进一步探讨了"韦伯命题"，阐明了普遍主义信任在经济秩序的扩展、资本主义的产生与发展中的作用。韦伯将信任划分为普遍主义信任与特殊主义信任两种类型。帕森斯与希尔斯在《关于行动的一般理论》中认为，普遍主义关系指的是"独立于行动者与对象在身份上的特殊关系"的关系，特殊主义关系则是指"凭借与行动者之属性的特殊关系而认定对象身上的价值的至上性"的关系。① 因此，韦伯所谓的普遍主义信任就是基于普遍主义关系的信任，所谓的特殊主义信任就是基于特殊主义关系的信任。韦伯认定中国社会的商业信任是一种特殊主义信任，因为中国社会的商业信任很明显是一种建立在亲戚关系或亲戚式的纯粹个人关系等特殊主义关系基础之上的信任，中国的儒教伦理所造就的特殊主义的商业信任，没能挣断宗族的纽带，使得它只能局限于血缘共同体内，因而不仅不能促进，反而阻碍了资本主义经济的产生与发展。而西方社会的商业信任是一种普遍主义信任，即是一种建立在普遍主义关系基础之上的信任。西方的新教伦理品质所造就的普遍主义的商业信任，则挣断了宗族的纽带，适用于信仰和伦理生活方式共同体，② 它的一个明显优势就是使商业范围得以扩大，经济交易秩序得以扩展，大大突破了血缘共同体的限制，从而促进

---

① T. Parsons and E. Shils, *Toward a General Theory of Action*, Cambridge：Harvard University Press, 1951, p. 82.

② ［德］韦伯：《儒教与道教》，王容芬译，商务印书馆 1997 年版，第 289 页。

了资本主义经济的产生与发展。

很显然，韦伯在《儒教与道教》中虽然没有直接探讨"中国封建社会为什么会长期延续几千年而不崩溃？"这一"古老难题"，但他从文化（主要是宗教伦理）与信任角度研究了阻碍或促进资本主义产生与发展的因素，实际上已触及到了这一"古老难题"的实质。因此，"韦伯命题"与"古老难题"具有很密切的相关性。因为中国封建社会长期停滞、长期延续意味着它的发展没能突破原有的框架，新的社会发展因素，即资本主义因素没能在这一框架中孕育、成长与发展起来。而"韦伯命题"与"古老难题"之间所存在的密切相关性对我们的最大启示是，我们完全可以立足于社会学学科，从制度与社会信任角度去重新解读"中国封建社会为什么会长期延续几千年而不崩溃？"这一"古老难题"。

二 "古老难题"的社会学解读

韦伯在《儒教与道教》中认为，中国人是"世上绝无仅有的不诚实"，这种不诚实的品质导致了"中国人彼此间是典型的不信任"。① 因而传统中国人之间存在着普遍的不信任，传统中国的社会信任是缺失的，中国封建社会的社会信任度是很低的。明恩溥（即史密斯）在《中国人的素质》一书中通过列举政治、经济、社会生活领域的许多例子来说明中国封建社会的社会信任普遍缺失与社会信任度普遍低下。如政治领域中，政府官员之间的互相猜忌、互不信任，政府与人民之间互不信任；商业活动中，买卖双方之间的互相猜忌、互不信任；日常社会生活中，普通中国人之间的互不信任等。② 雷丁在《中国资本主义精神》中则认为，由于传统中国人的家族主义文化意识浓厚，使得他们存在一种强烈的倾向，只信任与自己有关系的人，对于家族以外的其他人则极端地不信任。（Redding G.，1990）福山在《信任：社会道德与繁荣的创造》中也持传统中国社会信任度低的观点，这不仅是对韦伯、明恩溥论调的延伸与发挥，而且也是对雷丁观点的一种重复。他认为，由于传统中国人

---

① ［德］韦伯：《儒教与道教》，王容芬译，商务印书馆1997年版，第284页。
② 明恩溥：《中国人的素质》，学林出版社2002年版，第208—224页。

的家族主义文化根深蒂固，使得他们对于家族之外的"外人或陌生人"的信任感极低，对他们存在普遍地、极度地不信任。（福山，1998）总之，在一些西方学者看来，中国封建社会的社会信任度极低。

然而，一个社会如果没有社会信任或社会信任度很低，能够维持短期存在是可能的，但要长期延续那是绝对不可能的。因为按照正常的社会发展规律，一个社会要获得长期延续必须以较高程度的社会信任来支撑，社会信任是一个社会长期延续的前提条件。因此，那些持"中国社会信任度低"观点的西方学者（如韦伯、史密斯、雷丁、福山）都对这样一个问题疑惑不解，即社会信任度那么低的中国封建社会为什么会长期延续几千年而不崩溃？为此，他们对这一问题展开了较为深入的研究，但始终找不到合理而满意的答案。于是，他们推论：中国封建社会发展过程是"反常的"，即违反社会发展的常规。为了从一个新的角度去解读"中国封建社会为什么会长期延续几千年而不崩溃？"这一"古老难题"，我认为有必要对西方学者的疑惑以及由此而作出的推论加以认真的分析。

在我看来，韦伯等西方学者的疑惑是没有道理的，据此而作出的推论是武断的。由于推论与疑惑之间存在因果联系，因此，可以先来分析推论，即中国封建社会的发展过程是反常的。中国封建社会的发展过程真的是反常的吗？事实证明，中国封建社会的发展并没有脱离人类社会发展的大道，是符合人类社会发展规律的，即中国封建社会也需要深厚而较高程度的社会信任来作为内在支撑才能长期延续。因此，西方学者所作出的"中国封建社会的发展过程是反常的"这一推论是不符合历史事实的主观臆断。既然这样，中国封建社会的社会信任度并不像西方学者所认定的那样很低，反而是很高的。历史事实也证明了这一点，如中国封建社会时期清末的山西票号正是依凭较高程度的社会信任才兴盛发展起来的。因此，韦伯等西方学者认定传统中国社会信任度低是一种偏见。因偏见而生疑惑，只能说明他们对于传统中国社会现实的无知。而产生这一偏见的深层原因是他们根深蒂固的西方文化中心论或优势论。因为在他们心目中，只有西方文化才能孕育出较高程度的社会信任，中国传统文化的本性决定了其只能孕育出较低程度的社会信任。西方文化是世界文化的中心，西方文化比中国传统文化优越。

韦伯等西方学者的疑惑及其推论以及我们对此所做的分析实际上已经触及到了一个非常关键的问题，即中国封建社会具有不同于西方社会那样的社会信任形式。因为既然中国封建社会的发展符合正常的社会发展规律，中国封建社会的社会信任度并不低，那么唯一能够解开这一疑惑的答案只能是中国与西方国家具有不同的社会信任形式。

下面我们尝试立足于社会学学科，从制度以及以它为基础的社会信任角度对"中国封建社会为什么会长期延续几千年而不崩溃？"这一"古老难题"作一种一般而具体的新解读。

制度就是人类在社会交往过程中形成的一切社会交往行为模式，包括支配与约束人们社会交往行为的定型化、非定型化的规则与规范，它是一种规则与规范体系。具体而言，制度包括习俗、惯例、道德规范、法律制度、规定、规章等。我们可以从约束形式的角度将制度划分为内在制度与外在制度两种类型。约束有内在约束与外在约束两种形式。制度的内在约束是指制度从内部对社会交往行为者的行为实施的约束，制度的外在约束则是指制度从外部对社会交往行为者的行为实施的约束。内在制度就是一种从内部对于社会交往行为者的行为实施约束的制度，如习俗、惯例以及道德规范等，而外在制度则是一种从外部对于社会交往行为者的行为实施约束的制度，如法律制度、规定、规章等。（柯武刚、史漫飞，2002）信任是指某一社会交往主体对其他社会交往主体能作出符合制度规则或规范行为的期望。社会交往主体包括个人以及企业、政府、社团等组织。社会信任就是社会交往主体之间的相互信任，即社会交往主体彼此之间对于对方能作出符合制度规则或规范行为的相互期望。因此，制度是社会信任的基础。制度对于社会信任所起的基础性作用主要表现为：制度培育与塑造社会信任；制度维持与保障社会信任；制度变迁促使社会信任变化。

传统中国社会是以道德规范等内在制度为基础的社会，而现代西方社会则是以法律等外在制度为基础的社会，在不同的制度下培育与塑造的社会信任形式是不同的。传统中国的社会信任主要基于道德规范等"内在制度"，是一种"内在制度型"或"道德型"社会信任，而现代西方国家的社会信任主要基于法律等"外在制度"，是一种"外在制度型"或"法制型"社会信任。我们强调"主要"指的是社会中占主导地位的制度类型造就了该社会的社会信任的主要形式。一个现实社会既存在内在制度，又存在外在制度，只是两种制度在某一社会中的地位不同。中国与西方国家所具有的不同形式的社会信任基于不同的制度，存在于不同的社会中，维系着该社会的稳定与发展，每一个社会都有适合于自己的社会信任形式。因此，中国与西方国家的社会信任各有特色，各有优长，它们之间是相互补充的。一般而言，传统中国的"外在制度型"社会信任度很低，而"内在制度型"社会信任度却相当高，这是由传统中国的制度所决定的。现代西方国家的"内在制度型"社会信任度很低，而"外在制度型"社会信任度却相当高，这也是由现代西方国家的制度所决定的。① 传统中国的"内在制度型"或"道德型"社会信任与现代西方国家的"外在制度型"或"法制型"社会信任相比，不仅制度基础不同，而且具有自我复制与再生的能力。中国封建社会能长期延续靠的是它持久而强大的、作为内在支撑的"内在制度型"或"道德型"社会信任的生生不息。中国封建社会所存在的持久而强大的"内在制度型"社会信任（主要是"道德型"社会信任）是以传统的伦理道德规范为基础，以家或家族作为载体，以无数"差序格局"的形式纵横交叉而形成的一个有机整体。林语堂先生曾经将日本社会与传统中国社会作过比较，认为日本社会好像一块坚硬的花岗岩，而传统中国社会则像一盘散沙，每一粒沙子代表一个家庭。林先生的这种比较与比喻是相当形象和恰当的。西方有些学者正是在这个意义上将传统中国社会视为崇尚个人主义的社会。费孝通在《乡土中国·生育制度》中也曾对传统中国社会与西方社会的结构作过比较，认为传统中国社会的基本结构是"差序格局"，现代西方社会的基本结构是"团体格局"。"差序格局"是一个"一根根私人联系所组成的网络"，这些私人联系靠道德要素维持，社会道德也只有在这些私人联系中才有可能发生意义。②

"差序格局"是由从己向外推所构成的社会范围，每个人都从"己"出发推出去，沿着各种不同的路线形成一个个的私人联系，亲密程度由近及远，"好像把一块石头丢在水面上所发生的一圈圈推出去的波纹，每个人都是他社会影响所推出去的圈子的中心。被圈子的波纹所推及的就发生联系"③。其中最重要的是亲属关系，它是基于生育与婚姻事实而形成的社会关系。这是由亲属关系所联结成的社会关系网络，这个网络是

---

① 董才生：《偏见与新的回应——中国社会信任状况的制度分析》，《社会科学战线》2004年第4期。

② 费孝通：《乡土中国·生育制度》，生活·读书·新知三联书店1998年版，第31页。

③ 费孝通：《乡土中国·生育制度》，生活·读书·新知三联书店1998年版，第26页。

以"己"为中心的。因此，有多少个人就能形成多少个以"己"为中心的网络。传统中国的整个社会就是由无数个网络或"差序格局"纵横交叉所构成的一个网络系统。这个复杂的网络系统是以传统的伦理道德规范为基础，并靠它来维持的。传统中国社会以亲属血缘关系联结成一个庞大的、无数个以"己"为中心的网络或"差序格局"系统。与此同时，也以地缘关系联结成一个同样庞大的、无数个以"家"或"家族"为中心的圈子或"差序格局"系统。这个社会圈子系统也以传统伦理道德规范为基础，同时也由它来维持。这些社会范围与社会圈子或"差序格局"是交叉重叠的，并且具有很大的收缩性。每一个人作为他的社会范围的中心，他同时又是每个家庭或家族的一分子，存在于每一个家庭或家族中，家或家族是他开展社会活动的基本场所。虽然每一个范围与社会圈子或"差序格局"是开放的，但作为整个社会范围与社会圈子或"差序格局"系统却是封闭的。因此，传统中国的社会信任以家或家族为基本的载体，以传统伦理道德规范为基础而产生，也以它来作为保障，并作为一种强大的社会资本存在于无数个纵横交叉的"差序格局"系统中，维持着整个社会范围与社会圈子或"差序格局"系统，从而使中国封建社会长期延续几千年而不崩溃。

总之，中国封建社会不像韦伯等西方学者所认为的那样，是一个社会信任度很低的社会，反而是一个社会信任度相当高的社会。中国封建社会的社会信任不是一种"外在制度型"或"法制型"社会信任，而是一种"内在制度型"或"道德型"社会信任。中国封建社会就是一个由这样强大而高度的社会信任作为内在支撑的超稳定社会。正是这种强大而高度的"内在制度型"或"道德型"社会信任的生生不息，才使中国封建社会长期延续几千年而不崩溃。

（载于《社会科学战线》2006 年第 6 期）

当代西方社会学信任研究的新趋势

　　许多古典与现代西方社会学家很早就对信任以及与信任有关的现象展开了研究，如迪尔凯姆（Durkheim）、帕森斯（Parsons）分别探讨了与信任有关的"社会团结"与"承诺"等现象，而韦伯（Weber）与齐美尔（Simmel）则直接研究了信任问题。虽然韦伯与齐美尔只是一般而零散地研究了信任的一些最基本问题（如信任的基础、本质、类型与功能等），但他们却取得了许多富有开创性的研究成果，这些研究成果为当代西方社会学的信任研究奠定了坚实的理论基础。

　　20世纪70年代，当代西方社会已开始由工业社会向"后工业社会"转型，社会转型使得社会团结、社会合作等基础受到"侵蚀"，因而为社会团结、社会合作寻找新的替代物，为社会秩序寻找新的整合基础成为社会学界的一种新共识，于是，信任问题进入了社会学的视野。西方社会学理论的研究重点也发生了转向，即由过去着重"硬变量"开始转向关注"软变量"，（什托姆普卡，2005）即主要聚焦于文化研究。社会发生的重大变迁的现实激励以及社会学本身具有的对重大社会问题的敏感性与积极关注的品格使得当代西方社会学理论自然将信任作为自己研究的一个前沿课题。

　　当代西方社会学家对于信任问题的研究投入了极大的热情与精力，并在短短20多年的时间里掀起了一股信任研究的热潮。其主要标志是，许多社会学家发表了大量的研究成果，如卢曼（Luhmann）的《信任与权力》（1979），巴伯（Barber）的《信任的逻辑与局限》（1983），格兰诺维特（Granovetter）的《经济行为与社会结构：嵌入问题》（1985），祖克尔（Zucker）的《信任的产生：经济结构的制度来源》（1986），科尔曼（Coleman）的《社会理论的基础》（1990），吉登斯（Giddens）的《现代性的后果》（1990）与《现代性与自我认同》（1991），普特南（Putnam）的《使民主运转起来：现代意大利的公民传统》（1993），福山（Fukuyama）的《信任：社会道德与繁荣的创造》（1995），佩雷菲特（Peyrefitte）的《信任社会——论发展之缘起》（1995）以及米斯兹塔尔（Misztal）的《现代社会中的信任：社会秩序基础的探求》（1996）等。

从以上这些当代西方社会学家的信任研究成果中我们可以发现，当代西方社会学的信任研究正呈现出以下三个方面的新趋势。

一 信任研究的理论自觉性日益增强

信任研究的理论自觉性指的是社会学家自觉地以某一种社会学理论与方法去研究信任问题。这种研究最早开始于"常人方法学"的创始人加芬克尔（Garfinkel）。他在《常人方法学研究》与《作为稳定的协同行动的条件的信任：概念和实验》中，从"常人方法学"角度研究信任，认为应从"一些使普通事物具有人们所熟悉的、日常特征的期望"（Carfinkel H.，1967）入手开展信任问题的研究，因而信任就是"对普通的和日常的道德世界的持续、规则、秩序和稳定性的期望"（巴伯，1989），信任是稳定协同行动的条件。加芬克尔自觉地以"常人方法学"理论与方法研究信任，这在西方社会学信任研究的历史上尚属首次。当代西方社会学家，如卢曼、吉登斯等继承了加芬克尔信任研究的思路，也以自己创立的社会学理论与方法开展信任问题的研究。

卢曼在《信任与权力》中以新功能主义理论与方法研究信任，认为信任不是心理学意义上微观的个体信任或"私人信任"，而是一种社会关系结构意义上宏观的"系统信任"，一种靠着超越可以得到的信息所概括出的期望："在其最广泛的含义上，信任指的是对某人期望的信心，它是社会生活的基本事实。"[1]"每一天，我们都把信任作为人性和世界的自明事态的'本性'。在这个最基本的层次上，信心是世界的自然特征，是我们借以过日常生活的视域的必要部分，但它不是意向中的（因而是易变的）经验的构成因素。"[2]卢曼还将信任的问题界定为社会复杂性，将信

---

[1] ［德］卢曼：《信任：一个社会复杂性的简化机制》，瞿铁鹏等译，上海人民出版社2005年版，第1—2页。

[2] ［德］卢曼：《信任：一个社会复杂性的简化机制》，瞿铁鹏等译，上海人民出版社2005年版，第10页。

任看成是人与社会复杂性遭遇时所出现的心理状态，认为信任是"构成了复杂性简化的比较有效的形式。"（卢曼，2005）由于社会复杂与理性有限，人类无法获取完整的信息，因而可以通过信任来弥补理性的不足以及由此带来的信息不完整的缺陷，来减少社会交往过程中的复杂性，从而确保内心的安全感。因而信任是"简化社会复杂性的机制之一"，而"复杂性的简化因为其主观性而采取了特殊的形式。我们可以把这些形式描述为不确定性被吸收，或被容忍的程度变化。系统用内在的确定性代替外在的确定性，因而提升它对外部关系中不确定性的耐受性。复杂性如何减少的问题，与它在环境中的存在有关，因而转变为这种内在确定性次要问题的一部分。"① 总之，卢曼认为："在任何情况下，信任都是一种社会关系，社会关系本身从属于特殊的规则系统。信任在互动框架中产生，互动既受心理影响，也受社会系统影响，而且不可能排他地与任何单方面相联系。"② 卢曼从宏观的社会关系结构角度研究信任，为社会学开展信任研究提供了范例。其后的社会学家基本上沿袭了卢曼的研究思路，从社会制度和社会文化规范角度展开信任的研究。

吉登斯在《现代性与自我认同》和《现代性的后果》中，以现代性理论研究信任，主要研究了现代性制度与信任之间的关系。吉登斯从现代性理论出发对现时代信任的本质、类型、作用以及信任产生的基础与机制等问题做了深刻的分析。吉登斯认为现代性是属于制度层面的，"它首先意指在后封建的欧洲所建立的而在 20 世纪日益成为具有世界历史性影响的行为制度与模式。"（吉登斯，1998）而信任就是"对一个人或一个系统之可依赖性所持有的信心，在一系列给定的后果或事件中，这种信心表达了对诚实或他人的爱的信念，或者，对抽象原则（技术知识）之正确性的信念。"（吉登斯，2000）很明显，吉登斯对于信任的看法是比较宽泛的，既包括"人对物的信任"，又包括"人对人的信任"。"人对物的信任"不是指对某一事件的信任，而是指对某一系统的信任。系统指的是抽象系统，它由象征标志和专家系统所组成。吉登斯认为，一般而言，随着现代性制度的发展，"人对人的信任"将会逐步被"人对系

---

① ［德］卢曼：《信任：一个社会复杂性的简化机制》，瞿铁鹏等译，上海人民出版社 2005 年版，第 35 页。

② ［德］卢曼：《信任：一个社会复杂性的简化机制》，瞿铁鹏等译，上海人民出版社 2005 年版，第 6—7 页。

统的信任"所代替,在当今晚期现代性的全球化风险时代,"人对人的信任"在实现个人的自我认同以及抵御全球性风险中将起到独特的作用。因此,在当代虽然信任基础、机制与过去有所不同,但"人对人的信任"与"人对系统的信任"却具有同等重要的地位。

吉登斯还进一步将信任分为一般信任与基本信任。他认为一般信任是对个人或抽象系统所给予的信任,这种信任产生于无知或缺乏信息时的"盲目信任";基本信任是对其他人的连续性及客观世界的信任。(吉登斯,1998)这种基本信任产生于儿童早期的经验。吉登斯认为,在儿童生活的早期就存在"本体安全感"的需要,在正常环境中,儿童对于看护者所产生的基本信任可以被看成是一种抵御"存在性焦虑"的情感疫苗。基本信任以一种本质的方式与时空的人际组织相联结。从早期生活开始,在潜在空间中,在婴儿和看护者之间关系的锤炼过程中,习惯和惯例扮演着基本的角色。在个体的后期活动中,惯例、协调性的习俗与本体安全感之间的核心联结得以建立。(吉登斯,1998)吉登斯强调了惯例、习俗等制度在塑造信任、获取安全感、克服焦虑方面的基础作用,因而他的信任研究是卢曼信任研究的一种展开与具体化。

二 信任研究的范围日益集中

在当代西方社会,"人们出于各种目的创建的社会组织正在取代社会赖以发展的各种原始社会组织",(科尔曼,1999)原始社会组织的衰亡成为一种普遍现象,而普遍存在的是现代社会组织。具体而言,家族早已衰落,家庭规模也在不断缩小,而"道德性社团"与"法人组织"等现代社会组织普遍存在。因而家族或家庭无法充当当代西方社会信任产生与存在的基本载体。于是,人们纷纷从类似于家族或家庭的"道德性社团"与"理性化程度高"的"法人组织"中获取信任。从"道德性社团"中获取的信任产生和存在于"道德性社团"中,它以伦理道德为基础,可以称之为"道德型"信任。从"法人组织"中获取的信任产生和存在于"法人组织"中,它以法律制度为基础,可以称之为"法制型"信任。当代西方社会大量存在的是"法人组织",它们主要是一些经济、政治组织,因而在当代西方人们除了从"道德性社团"中获取"道德型"

信任之外，主要从这些"法人组织"中获取大量的"法制型"信任。当代西方社会学的信任研究顺应了社会发展的这一趋势而日益将信任研究的范围集中于这两种类型信任的研究，并在较短的时间里取得了非常突出的研究成果。

福山与科尔曼是研究这两种类型信任的主要代表。福山在《信任：社会道德与繁荣的创造》中重点研究了"道德性社团"的信任问题。福山认为信任指的是"在一个社团之中，成员对彼此常态、诚实、合作行为的期待，基础是社团成员共同拥有的规范，以及个体隶属于那个社团的角色。"（福山，1998）因此，在社团成员之间产生的相互信任、相互期待，是基于社团成员共同拥有的道德规范，这些道德规范是以一定的社会价值观为基础。社团成员具有先天的道德共识，是他们将社会道德内化之后形成的，它们使社团成员之间形成了自愿结合的"自发社交力"。因此，社团成员彼此之间做出的信任行为是一种自愿的行为，信任的自愿性源自于内化的道德规范，道德是社团成员之间产生相互信任的基础。

科尔曼在《社会理论的基础》中直接借用新古典经济学的理性选择理论与方法重点研究了"法人组织"中的信任问题，强调了即时的利益以及委托人与受托人的成本——效益的计算在信任形成与发展中的作用，认为信任是一种在风险条件下的理性行为，是委托人与受托人之间理性博弈的结果。委托人为了在风险条件下最大限度地获得个人利益，必须在拒绝或给予受托人信任之间作出选择。在委托人拒绝信任受托人的情况下，原有的利益不变。在委托人给予受托人信任的情况下，预期获得的利益等于可能所得与成功机会的乘积（$G \times P$）减去可能所失与失败机会的乘积（$L \times (1-P)$）。如果被减数大于减数，即成功机会与失败机会的比例大于可能所失与可能所得的比例，委托人作为一个理性行为者就应该给予受托人信任。这个过程用公式来表示就是：$P/(1-P) > L/G$ 或 $G \times P > L \times (1-P)$。（科尔曼，1999）

总之，通过福山与科尔曼的努力，"道德性社团"的"道德型"信任与"法人组织"的"法制型"信任日益成为当代西方社会学信任研究的两大基本内容。

三 信任研究的主题日益具体而系统

当代西方社会学的信任研究不仅其理论自觉性日益增强、内容日益集中，而且主题日益具体与系统，尤其是对于信任功能（包括经济与社会功能两个方面）这一主题，已不像古典与现代社会学那样只是一般而零散地探讨，而是具体而系统地开展研究。

格兰诺维特、祖克尔、福山等社会学家将信任作为社会资本的一种特定形式，系统地研究了信任社会资本在经济发展中的具体作用，即维持与扩展经济秩序，降低经济交易成本，提高经济效率与效益，促进经济的繁荣与发展。

格兰诺维特在《经济行为与社会结构：嵌入问题》中，从"嵌入理论"出发，认为在经济活动中行动者嵌入具体的人际关系和网络之中，使行动者之间产生的彼此的信任感，就能有效地阻止各种互相破坏、互相欺诈行为的发生，（Granovetter, Mark, 1985）从而维持了经济秩序，同时也降低或节省了为防止欺诈、破坏及处理争端所需的交易成本。因此，在人际互动中产生的人与人之间相互信任是从事经济交易的必要基础，也是决定交易成本的重要因素。

祖克尔在《信任的产生：经济结构的制度来源》中具体研究了美国家族企业向现代经理式企业演变的过程，认为特殊主义信任向普遍主义信任的转变是美国家族企业向现代经理式企业演变的主要内在动力。（Zucker, 1986）因为秉持特殊主义信任的经济行为者，在市场经济交易过程中，对于不同的人会采取不同的交易规则，这就不利于市场经济秩序的扩展；而秉持普遍主义信任的经济行为者，在进行市场经济交易过程中对于不同的人采取了同样的交易规则，这就有利于市场经济秩序的不断扩展。因此，特殊主义信任向普遍主义信任的扩展，推动了市场经济秩序从较小范围向更大范围的扩展，人与人之间的相互信任是市场经济秩序扩展的基础和基本力量。

福山在《信任：社会道德与繁荣的创造》中认为，每一个经济行为者在与其他经济行为者进行交易时，由于他们之间相互信任，不仅节省了交易时间，而且节省或降低了交易成本，从而大大提高了经济行为者的经济效率与效益。就企业这一经济行为者而言，由于企业内部成员之间的相互信任，使企业成员之间产生了高度的团结心，从而提高了企业的经济效率。由于企业内部成员之间的相互信任也使企业在社会中经营的物质成本低廉，从而提高了企业的经济效益。福山通过研究各国的工业结构（包括企业规模、企业在整体经济里的分布，以及个别公司的组织方式等）后发现，在社会信任度不同的国家里，企业的规模是不同的。一国社会信任度的高低与该国经济规模大小存在着必然的联系。在社会中存在的人与人之间高度的相互信任，作为一种强大的社会资本，为大规模企业的产生创造了良好的条件。而企业规模的大小决定了一国在国际上的竞争力，从而决定了一国的经济兴盛与繁荣。

　　吉登斯和米斯兹塔尔等社会学家系统地研究了信任与社会秩序之间的具体关系，阐述了信任对于社会秩序所起的具体的基础作用。吉登斯在《现代性的后果》中探讨了秩序扩展的信任基础。然而，吉登斯所分析的"秩序问题"不是社会学传统意义上的秩序问题，即不是由迪尔凯姆、帕森斯等社会学家所探讨的作为社会整合来源的秩序问题，而是时空伸延问题。吉登斯认为，秩序问题就是时空伸延问题，"我们应该把对秩序的探讨变为社会体系究竟是怎样把时间和空间'连接'起来的。在这里，秩序问题应被看成是时间——空间伸延的问题，即：在什么条件下时间和空间被组织起来，并连接在场和缺场的？"（吉登斯，2000）吉登斯认为不能被完全控制的现代性，对于我们对自己个人认同的持续性以及对社会、物质环境的信赖构成了危险。因此，信任关系作为时空伸延的基础，也许是在现代条件下解决风险和危险的一种方法。

　　米斯兹塔尔在《现代社会中的信任：社会秩序基础的探求》中认为，信任作为一种社会机制，指的是"相信某人预期行为的结果是适当的"（Barbra A. Misztal，1996），它主要因社会关系以及内在于它们的义务而产生，社会中信任的形成是有关社会秩序的必要条件。为此，米斯兹塔尔将社会秩序划分成三类（即稳定的秩序、内聚的秩序与协作的秩序），并进一步分析了信任在这三种社会秩序中的特殊功能，即它可以是一种静默的背景，维持着不成问题的、合作关系的平稳运转；它可以是解决搭便车问题的一种方法；它有助于人们使自己的利益与其他人利益协调一致。米斯兹塔尔还在三种类型的社会秩序中理解信任，把信任理解为三种形式，即惯习、热情与策略。认为信任作为惯习，其运作通过互动规则、伸延规则以及记忆规则，通过习惯、名誉和记忆来维持集体秩序的稳定；信任作为热情基于熟悉、友谊纽带以及共同的信念与价值，创造着家庭、友谊和社团的内聚力；信任作为策略被看成是解决合作问题的一种机制，它培育团结、容忍以及权力的合法纽带这些有利于合作的因素。信任的三种形式不是可以相互替代的替代物，而是相互补充的三种社会资本类型。三种信任形式保证、维持、创造了三种社会秩序。（Barbra A. Misztal，1996）

总之，当代西方社会学信任研究已呈现出三大新的趋势，即信任研究的理论自觉性日益增强、范围日益集中以及主题日益具体而系统。这三大新趋势表明了西方社会学信任研究在当代已发展到了一个新的阶段，即已进入学科化、理论化与系统化阶段，从而预示了信任社会学作为社会学的一门新的分支学科在当代西方即将形成。

［载于《内蒙古大学学报》（人文社会科学版）2007 年第 5 期］

论当代中国的信任社会建设

在社会主义和谐社会建设初期，公平和效率的关系问题，改革、发展和稳定的关系问题是我们所面临的首要问题。随着社会主义和谐社会建设进程的不断推进，更为深层的问题逐渐凸显出来，如社会信任危机等，已严重影响了社会主义市场经济的稳定发展和社会主义和谐社会的顺利建设。因此，社会主义和谐社会建设重点转向了更为深层的信任社会建设。法国学者佩雷菲特（Peyrefitte）在《信任社会——论发展之缘起》（以下简称《信任社会》）中认为，信任社会是创造经济奇迹、促进经济发展和社会繁荣的基础，"对人持信任还是怀疑态度，尽管表现形式极不相同，却是对发展起决定性影响的文化、宗教、社会和政治行为的精髓"，"发展的动力最终存在于对个人能动性，对探索和创新的自由抱有的信心之中。这种自由深知其后果、义务、局限性，简言之，深知其责任，即自负其责的能力"。[①] 因此，一国要实现经济发展和社会繁荣的目标，"只有高度发展信任社会才是唯一的出路"[②]。信任社会建设将为社会主义市场经济的进一步发展和整个社会的繁荣昌盛创造良好的条件，从而也将为社会主义和谐社会建设奠定坚实的社会基础。

[①] ［法］阿兰·佩雷菲特：《信任社会——论发展之缘起》，邱海婴译，商务印书馆2005年版，第7页。

[②] ［法］阿兰·佩雷菲特：《信任社会——论发展之缘起》，邱海婴译，商务印书馆2005年版，第584页。

一 信任社会建设的思想前提：成功经验与思想精华

1. 传统中国晋商与现代美国信任社会建设的成功经验

在法律等外在制度缺失或极不发达的中国封建社会出现了像"晋商兴盛"这种奇特现象绝不是偶然的，说明传统中国虽然整体上没有产生高度的社会信任，没有建成完整的信任社会，但局部上作为"微型社会"的晋商票号却产生了高度的社会信任，从而形成了相当完善的"微型信任社会"。我们认为传统晋商成功与兴盛的深层原因是中国传统伦理道德以及以这种伦理道德为基础的、高度的"道德型"社会信任。传统的伦理道德是确定人与人之间尊卑长幼关系（即君臣父子关系）以及规范人们行为的准则，其本身也是中国传统文化的核心内容。传统晋商就是以这种伦理道德为基础成功地建构了一整套完善的管理体系以及维持这套管理体系的激励机制，从而保证其票号能够有效运转。传统中国的伦理道德在晋商票号的运行过程中培育与塑造了具有中国特色的"道德型"社会信任，这种社会信任是晋商票号有效运转的无形社会资本，也是它建成"微型信任社会"的基础。晋商靠着强大的有形物质资本、强劲的无形社会资本和"微型信任社会"兴起、繁盛并横行天下。

美国的社会信用制度建设模式是一种完全市场化的运作模式，即"市场主导模式"或"民营模式"，它与日本的"会员制模式"和欧洲的"政府主导模式"一起被称为社会信用制度建设的三大典型模式。美国的社会信用制度建设是以完善和发达的法律体系为基础的，随着市场的不断扩大，客观上需要相应的法律制度来规范信用行业以及相关的市场主体，于是，美国通过建立、完善、修改和信用管理有关的法律体系来为社会信用建设提供保障。具体而言，美国和社会信用相关的法律体系是以《公平信用报告法》《金融服务现代化法》为核心，以《平等信用机会法》《公平债务催收作业法》《诚实租借法》《公平信用结账法》《信用卡发行法》《公平信用和贷记卡公开法》《电子资金转账法》等相关法律为辅助共同构成的。① 其中，作为这一法律体系核心的《公平信用报告法》是规范信用报告行业的基本法，对于"消费者信用报告机构"和"消费者信用报告的使用者"这两大主体实施规范。它明确规定：消费者有权到信用局查阅其本人的信用档案记录，并有权要求调查和改正任何不正确之处。《公平使用报告法》同时还严格限制他人查阅信用档案，规定必须有被查阅人的书面同意才能查阅等。②

我们必须积极地吸取传统中国晋商与美国信任社会建设的成功经验，具体而言，在开展信任社会建设过程中，必须在加强法律制度建设的同时，加强道德制度建设，充分重视道德在信任社会建设中的独特作用，构建融合法律与道德的新型制度，真正做到法律建设和道德建设并重。

2. 佩雷菲特有关信任社会建设思想的精华

尽管佩雷菲特在《信任社会》中认为信任社会就是"信任品性渗透企业内部的社会"③，但是他并不局限于企业社会来理解信任社会，实质上，在他看来，信任社会就是信任品性渗透所有社会领域内部的社会。佩雷菲特认为信任品性在西方发达国家表现为"新教品性"，因而基督教改革是西方发达国家信任社会建设的有效途径。19 世纪末的日本和 20 世纪末的亚洲"四小龙"也具有类似于"新教品性"的特征，因而佩雷菲特也称这些国家或地区为"具有新教品性"的国家或地区。④ 与西方发达国家一样，这些国家或地区也具有所谓的"竞争性信任品性"。尽管这些国家或地区没有经历过西方那样的宗教改革，但正是这些"竞争性信任品性"造就了这些国家或地区巨大的经济成就和社会繁荣。这些"竞争性信任品性"不是通过宗教改革，而是通过类似于宗教改革那样的精神革命或文化革命而被催化、激发。佩雷菲特在《论经济"奇迹"——法兰西学院教程》中深刻地分析了日本成功、崛起的原因，⑤ 认为在日本发

① 李新庚：《中国信用制度建设干部培训读本》，中共中央党校出版社 2002 年版，第 104—111 页。

② 潘金生等：《中国信用制度建设》，经济科学出版社 2003 年版，第 386 页。

③ ［法］阿兰·佩雷菲特：《信任社会——论发展之缘起》，邱海婴译，商务印书馆 2005 年版，第 554 页。

④ ［法］阿兰·佩雷菲特：《信任社会——论发展之缘起》，邱海婴译，商务印书馆 2005 年版，第 692 页。

⑤ ［法］阿兰·佩雷菲特：《论经济"奇迹"——法兰西学院教程》，朱秋卓、杨祖功译，中国发展出版社 2001 年版，第 204—222 页。

生了一场真正的精神革命或文化革命，那场精神革命或文化革命确实是
"日本式的、务实的且充满激情的革命。这场革命使某些精神禀性脱颖而
出，这是传统日本到那时为止不曾体验过的，诸如好奇心，适应感，教
育情趣，至善主义，崇尚简易、美观、实用物品，共同协作的能力，在
团队中完成自我实现，完成日本民族的集体实现等等"①。因此，在佩雷
菲特看来，日本尽管没有经历像西方那样的宗教改革，但也通过类似于
西方基督教改革那样的精神革命或文化革命，显露了类似于西方新教的
信任品性，建成了具有自身特色的信任社会，从而使日本崛起，经济与
社会繁荣发展。

佩雷菲特的信任社会建设思想包括两个方面：首先，要重视深层的
精神、文化因素在信任社会建设中的作用。佩雷菲特认为信任品性是资
本与劳动之外的第三种非物质要素，是经济发展和社会进步的内在本原
和持久动力。信任源于信任品性，而信任品性就是有利于信任产生、运
作、维持与扩展的品性，信任社会是整个社会渗透信任品性的社会。因
此，信任社会的建设必须重视信任品性这种精神、文化因素。其次，深
层的精神、文化革命是信任社会建设的基础。佩雷菲特认为西方发达国
家信任社会的建设机制是一种"宗教建设机制"，即通过宗教改革来建设
信任社会的机制。而宗教改革是一场精神、文化革命，因而其他国家要
建设信任社会必须进行类似于宗教改革那样的精神、文化革命，只有通
过这种精神、文化革命才能为信任社会的建设提供坚实的文化基础。

二　信任社会建设的文化基础：文化变革②

佩雷菲特在《信任社会》中认为文化革命是信任社会建设的基础，
西方发达国家信任社会建设成功的一个主要原因在于实现了一次基督教
改革这样的文化革命或精神革命。新教改革"释放了承继于中世纪基督
教国家的政治和社会组织所遏制或抑制的力量。但这些力量并非仅仅产

---

① ［法］阿兰·佩雷菲特：《信任社会——论发展之缘起》，邱海婴译，商务印书馆2005
年版，第563—564页。

② 为避免对于"文化革命"的误解，我们将它改为"文化变革"。

生于宗教改革：宗教改革发现了这些力量，这些力量也支持了宗教改革。宗教改革与经济发展之间确实存在亲缘关系，但不是直系亲属关系"①。宗教改革释放和激发了信任品性，并在 16 世纪末直接造成了欧洲一些国家之间明显的经济差异，即"西方基督教民族 16 世纪末就表现出明显的经济差异。北欧诸国后来居上，超越了信奉天主教的欧洲国家，成了创新和现代化的策源地"②，最终造成了"'信奉天主教'的欧洲国家经济日趋衰落，而进行了新教改革的欧洲国家经济腾飞，蒸蒸日上"③。佩雷菲特在《信任社会》中谈到宗教改革与经济发展之间的关系时，实际上是将信任品性与信任社会作为它们之间的一个中间变量来理解的，即宗教改革释放和激发了信任品性，而信任品性渗透于社会的各个领域，形成了信任社会，从而促进了经济增长。因此，像宗教改革这样的文化革命是信任社会建设的关键。日本和"亚洲四小龙"尽管没有实行西方那样的宗教改革，但事实上也进行了类似于宗教改革的文化革命，这些国家（地区）通过文化革命释放和激发了信任品性，并使信任品性渗透于整个社会，造就了类似于西方的信任社会，从而促进了它们的经济发展和社会繁荣，进入发达国家或地区的行列。

我国也需要实行一场真正的文化变革，其目的就是为了释放和激发信任品性，为中国特色的信任社会建设奠定坚实的文化基础，从而促进我国的社会主义和谐社会建设、社会主义市场经济建设。

我国要实行文化变革一定要做到以下两个方面：

首先，一定要深深植根于我国的传统文化。文化变革是基于原有文化并对它进行改造，而不是完全抛弃或否定传统文化。例如西方经过宗教改革后的新教，并没有完全抛弃或否定基督教的基本教义，只是在某些方面给予新的诠释。又如日本，在系统而富有创意地模仿西方文化的同时，完好无损地保留了日本原有文化的特性。另外，佩雷菲特提醒我们一定不要认为"只要愿意下工夫进行精神和伦理革命，信任品性就会

---

① ［法］阿兰·佩雷菲特：《信任社会——论发展之缘起》，邱海婴译，商务印书馆 2005 年版，第 550 页。

② ［法］阿兰·佩雷菲特：《信任社会——论发展之缘起》，邱海婴译，商务印书馆 2005 年版，前言第 5 页。

③ ［法］阿兰·佩雷菲特：《信任社会——论发展之缘起》，邱海婴译，商务印书馆 2005 年版，前言第 5 页。

到处产生相同的效果"，因为信任品性发挥作用的条件是，它"在一定时候被一定社会所体验就变成了这个社会的习俗。它以个别的历史为基点发育成长，为人们所接受"①。因此，文化变革一定要立足于传统文化，所采取的方式一定能够为传统文化所容纳、接受。

其次，要有适合自身的文化变革方式。并不是所有文化都以同等的方式被加以改造，比如西方的文化变革（对基督教的改造）是通过宗教改革这种特有的方式，日本对于原有文化的改造则是通过有选择地、创造性地模仿西方文化这种方式来实现的。因此，认为所有文化都应该以同等方式来加以改造是一种机械论的观点。其实质就是忽视本土文化的特色而强调机械模仿，毫无选择和创造性地引进、运用外来文化，这种观点在现实生活中也是极其有害的。为此，佩雷菲特在《信任社会》中指出："但若是低估可以调动的潜能，低估摆脱不发达状态的集体意志可能引发潜能释放的力量，也是不对的。"② 日本是我国进行文化变革的榜样，我国的文化变革也应是具有中国特色的文化变革。

三　信任社会建设的制度保障：制度创新

佩雷菲特在《信任社会》中认为，作为人类秉性的信任品性发挥作用的机制，"首先是一种个人和社会的解放，是对业已实现的平衡之惰性、权威的重压或风俗的黏胶式藩篱的挣脱。是踏上建设之路，而非叛乱、摧毁之路，建设一个物质需求能够不断得到满足、自然愿望能够不断发展的世界"③。文化变革的目的是为了释放和激发信任品性，而文化变革必然引发以它为基础的制度创新，即由道德等内在制度和法律等外在制度所构成的整个制度系统的创新。这些创新的制度将保障信任品性的积极发挥。在我国，加强由道德等内在制度和法律等外在制度相融而

① ［法］阿兰·佩雷菲特：《信任社会——论发展之缘起》，邱海婴译，商务印书馆2005年版，第562页。
② ［法］阿兰·佩雷菲特：《信任社会——论发展之缘起》，邱海婴译，商务印书馆2005年版，第564页。
③ ［法］阿兰·佩雷菲特：《信任社会——论发展之缘起》，邱海婴译，商务印书馆2005年版，第551页。

形成的"综合型"制度建设是保障信任品性积极发挥,从而保障信任社会建设成功的基础。因此,我们认为当代中国信任社会制度建设的具体路径是,先建设"综合型"制度,然后在此基础上建设"综合型"社会信任和"综合型"信任社会。

1. "综合型"制度建设

中国传统社会信任和信任社会的基础是以道德等内在制度为主导的制度系统。新中国成立到改革开放前,从本质上说这种制度系统的性质仍然没有改变。[①] 改革开放后,尤其在社会主义市场经济建设初期,开始重视以法律等外在制度为主导的制度系统建设,此后的社会信任和信任社会建设也是以这种制度系统为基础的。然而,中国社会主义市场经济以这种制度系统为基础,也难免会产生类似于资本主义市场经济的种种弊端。当代中国社会主义市场经济的制度基础本质上不同于资本主义市场经济,更不同于传统中国社会的农业经济。这不仅是由社会主义的本质决定的,也是由中国的历史文化传统决定的。因此,当代中国社会信任和信任社会的建设不是以道德等内在制度为主导的制度系统为基础,也不是以法律等外在制度为主导的制度系统为基础,而是以扬弃了这两种制度的优长和不足之后所形成的"综合型"制度为基础。

所谓社会主义市场经济是道德经济的说法,强调了社会主义市场经济的道德基础,所谓社会主义市场经济是法制经济的说法,则强调了社会主义市场经济的法制基础,所谓社会主义市场经济既是道德经济又是法制经济的说法,则强调了社会主义市场经济的道德与法律基础。这种主张与我们对于社会主义市场经济性质的理解是不同的。我们所理解的社会主义市场经济既是道德经济同时又是法制经济,强调了社会主义市场经济制度基础的内在融合性、综合性、一致性,即社会主义市场经济是以道德与法制这两种制度相互交融而形成的"综合型"制度为基础的。也就是说,我们所要建设的作为社会主义市场经济基础的制度,既克服与消除了道德等内在制度与法律等外在制度各自的不足,又保留与发扬了它们各自的优长,是一种道德等内在制度与法律等外在制度相互交融而形成的"综合型"制度。我们所要建设的当代中国社会信任和信任社会,也应该是以这种"综合型"制度为基础的"综合型"社会信任和

---

① 谢遐龄:《中国社会是伦理社会》,《社会学研究》1996 年第 6 期。

"综合型"信任社会。

2. "综合型"社会信任和"综合型"信任社会建设

我们所要建设的当代中国的社会信任和信任社会，不仅以"综合型"制度作为基础，而且也是在扬弃两种不同的社会信任和信任社会形式的优长与不足的基础上形成的"综合型"社会信任和"综合型"信任社会。道德等内在制度是一种"软制度"，对于人们行为的约束基本上是一种非正式的"软约束"，这是它的一大优点，因为这种非正式的"软约束"有利于人们自觉自愿意识的培养与发挥，从本质上讲，它能有效地、长久地防止机会主义行为的发生。同时它又是对于人的自主性的一种认可与尊重，是人的自由与全面发展的一个必要条件。然而，道德等内在制度也有自身无法克服的缺陷或不足。道德等内在制度的"软约束"是从内部对人们实施的一种"非正式约束"，它要起作用取决于人们对内在制度的内化程度与人们的自觉意识程度。正是这种道德等内在制度的约束方式的"软弱性"与"非正式性"，将可能导致所谓的"道德风险"。传统中国的社会信任和信任社会是以道德等内在制度为基础的"道德型"社会信任和"道德型"信任社会，具有深厚的人文意蕴与高度人性化的优长，是一种程度较高的社会信任和信任社会，但同时它又是一种较为脆弱的社会信任和信任社会。只有在法律等外在制度的有效保障下，"道德型"社会信任和"道德型"信任社会才能成为一种强有力的、持久的社会信任和信任社会。

法律等外在制度是一种"硬制度"，对于人们行为的约束永远是一种正式的"硬约束"，这是它的优点之所在。因为一旦人们的行为违背法律，法律就能非常有效地实施惩罚。法律等外在制度的这种强制性，既节省了人们之间行为协调的成本，也防止了机会主义行为的发生。但同时它也有自身无法克服的缺陷，即它不能最终有效地防止机会主义行为的发生。在法律等外在制度的安排下，人们的行为并非完全出于自觉自愿，因而外在制度是低度人性化的，有时甚至是对人性的一种压制、摧残。法律等外在制度之所以具有这样的缺陷与不足，在于它缺乏道德等内在制度的强有力支撑。因此，以它为基础的"法律型"社会信任和"法律型"信任社会，是一种缺乏人文意蕴的、低度人性化的社会信任和信任社会。低度人性化的"法律型"社会信任和"法律型"信任社会需要高度人性化的道德等内在制度来支撑，只要加强道德等内在制度的有效供给，低度人性化的"法律型"社会信任和"法律型"信任社会就能转变为高度人性化的社会信任和信任社会。

因此，当代中国的信任社会，它的基础一定是一个恰当而有效的制度系统，即道德等内在制度与法律等外在制度之间是相互激励、相互促进、相互保障，也一定是道德等内在制度与法律等外在制度相互交融而形成的"综合型制度"，因而它本身一定是在对"道德型"社会信任和"道德型"信任社会与"法律型"社会信任和"法律型"信任社会的积极扬弃基础上形成的新的"综合型"社会信任和"综合型"信任社会。这种新的"综合型"社会信任和"综合型"信任社会是一种强有力的、持久的，具有高度人性化的社会信任和信任社会，不仅真正代表了社会信任和信任社会的发展方向，而且作为社会主义市场经济的内在支撑也必将促进社会主义市场经济持续、稳定地向前发展。

总之，当代中国的信任社会建设是社会主义和谐社会建设的核心内容，它只有在吸取传统中国晋商和现代美国信任社会建设的成功经验以及佩雷菲特有关信任社会建设思想精华的基础上，实现文化变革与制度创新相结合，才能获得成功。当代中国信任社会的建设成功必将有力地推进社会主义和谐社会建设以及社会主义市场经济的持续、稳定而顺利地向前发展。

（载于《社会科学战线》2013 年第 10 期）

网络化时代的社会信任发展趋势[①]

随着互联网技术的不断革新及其在社会生活各个领域的普遍应用，中国"网络化"进程快速发展。网络化已开始或正在改变中国的社会和权力结构。缺场交往已经迅速扩展，网民队伍快速扩大，网络交往活动空前活跃；来自基层社会以社会认同构成的信息权力，成为最有活力、最有影响、最广泛的新型权力。信息权力的地位凸显、作用放大、横向传递及其特有的运行机制，对于传统的政治、经济和思想文化权力，既是挑战也是机遇[②③]。

"网络化"在中国深入发展，表明中国开始形成网络社会。网络社会作为一种高级、新型的社会结构和社会形态，它的迅猛发展促使中国农业生产、工业生产日趋"网络化"，甚至也促使人们的日常生活以及人们的社会信任关系"网络化"，中国社会信任因"网络化"而呈现新的发展趋势：社会信任主体与客体的身份愈益多重而复杂；社会信任的内容、情境和范围极大扩展；新的社会信任模式与结构正在形成。

一　社会信任主体和客体的身份愈益多重而复杂

在中国的"前网络社会"，社会交往的主体和客体的身份一般都是确定的，即生活在一定社会制度之内、处于一定社会关系之中、属于某一社会群体或"社会圈子"的"社会人"（Social Man）。传统社会的主要特

---

① 与闻凤兰合作，闻凤兰，吉林大学马克思主义学院教授。
② 刘少杰：《网络化时代的社会结构变迁》，《学术月刊》2012 年第 10 期。
③ 刘少杰：《网络化时代的权力结构变迁》，《江淮论坛》2011 年第 5 期。

点是以具体的亲情关系（包括血缘、地缘关系，亲戚、朋友关系等）为基础，并且社会流动性小，人们基本上生活在一个熟人的圈子里。现代社会的特点是社会流动性大，人们基本上生活在一个陌生人的世界里。吉登斯在《现代性的后果》中，对于传统社会或前现代社会、现代社会中"熟人"和"生人"或"陌生人"概念进行了深入的讨论。吉登斯认为，在前现代社会，人们经常与之打交道的人大多是"熟人"，他们一般是指"曾经见过但不是相知甚多的人"和"相见而相知甚多的人"，而在现代社会人们会花大量时间与陌生人打交道，那些陌生人是他们从未见过或知之甚少的人。① 由此可见，传统社会和现代社会中的"熟人"和"生人"的内涵，随着社会的发展而发生了变化。如果说传统社会和现代社会中的"熟人"和"生人"有着明确的界限的话，那么在网络社会中这种"熟人"和"生人"的界限模糊了，社会交往主体和客体的身份也发生了重大的变化，即由作为"社会人"的"熟人"和"生人"转变为"社会人"和"网络人"（Cyber‐People）。

也就是说，在网络社会中，社会交往主体和客体的身份，由"社会人"和"网络人"取代了传统社会和现代社会具有"社会人"身份的"熟人"和"生人"。②

在网络社会中，人们经常穿梭于现实社会与"虚拟社会"之中，不断转换"社会人"或"网络人"的身份进行交往。也就是说，人们在不同的时间、不同的空间，既可以作为一个"社会人"，也可以作为一个"网络人"来与其他的"社会人"或"网络人"进行交往。因此，在网络社会中，在某一次交往活动中，交往的一方对另一方的身份不一定限于"前网络社会"中的"社会人"（"熟人"或"生人"）对"社会人"，也有可能出现"社会人"对"网络人"，"网络人"对"社会人"，或者"网络人"对"网络人"。"社会人"都是"实名的"（骗子除外），而"网络人"都是"匿名的"（如果两个交往者只是将"虚拟网络"作为一种交流的手段、工具或平台，那么他们完全可以进行实名交流）。在笔者看来，"实名"是"社会人"的本质特征，"匿名"是"网络人"的本质

---

① ［英］安东尼·吉登斯：《现代性的后果》，田禾译，译林出版社 2000 年版，第 69—72 页。

② 现代社会因其"流动性"而产生了一个"生人社会"，而网络社会也因其"开放性"而产生了一个"网络人社会"。

特征。"实名"的"网络人"就不是真正的"网络人",换句话说,如果"网络人"都用"实名",那么他们就转变为"社会人","虚拟社会"也就转变为现实社会,"虚拟社会"也就不是一个单独的社会空间,而成为"社会人"交往、交流的手段、工具或平台。2012 年 12 月 24 日全国人大常委会第三十次会议审议的《关于加强网络信息保护的决定草案》,规定实行网络身份的后台实名制管理制度,要求网络用户在"后台"提供真实身份信息,同时允许他们在"前台"发布信息时可以使用其他名称,即可以"匿名"。因此,即使正式实施网络实名制,也并没有从根本上改变"网络人"的"匿名"特点。

二 社会信任的内容、情境和范围极大扩展

如果我们从"社会人"和"网络人"关系的角度对网络社会信任内容做一划分,网络社会信任又可以分为"社会人之间的信任""社会人和网络人之间的信任"以及"网络人之间的信任"等。而"网络人之间的信任"(即"虚拟信任"),则是一种"网络人"之间真正基于"虚拟社会"本质特征之一的"平等性"的横向社会信任。

在"前网络社会"中,无论是在传统社会还是在现代社会,社会信任大多是在一种"现实在场"(Real Presence)的"熟人"或"生人"之间的交往过程中产生的。而在网络社会中,社会信任则既可产生于"现实在场"或"现实缺场"(Real Absence)的"社会人"之间的交往过程中,也可产生于"虚拟在场"(Virtual Presence)或"虚拟缺场"(Virtual Absence)的"网络人"之间的交往过程中,甚至还可以产生于"在场"或"缺场"的"社会人"与"网络人"之间复杂的交往过程中。[①] 也就是说,网络社会中社会信任的情境比"前网络社会"更为广大复杂,缺

---

① "在场"与"缺场"的区别在于交往者是不是"面对面"的,如果交往者是"面对面"的,那么他们就是"在场的",反之则是"缺场的"。"现实在场"指的是"社会人"之间"面对面"交往的情境;而"现实缺场"指的是"社会人"之间"非面对面"交往的情境,如通过书信、电报、电话、Email、QQ 视频、微信视频、Facetime 视频等形式的交流。"虚拟在场"指的是"网络人"之间通过互联网视频进行"面对面"交往的情境,如通过 QQ 视频、微信视频、Facetime 视频等形式的交流;而"虚拟缺场"指的是"网络人"之间交往的情境,如通 QQ 语音、手机短信、手机微信等形式的交流。

场成为网络社会中人们之间交往、交流的主要情境，缺场交往、交流成为网络社会人们之间交往、交流的主要形式。而缺场交往、交流的广泛存在则是"脱域机制"在网络社会进一步发展的直接结果。吉登斯在《现代性的后果》中对现代社会的"脱域机制"做了非常深入的探讨。在吉登斯看来，所谓脱域指的是社会关系从彼此互动的地域性关联中，从通过对不确定的时间的无限穿越而被重构的关联中"脱离出来"，而象征标志（Symbolic Tokens）和专家系统（Expert System）由于它们将社会关系从具体情境中直接分离出来，因而它们是现代社会两种基本的脱域机制①。笔者认为，由于微电子信息和通信技术的不断进步，脱域成为网络社会中的一种普遍现象，人们借助互联网经常进行各种各样的缺场交往、交流，互联网成为网络社会的一种主要的脱域机制②。由此可见，社会信任主体和客体的在场与缺场交往、交流是基于一定技术条件的，网络社会中的信任状况也因社会主体和客体的在场或缺场的情境不同而呈现很大的复杂性。

在"前网络社会"中，中国传统社会的信任范围和空间因社会流动性小，一般只局限于由熟悉的"社会人"所构成的"熟人社会圈子"，而现代社会的信任范围和空间则因社会流动性的增大而得以扩展，由传统社会的"熟人社会圈子"扩大到"陌生人社会"。即使这样，也很少突破国家的界限。在网络社会中，微电子信息和通信技术的不断革新和发展以及网络社会本身所具有的"开放性"和"全球性"特征，使得社会信任的范围突破了国家的界限，扩大到其他国家，甚至在技术条件允许的情况下，可以扩大到地球上的任何一个地方。也就是说，网络社会的"开放性""全球性"特征决定了网络社会信任范围的全球性。

三 新的社会信任模式与结构正在形成

社会信任模式指的是社会信任的形式，其基本的含义是"基于什么

---

① ［英］安东尼·吉登斯：《现代性的后果》，田禾译，译林出版社 2000 年版，第18—25页。

② 互联网使时间和空间获得了一种不同于现代社会的新形式，即"永恒时间"和"流动空间"，而正是这种时空新形式才使网络社会中的脱域成为一种普遍现象。

而信"或"因什么而信";社会信任结构是指社会信任整体各部分之间的构成方式。费孝通先生认为,中国传统社会是乡土社会或熟人社会,其社会关系是以道德、规矩、礼俗、习俗等为基础的,并从熟悉中认识和获得的一种个别联系;而现代社会或陌生人社会,其社会关系是以法律、契约等为基础的,是由陌生人结成的一种普遍联系,这种普遍联系基于抽象的普遍原则①。

韦伯在《儒教与道教》中将社会信任模式划分成"特殊主义社会信任模式"与"普遍主义社会信任模式"两种基本类型,认为传统中国的社会信任模式是一种典型的"特殊主义社会信任模式",因为它基于亲戚关系或亲戚式的纯粹个人关系,这种关系的基础是中国的儒家伦理,中国的儒家伦理只局限于家或家族之内的血缘共同体,因而由它造就的特殊主义社会信任无法挣断宗族的纽带。而西方的社会信任模式则是一种典型的"普遍主义社会信任模式",因为它基于超越纯粹个人关系的普遍联系,这种关系的基础是西方的新教伦理,西方的新教伦理能够超越家或家族的局限,因而由它所造就的普遍主义社会信任能够挣断宗族的纽带,突破血缘共同体的限制,适用于信仰和伦理生活方式共同体。②

网络社会是一个具有多元价值的、动态的、高度延展性的社会结构,它产生于不同的历史环境中,并在多种不同的文化背景下发展,它在全球范围内实时地存在,在结构上也是全球性的。③ 因此,不同文化之间的"通信协议"就成为网络社会的基石。这种"通信协议""能从根本上实现不同文化之间的通信,但是不一定共享价值观,而要共享通信价值"。这是一种"通信协议"文化,它"不是由内容组成,而是由过程组成。这是一种为了通信而通信的文化。这是一个没有尽头的文化意义网络,各种文化不仅可以共存,而且能在交流的基础上彼此交互并互相改变"④。这种"通信协议"是经由人们不断协商而形成的,而且是每一个通信者("社会人"或"网络人")必须遵守的全球性的协议,因而它超越了个

---

① 费孝通:《乡土中国 生育制度》,北京大学出版社1998年版,第10—11页。
② [德]韦伯:《儒教与道教》,王容芬译,商务印书馆1997年版,第289页。
③ [西]曼纽尔·卡斯特主编:《网络社会:跨文化的视角》,周凯译,社会科学文献出版社2009年版,第25—26页。
④ [西]曼纽尔·卡斯特主编:《网络社会:跨文化的视角》,周凯译,社会科学文献出版社2009年版,第44页。

人的"身份"（"社会人"或"网络人"）和"情感"（"熟人"或"生人"），超越了每一个民族国家所制定的"原则"或"制度"。因此，"通信协议"成为网络社会中人们进行交往、交流的一个新的规则或制度，成为网络社会信任的一个新的基础。

随着中国迈入网络化时代，中国也具有了"网络社会与工业社会、乡村社会、公有社会以及残存的社会共存"的特征，[①]"通信协议"正在成为中国人开展各种交往活动必须遵守的一个新规则或新制度，从而也正在成为中国网络社会信任的制度基础。这样，目前中国社会信任的基础就由原来以道德和法律等为主要内容的制度系统，扩展为一个以道德、法律和"通信协议"等为主要内容的制度系统。因此，目前中国，无论在现实社会还是"虚拟社会"，人们都在同一文化背景下开展各种各样的交往活动，都必须遵守主要由这一文化所孕育和塑造的道德和法律等制度，人们在与来自其他各种不同文化背景的人交往时，则主要遵守"通信协议"这一新的规则或制度，从而产生了基于"通信协议"的社会信任模式，这是一种比现代社会典型的"普遍主义社会信任模式"还要普遍和广泛得多的社会信任模式。

（载于《天津社会科学》2013 年第 5 期）

---

① ［西］曼纽尔·卡斯特主编：《网络社会：跨文化的视角》，周凯译，社会科学文献出版社 2009 年版，第 26 页。

论社会信任制度培育的内在机制①

　　制度是人类在社会交往过程中形成的一切社会交往行为模式，包括支配与约束人们社会交往行为的定型化、非定型化的规则与规范，包括习俗、惯例、道德规范等内在制度和法律制度、规定、规章等外在制度这两种基本类型。社会信任就是社会交往主体之间的相互信任，即社会交往主体之间对于对方能作出符合制度规则或规范行为的相互期望。因此，制度是社会信任的基础。而基于外在制度而产生的社会信任则可称之为"外在制度型"社会信任，基于内在制度而产生的社会信任则可称之为"内在制度型"社会信任。制度对于社会信任所起的基础性作用首先表现为制度培育了社会信任，而社会信任的制度培育是通过"制度化"与"社会化"来实现的。社会信任的制度培育经历了由"制度化"到"社会化"这样一个由"外"到"内"的长期而复杂的过程，内在制度与外在制度的"制度化"与"社会化"是社会信任制度培育的内在机制。

一　社会信任制度培育的"制度化"

　　国内外学术界有关"制度化"含义的理解不尽一致。根据《新牛津英语辞典》，制度化（institutionalization）主要有两层含义：一是使一种行为成为一种规范或原则；二是以某种固有的制度规范人的行为。（Judy Pearsall，1998）第一层含义强调了制度变革与创新，指的是将创新行为规范化，制度化就是行为的规范化；而第二层含义则强调了制度约束，反映的是将人们的行为纳入一种既定的制度规范之中。有的学者把制度化理解为"作为社会内部的非正式约束的惯例向作为人们行为的正式约

---

　　①　与王彦力合作。王彦力，吉林大学哲学社会学院 2012 级博士研究生。

束的法律规则的转化以及法律规则的体系化"①。这种理解实质上将制度化与制度演化相等同。有的学者反对这种理解，认为制度化并不是制度本身的演变，而是指"制度对人类现实的社会行动产生影响并使之模式化的过程"②。

我们基本上同意将制度化理解为"制度对人类现实的社会行动产生影响并使之模式化的过程"这种看法。因此，制度化不是制度本身的演化，也不是"使一种行为成为一种规范"，而是对人们的行为产生规范作用并使之模式化的过程。这种意义上的制度化具有两个基本作用：第一，促使人们认定某种行为的合理性。一般而言，符合制度规范的就是合理的行为，反之，就是不合理的行为。制度化就是合理化。第二，使人们的社会行为具有可期望性。制度化要求人们必须依循一定的制度规范实施行为，因此，这种行为是可期望的。人们行为的可期望性依据是制度规范及其对于人们行为的制约。③

外在制度与内在制度的制度化方式是不同的。外在制度的制度化主要通过正式的强制性方式或手段，如贯彻、实施与执行等来实现；而内在制度的制度化则主要通过非强制性的方式或手段，如教育、宣传、说服、舆论引导等来实现。然而，无论是内在制度还是外在制度，在制度化过程中对人们来说都是一种外在的力量。外在制度无疑是一种强制性的外在力量，它需要通过强制性的方式或手段来实施。外在制度的这种强制性在制度化初期或制度化程度很低时表现得较为明显。然而，当外在制度的制度化发展到一定阶段或达到一定程度，或已开始"社会化"阶段，即人们已能清楚地理解、认可、接受甚至遵守外在制度的时候，外在制度的这种强制性作用会渐渐地自动消退，人们也开始由"被动"转向"主动"地遵守外在制度。一般而言，外在制度对人们的行为发生作用，要通过具体的社会交往活动，如经济交易活动等，在这些活动过程中逐步培育制度意识，并在实际的运用中达到对于制度一定程度的自觉遵守。

内在制度虽然具有实施的非强制性，因为它的实施不是靠强制性的

---

① 韦森：《社会秩序的经济分析导论》，上海三联书店 2001 年版，第 270 页。
② 陆学艺：《社会学》，知识出版社 1996 年版，第 284 页。
③ 陆学艺：《社会学》，知识出版社 1996 年版，第 284—285 页。

方式或手段，而是通过教育、宣传等形式，它不追求即时性的效果，而几乎是在"潜移默化"的过程中影响人，但最初它也是一种外在的力量。因此，它与外在制度一样也需经历制度化的过程。这种制度化事实上从人们很小的时候就开始了，与社会化（Socialization）几乎是同一过程。在这一过程中人们逐渐认可、接受内在制度，"内化"内在制度，并进一步把它转化为某种信念。

内在制度与外在制度的制度化，除了在方式上不同之外，在与社会化的关系上也是不同的。外在制度的制度化与社会化是不同步的，一般而言，制度化在先，社会化在后；而内在制度的制度化与社会化几乎是同步的。人们行为的自觉化、人性化程度决定于人们"内化"制度规范的程度。由于内在制度的制度化很少具有强制性的特点，因而在这一过程中人们的行为比在外在制度的制度化过程中具有更高程度的自觉化、人性化程度。这就决定了外在制度与内在制度的制度化所培育的社会信任所体现的行为的自觉化、人性化程度的不同。外在制度在制度化阶段所培育的"外在制度型"社会信任所体现的行为的自觉化、人性化程度较低，而内在制度在制度化阶段所培育的"内在制度型"社会信任所体现的行为的自觉化、人性化程度则相对较高。

外在制度与内在制度制度化的不同方式决定了它们在社会信任培育的具体机理上的不同。基于外在制度的"外在制度型"社会信任产生于对外在制度的理性理解，这种理性理解主要是一种"目的理性式"理解；基于内在制度的"内在制度型"社会信任产生于对内在制度的理性直觉，这种理性直觉主要是一种"价值理性式"直觉。这里所谓的"目的理性式"和"价值理性式"的含义源自韦伯有关决定目的理性行为和价值理性行为的情况以及对这两种社会行为界定的思想。韦伯在《经济与社会》中认为，目的理性行为和价值理性行为分别由目的合乎理性的情况和价值合乎理性的情况来决定。目的合乎理性的情况指的是把对外物和其他人的举止或行为的期待作为条件和手段，并利用它来实现自己合乎理性的目的。价值合乎理性的情况是指有意识地对一个特定的举止或行为中内含的固有价值无条件地纯粹信仰。所谓目的理性或目的合乎理性的行为，就是以目的、手段和附带后果作为取向的行为。如果一个人根据目的、手段和附带后果来作为他行为的取向，而且同时既把手段与目的，也把目的与附带后果，以及最后把各种可能的目的相比较，作出合乎理性的权衡，那么他的行为就是目的合乎理性的行为。所谓价值理性或价值合乎理性的行为，总是一种根据行为者认为是向自己提出的"戒律"或"要求"而发生的行为。如果一个人的行为无视可以预见的后果，而是服务于他对义务、尊严、美、宗教训示、孝顺或者某事的重要性的信念，不管什么形式，他坚信必须这样做，这就是纯粹的价值合乎理性的行为。① 因此，所谓"目的理性式"理解就是权衡目的、手段和附带后果而做出的理解，而所谓"价值理性式"直觉则是指有意识而无条件地对于固有价值所做出的直觉。总之，"外在制度型"社会信任产生于对外在制度的"目的理性式"理解之中，而"内在制度型"社会信任则产生于对内在制度的"价值理性式"直觉之中。

二 社会信任制度培育的"社会化"

制度化是社会信任制度培育的第一个阶段，而社会化则是社会信任制度培育的第二个阶段，它具有制度化所不能取代的作用，与制度化一起构成了社会信任制度培育的两条基本途径。社会化指的是人类个体不断自主地"内化"制度规则或规范，或制度规则或规范不断地被人类个体"内在化"这样一个长期的过程。在这一过程中，人类个体不断地把"外在的"制度规则或规范转变为"内在的"制度规则或规范，并不断地获得"社会性"，使自己由一个生物个体逐步成长为一个社会人，一个日趋完善的社会人。然而，这种不断"内化"制度规则或规范的过程并不完全是一个被动的过程，它也是一个主动的自主过程。这一过程充分反映了人类个体行动的自主性与制度规则或规范的约束性之间的矛盾。

人作为一个生物个体具有利己的本能，即所谓"趋利避害"。这是人类生物个体经生物遗传获得的一种自利本性与选择能力。在不断内化制度规则或规范的过程中，内化的制度规则或规范对人的利己本性与选择能力产生了深刻的影响，它引导、规范、控制人的生物自利本性与自发的选择能力，使原有的自利与选择行为合乎理性，具有社会价值与意义。因此，社会化过程既是制度规则或规范对人的自利与选择行为的约束与

---

① ［德］韦伯：《经济与社会》，林荣远译，商务印书馆 1998 年版，56—57 页。

引导的过程，同时又是人出于本能的利己本性对于制度规则或规范作出的自由选择与调整的过程。人们的自由选择是在一定的制度规则或规范的影响下作出的。这是一个个人自主选择与制度规则或规范约束之间的既对立又统一的辩证过程。

社会化是社会信任培育的基本途径，而家庭、邻里社会、学校、志愿性社团等则是社会化的基本场所，大众传媒，包括书籍、杂志、报纸、广播、电视、电影以及互联网等是社会化的重要手段。社会信任就是在这些社会化场所中以及在这些大众传媒的影响下逐步地培育起来的。

家庭是"社会化的摇篮"。家庭社会化主要是指人的婴儿期（从新生儿到三岁）和幼儿期（从三岁到六、七岁）所进行的社会化过程。一个生物个体最先遇到的社会环境就是家庭。家庭社会化对于一个人的基本信任的培育起着关键性的作用。婴幼儿天真无邪，犹如一张白纸。父母和其他家人的言传身教与照料对于他们基本信任的形成起着根深蒂固的先导作用。埃里克森在《童年和社会》中认为，婴儿如果能得到父母或其他家人的良好照料，并且它的各种需求也能得到充分满足，这就能使婴儿建立起对周围环境的信任感。而未得到良好照料的儿童则会对他人和环境产生不信任，以致对以后各个阶段的社会化产生不良影响。①

吉登斯在《现代性与自我认同》与《现代性的后果》中也表达了类似的观点。他认为所谓基本信任就是"对其他人的连续性及客观世界的信任，它产生于早期时儿童经验"②，而"信任形成之初的一个基本特征，是确信照料者还会回到身边。母亲的缺场并不代表失去关爱，当婴儿意识到这一点时，便确立起了对他人既信赖同时又独立的经验感受，而这对自我认同之连续性特别重要。所以，信任消除了在时间和空间上的距离感，因此也阻断了种种存在性焦虑（Existential Anxieties），而如果听任这类焦虑发展定型的话，它们就有可能成为在情感与行为方面持续存在并贯穿整个生活的苦闷之源"③。照料者对于儿童的关爱与言传身教实际上是在向他们传授一些基本的制度规则或规范，只不过这一过程是潜移默化的。社会信任就是从婴幼儿时期培育的基本信任中发展而来的。

---

① 郑杭生：《社会学概论新修》，中国人民大学出版社 1994 年版，第 121 页。

② ［英］吉登斯：《现代性与自我认同》，赵旭东等译，生活·读书·新知三联书店 1998 年版，第 272 页。

③ ［英］吉登斯：《现代性的后果》，田禾译，译林出版社 2000 年版，第 85 页。

邻里社会也是一个重要的社会环境，对于儿童与青少年的社会化起着非常重要的作用。邻里社会是儿童与青少年将要进入的现实大社会的雏形，对于他们个性的塑造、人生观的形成起着决定性的影响。因此，邻里社会在库利看来是与家庭一样同属于群体中的初级群体。邻里社会与学校一样对孩子影响很大，它包括同性和同龄群。同性和同龄群是儿童在感情上和体质上最为接近的群体。因为他们是面对面交往最为频繁的群体。在邻里社会中儿童与青少年在潜移默化中接受或感受着共同的制度规则或规范，从而形成较为自觉自愿的信任行为。邻里社会中培育的社会信任是建立在自由、平等的基础上的，这种社会信任为儿童长大成人之后参加志愿性社团奠定了心理基础。

学校中的社会化主要是指人的学龄初期、少年时期和青年时期所进行的社会化过程。这一社会化过程主要通过有组织、有计划、有系统的学校教育来实现。学校不仅要对儿童进行知识、技能方面的系统教育，而且要对他们进行制度规范方面的系统教育以及有计划、有意识地促使他们参加范围较大的集体活动。这样，他们不仅直接感受了一些制度规则或规范的制约，而且也接受并内化了一些制度规则或规范。在这一阶段，他们从基本信任中发展出了包括社会信任在内的多种信任形式。

志愿性社团是由志愿参与者结成的团体，它培育与强化了社团成员之间的社会信任。在福山看来，志愿性社团的社会信任指的是"在一个社团之中，成员对彼此常态、诚实、合作行为的期待，基础是社团成员共同拥有的规范，以及个体隶属于那个社团的角色"[1]。享有共同道德规范的志愿性社团，由于其先天的道德规范共识使社团成员互相信任。因此，志愿性社团也称"道德性社团"。道德性社团进一步培育与强化了社团成员普遍化的社会信任。

大众传媒是指社会组织为在广大社会成员之间传递信息、互通情报所采用的各种通信手段，如书籍、杂志、报纸、广播、电视、电影以及互联网等。大众传媒通过新闻报道、舆论宣传、知识教育、生活娱乐等方式，为广大社会成员理解和接受社会所倡导的制度规则或规范等提供了一个广泛的社会环境条件。在现代社会中，随着大众传媒的日益发达，

---

[1] ［美］福山：《信任：社会道德与繁荣的创造》，李宛容译，远方出版社 1998 年版，第 35 页。

它在人们社会化方面的影响显得日益重要，因而成为社会信任培育日趋重要的手段。

正如外在制度与内在制度的制度化存在很大差异一样，外在制度与内在制度的社会化也不尽相同，具体表现在支持因素、具体机理、社会化特性等方面。外在制度的社会化支持因素除了人类的基本价值观念、包括内在制度在内的历史传统文化之外，主要是个人利益等；而内在制度的社会化支持因素则主要是人类的基本价值观念、历史传统文化等。外在制度的社会化是一个对于外在制度不断进行目的理性式理解的过程，而内在制度的社会化则是一个对于内在制度不断进行价值理性式直觉的过程。因此，外在制度的社会化没有内在制度的社会化来得深厚而稳定。

内在制度与外在制度社会化的不同特点导致了它们在社会信任培育的起点、条件、方式等方面的不同。在社会化过程中，"外在制度型"社会信任的培育开始于外在制度安排之后的强制性实施，而"内在制度型"社会信任的培育则与个体的成长几乎同时。"外在制度型"社会信任的培育是由多种条件决定的，如外在制度本身的性质（合理性、合法性、公正性、有效性等），与内在制度、历史文化传统是否相容以及相容程度等。而"内在制度型"社会信任的培育则主要以人类的基本价值观念、历史文化传统为前提。"外在制度型"社会信任的培育是一个不断对外在制度进行目的理性式理解而后内化的过程，而"内在制度型"社会信任的培育则是一个不断对内在制度进行价值理性式直觉而后内化的过程。然而，无论是社会信任的外在制度培育还是内在制度培育，它们都是一个复杂而长期的过程。

（载于《长白学刊》2014年第4期）

我国医患互信本土化构建的社会机制：
陌生关系熟悉化[①]

随着社会主义市场经济建设的不断推进，尤其是医疗卫生体制改革的不断深入，我国的医患关系日趋紧张，主要表现为：医疗纠纷事件数量急剧上升、医疗纠纷恶性化、医闹与暴力伤医事件时有发生[②]。据《人民日报》2015 年 1 月 22 日报道：2014 年，全国发生医疗纠纷 11.5 万起，公安机关破获涉医刑事案件 1349 起，刑事拘留 1425 人，移送审查起诉 347 人，查处涉医治安案件 4599 起，及时制止发生在医院的现行违法行为 8342 次。[③] 又据中国医师协会统计，2015 年 5 月 28 日到 6 月 7 日，全国连续发生 9 起伤医事件。[④] 我国医患关系的紧张严重影响了医疗卫生事业的发展、社会的稳定与社会主义和谐社会的建设。因此，减缓或消除医患关系的紧张状态成为目前我国推进医疗事业进一步发展、维护社会稳定以及建设社会主义和谐社会的一项迫切任务。本文尝试立足于我国的本土资源，基于"制度信任论"[⑤]，深入分析具有中国特色的"托人看病"或"关系就医"看病形式的具体运行过程，探寻医患关系紧张的原因，揭示医患互信构建的社会机制，进而为减缓或消除医患关系的紧张状态提出新的解决思路。

---

① 与马洁华合作，马洁华，吉林大学哲学社会学院 2014 级博士研究生。
② 目前我国的医患关系紧张主要发生在公立医院，因此，本文主要研究公立医院的医患互信构建机制。
③ 白剑峰：《医患和谐是主流——我国依法维护医疗秩序综述》，《人民日报》2015 年 1 月 22 日。
④ 潘庆霞等：《公立医院医患关系紧张的原因及对策探讨——基于医患双方视角的分析》，《中国医院管理》2016 年第 5 期。
⑤ 笔者在拙文《社会信任的基础：一种制度的解释》中提出了以"制度是社会信任的基础"为核心观点的"制度信任论"。

一　医患互信构建的理论基础与现实背景

（一）理论基础：制度信任论

我们尝试将"制度信任论"作为目前我国医患互信构建的理论基础。"制度信任论"认为，制度就是人类在社会交往过程中形成的一切社会交往行为模式，包括支配与约束人们社会交往行为的定型化、非定型化的规则与规范。它是一种规则与规范体系，包括内在制度与外在制度两种基本类型，具体是指习俗、惯例、道德规范、法律制度、规定、规章、程序等（董才生，2004）。制度是社会信任的基础，制度通过秩序对社会信任起基础性作用，即制度促进、维持秩序，秩序鼓励、造就社会信任。因此，社会信任本质上就是社会交往主体对对方能做出符合制度行为的持续性期望。社会信任这种持续性期望产生于社会交往主体在相信制度的基础上对制度的直觉或理解，因而基于制度的社会信任以对制度的相信为前提。而对制度的相信就是对其有效性的认可、接受，它来自"内化的"制度的有效性的直觉或对"未内化的"制度的有效性的理解。社会信任作为一种持续性期望就产生于对制度有效性的直觉或理解的过程之中，因此，对制度有效性的这种直觉或理解就是社会信任产生的具体内在机制。基于内在制度而产生的社会信任可以称为"内在制度型"社会信任（主要是指"道德型"社会信任），而基于外在制度而产生的社会信任则可称为"外在制度型"社会信任（主要是指"法律型"社会信任）。内在制度与外在制度的"制度化"和"社会化"、内在制度与外在制度之间的相互容纳和相互激励以及内在制度与外在制度的不断创新是制度对社会信任发挥基础作用的内在机制。制度对社会信任的基础作用具体表现在：制度培育了社会信任，塑造了社会信任的模式与结构；制度维持了社会信任的全面性、稳定性与长期性；制度保障了社会信任独特的社会资本功能的发挥；制度变迁促使社会信任模式与结构发生转型、社会信任程度与范围发生变化。社会信任缺失有两种类型：一是单向信任，即社会交往主体双方中一方信任另一方，而另一方却不信任他；二是双向不信任，即社会交往主体彼此之间相互不信任。单向信任是一种不太严重的社会信任缺失，而双向不信任则是一种严重的社会信任缺失，可以称为社会信任危机。①

(二) 现实背景：医患关系日趋紧张

目前我国医患互信构建的现实背景是医患关系日趋紧张。我们尝试运用"制度信任论"来分析与解释目前我国医患关系紧张的原因。根据"制度信任论"，社会信任是社会交往主体对对方能做出符合制度行为的持续性期望，它产生于社会交往主体在相信制度的基础上对制度的直觉或理解，它的缺失包括单向信任或双向不信任两种类型。医患信任是患者通过看病在与医生的交往（医患交往②）过程中所形成的一种社会信任形式。作为患者，在看病时对医生具有很高的期望，即期望医生在整个治疗过程中能够在其能力和水平的范围之内尽心尽力地做出符合制度（主要是道德和法律）规范的行为。比如，患者期望医生的行为符合道德和法律规范，平等、热情地对待他，不附带任何外在条件尽心尽力地、负责任地给他看病，对他不隐瞒病情及其他一些相关信息，等等。而作为医生，对患者同样具有很高的期望，即期望患者在整个治疗过程中也能做出符合制度（主要是道德和法律）规范的行为。比如，医生期望患者积极配合他的诊治，在他尽心尽力治疗之后，在医疗效果不太好的情况下，不要做出违反道德和法律规范的行为，等等。然而，在患者看病的实际过程中，由于一些外在因素的影响，患者和医生双方彼此对对方的高期望都可能会落空。于是，引发了"医患信任缺失"，甚至"医患信任危机"③，最终导致以医疗纠纷频发与恶性化为表征的医患关系的紧张。

而目前我国不完善、不健全的医疗卫生体制或制度则是众多外在影响因素中最为根本的因素。2009 年 3 月 17 日，中共中央、国务院颁布的《关于深化医药卫生体制改革的意见》标志着"新医改"的正式启动。新医改的背景是社会上出现了医疗费用快速上涨、基本医疗服务可及性下

---

① 董才生：《偏见与新的回应——中国社会信任状况的制度分析》，《社会科学战线》2004 年第 4 期。

② 对"医患关系"的理解基础是对"医""患"这两个概念的理解。"医""患"概念包括广、狭两种含义。广义的"医"指的是"医方"，包括医生和医疗机构（主要是医院）等；而狭义的"医"仅指医生。广义的"患"指的是"患方"，包括患者及其亲属、朋友等；而狭义的"患"仅指患者。因此，"医患关系"相应地也有广、狭两种含义。广义的"医患关系"是指医方和患方之间的关系，而狭义的"医患关系"仅指医生和患者之间的关系。本文研究的是狭义的医患关系或医患信任关系。

③ "医患信任危机"是"医患信任缺失"的一种严重形式或状态。

降的问题，即"看病贵、看病难"问题（顾昕，2013）。这两大问题的存在与发展说明现行医疗卫生体制的公益性严重缺失，公立医院的趋利性日益增强，"以药养医"或"以药补医"已成为公立医院的生存和发展之道。新医改的近期目标就是通过医疗卫生体制的深化改革缓解和解决涉及广大人民群众切身利益的"看病贵、看病难"问题，使公立医院的趋利性日益消退而公益性逐步回归。然而，经过八年的"新医改"，公立医院仍然没有很好地解决趋利性与公益性之间的平衡问题。

公立医院的"以药养医"体制使它不是以"公益性"而是以"趋利性"为安身立命之本，并逐渐催生了部分医生的"趋利性"。为了增加自己的经济利益，他们经常收受红包、过度治疗、开大处方等而置职业道德与法律法规于不顾。部分医生的这些不符合制度规范的行为，经过媒体曝光或患者的口口相传，使患者群体在看病之前就对医生产生了不信任感。尤其是非"托人看病"或非"关系就医"[①]的患者在整个看病过程中都会怀疑为他们治疗的医生，始终处于不信任状态。因此，从客观效果来看，医患信任缺失或危机的发生直接源于部分医生不符合制度规范的行为，它最初表现为患者对医生的不信任或患者对医生的单向信任。正如信任可以传染一样，不信任也可以传染。随着医生对患者治疗过程的展开，医生也开始对患者产生不信任。因为患者对医生的单向不信任如果被医生所感知或发现，他们反过来也会对患者产生猜疑和不信任。尤其是医生群体在经历一些医疗纠纷事件之后，他们也会像患者群体不信任医生一样，猜疑和不信任患者。这样，患者与医生就会陷入不断增强的互不信任的恶性循环之中。医患之间的这种互不信任直接导致医患关系的紧张。

因此，如果说目前我国的医疗卫生体制或制度的不完善、不健全是导致医患关系紧张的根本原因的话，那么这种体制或制度造成医患之间的互不信任则是医患关系紧张的直接原因。也就是说，宏观层面的不完善、不健全的医疗卫生体制或制度，通过患者去医院看病与医生进行交往（医患交往）这一中间环节，直接导致微观层面的医患之间出现互不

---

① 在中国的现实生活中，存在大量患者"托人看病"或"关系就医"现象。据此，我们将看病的患者划分为"托人看病"或"关系就医"患者与非"托人看病"或非"关系就医"患者两大部分。后一部分患者指的是没有托人或找关系而去医院看病的患者。

信任，即出现医患信任缺失或医患信任危机。

二 医患互信构建的本土资源："托人看病"式的关系运作

"托人看病"或"关系就医"是中国人看病的一种常见形式。有的学者专门就这种看病形式对某医院住院患者和医生展开问卷调查。调查数据显示："9.3%的人每次都找关系，45.6%的人有时会找关系，15.7%的人想找关系但找不着，从不找关系者仅占29.4%"，"86.6%的医生接受'关系就医'，不能接受的仅占13.4%"，"73.8%的医生希望各种关系介绍病人，不希望各种关系介绍病人的仅占26.2%"[①]。也就是说，大部分患者（占调查总数的70.6%）通过或希望通过托人或找关系来选择医生和医院看病，而绝大部分的医生（占调查总数的73.8%—86.6%）接受或希望有这种看病形式。这一调查结果与人们的日常感知基本一致。

有的学者认为中国人的这种看病形式只是近几年因医患关系紧张才盛行的，因为"近年来医患博弈日益激烈，患者为确保在博弈中的最大收益，往往会选择'托人看病'的策略"[②]。这显然是一种理性博弈论的视角。在我们看来，与其将"托人看病"或"关系就医"的患者视为"社会理性人"，不如将他们视为"社会文化人"。"社会理性人"的特征是时时处处都依"理性算计"，而"社会文化人"的特征则是依凭"文化习惯"来行事。这种"托人看病"或"关系就医"的"文化习惯"孕育和生长于传统中国的"熟悉社会"。在费孝通看来，传统社会或乡土社会就是一种熟悉社会。所谓"熟悉"就是"从时间里、多方面、经常的接触中所发生的亲密的感觉。这感觉是无数次的小摩擦里陶炼出来的结果"（费孝通，1998）。熟悉社会以熟悉为特征，是由相互熟悉的人所组成的社会。[③] 因此，"在一个熟悉的社会中，我们会得到从心所欲而不逾

---

① 屈英和等：《"关系就医"现象的调查与分析》，《医学与哲学》（人文社会医学版）2010年第2期。
② 王秋芬等：《"托人看病"的医患博弈策略分析》，《医学与哲学（A）》2012年第11期。
③ 熟悉社会也可称为"熟人社会"。在费孝通看来，熟悉社会、熟人社会或乡土社会就是传统社会，它与"陌生人社会"或现代社会相对应，后者是指由相互陌生的人所组成的社会。

规矩的自由。这和法律所保障的自由不同。规矩不是法律，规矩是'习'出来的礼俗"，而"在乡土社会中法律是无从发生的"（费孝通，1998），而以儒家伦理道德为主体的"礼俗"则是熟悉社会中相互熟悉的人们进行日常生活交往时必须遵守的行为准则，遵守"礼俗"而"不逾矩"是他们所具有的"共识"。并且，人们对一种行为的规矩会熟悉到"不假思索"的程度（费孝通，1998）。在熟悉社会中人们彼此之间因相互熟悉而期望双方做出合乎"礼俗"的行为，即产生相互信任，"在乡土社会里从熟悉得到信任。这信任并非没有根据的，其实最可靠也没有了，因为这是规矩"（费孝通，1998）。在熟悉社会中，相互熟悉的人之间在长期的交往中相互信任、相互托付，逐渐养成了凡事托付熟人、找熟人帮忙的习惯或倾向。因此，"托人看病"或"关系就医"确切而言就是"托熟人看病"或"找熟人就医"。

因此，中国人要看病时，首先会不假思索地想到托人、找人看病，而不是在理性算计后选择"托人看病"或"关系就医"的策略。中国人也不像上述的学者所认为的那样，只有在目前我国医患关系紧张时才"托人看病"或"关系就医"。"托人看病"或"关系就医"这种看病形式已内化为中国人的一种"民族习惯"，是大多数中国人看病时普遍采用的一种形式。中国人的这种看病方式也并没有因医学、医疗机构以及医疗制度的不断发展而发生根本性改变，只是在不同的历史时期呈现不同的特征而已。

中国人看病时习惯于"托人看病"或"关系就医"，这种倾向就是一种"关系运作"①。有学者认为人际关系包括既有关系与交往关系两个最基本的成分。既有关系是由血缘、地缘、业缘等非个人互动的因素决定的，如同乡、同学、同姓等，而交往关系则是两人之间实际的交往行为的结果（Yang，1995）。关系运作是建立、发展、维持和利用关系的活动②。然而，在我们看来，关系运作就是利用既有关系展开交往关系的活动或过程。具体而言，就是某人利用既有关系，通过与他人交往而与他人建立、发展和维持新的关系的活动或过程。因此，有可以利用的既有关系是关系运作的前提和关键。也就是说，如果没有可以利用的既有关系，关系运作就无法实现。而那些没有人可托、没有关系可找的人，从他们的内心或习惯而言，并不是不想托人、不想找人，只是没有可以利用的既有关系而已。关系运作是中国人办事的一种"民族习惯"或"民族倾向"。就中国人看病而言，其关系运作具体表现为"托人看病"或"关系就医"，即利用既有关系，通过与医生的直接交往，建立、发展和维持与医生之间的新关系。因此，那些非"托人看病"或非"关系就医"看病的少数人，实在是没有人可托、没有关系可找，他们一旦拥有了可托之人或关系网络资源，也会采用"托人看病"或"关系就医"这种看病形式。

目前我国社会正处于由熟人社会向陌生人社会转型时期，它既不是"半熟悉社会"① 或"无主体的熟悉社会"②，也不是"完全陌生人社会"，总体上仍然是熟人社会，只不过这种熟人社会中同时存在大量陌生关系③。并且，这种处于熟人社会中的陌生关系不断地被熟人社会所同化或"熟人社会化"，熟人社会的规则、规矩或"礼俗"等不断通过关系运作而渗入陌生关系中，使陌生关系被"熟人社会化"，即人们与陌生人交往不是依凭外在的法律制度，而是沿袭与熟人交往时所运用的内在的道德制度。在费孝通看来，"熟悉化"是"乡土社会中人与人相处的基本方法"。具体而言，就是"做子女的得在日常接触中去摸熟父母的性格，然后去承他们的欢，做到自己的心安"（费孝通，1998）。而"这种方法在一个陌生人面前是无法应用的。在我们社会的急速变迁中，从乡土社会进入现代社会的过程中，我们在乡土社会中所养成的生活方式处处产生了流弊。陌生人所组成的现代生活是无法用乡土生活的习俗来应付的"（费孝通，1998）。然而，与费孝通的看法不同，我们认为目前中国社会在由"熟人社会"向"陌生人社会"的转型时期，熟人社会的规则仍然起着主导作用，"陌生关系熟悉化"或"陌生关系熟人社会化"仍然是我国现实生活中的一种独特而普遍的现象，或者说是具有中国特色的社会生活现象。"陌生关系熟悉化"的目的是达成遵守共同规则的"共识"而

① 贺雪峰：《论半熟人社会——理解村委会选举的一个视角》，《政治学研究》2000 年第 3 期。
② 吴重庆：《从熟人社会到"无主体熟人社会"》，《读书》2011 年第 1 期。
③ 刘少杰：《中国市场交易秩序的社会基础——兼评中国社会是陌生社会还是熟悉社会》，《社会学评论》2014 年第 2 期。

获致共同期望即相互信任，以降低或规避风险，进而获得"心安"。事实上，"自古以来，中国式的诊疗就具有开放性、流动性、医患协商以及共同参与的特点，而病人与医生的关系基本是遵循一种熟人的社会规则"①。因此，中国人"托人看病"或"关系就医"式的关系运作之目的是通过"陌生关系熟悉化"这一内在机制，使医患彼此之间达成遵守共同规则的"共识"，以获致共同期望，即相互信任，来降低或规避医疗风险而最终获得"心安"。总之，由于具有中国特色的"托人看病"或"关系就医"式的关系运作内蕴医患互信构建的机制，因而它可以作为目前我国医患互信构建可资利用的本土资源。

三　医患互信的构建机制：陌生关系熟悉化

费孝通在《乡土中国　生育制度》中深入探讨了乡土社会的性质与特点，认为乡土社会就是熟悉社会。按照我们的理解，尽管费孝通没有明确提出"熟悉化"这个概念，但事实上他已将"熟悉化"视为乡土社会或传统社会中人与人之间相处的基本方法。有学者在论及市场交易秩序的本土化问题时提出了"陌生关系熟悉化"②这个概念，但没有对它做出明确界定。我们认为所谓"陌生关系熟悉化"就是"陌生关系熟人社会化"（简称"熟悉化"），指的是关系运作的具体过程，即某一或某些交往主体利用既有的熟悉关系通过与另一或另一些陌生的交往主体进行交往而产生新的熟悉关系的过程。这是一个客观而真实的"熟悉化"过程，而不是"拟熟悉化"③过程。因而通过关系运作而形成的新熟悉关系或新熟悉社会也不像有的学者认为的那样是一种"拟熟悉关系"或"拟熟悉社会"④，而是客观而真实的"熟悉关系"或"熟悉社会"。目前我国社会与传统乡土社会相比，具有深度开放和快速流动的特点，这使人

---

① 程瑜、邹翔：《关系就医：诊疗的本土化实践》，《思想战线》2015年第2期。
② 刘少杰：《陌生关系熟悉化的市场意义——关于培育市场交易秩序的本土化探索》，《天津社会科学》2010年第4期。
③ 崔香芬：《农民就医过程中关系资本运作的行动逻辑——以江苏省A县X村为个案》，《中国农业大学学报》（社会科学版）2010年第4期。
④ 崔香芬：《农民就医过程中关系资本运作的行动逻辑——以江苏省A县X村为个案》，《中国农业大学学报》（社会科学版）2010年第4期。

们经常遭遇大量的陌生人，但这并不意味着目前我国社会已是"陌生人社会"。如前所述，目前我国社会仍然是"熟悉人社会"或"熟人社会"，熟人关系仍然是社会关系的主体。尽管有大量的陌生人存在，但我们在与他们交往时，习惯于运用关系运作来使与他们的陌生关系不断地"熟悉化"或"熟人社会化"，而这纯粹是一种民族习惯使然，跟理性算计关系不大。有学者认为中国人的关系运作会根据不同情况转换领域，即"虽然市场经济的发展使得关系在某些社会生活领域的影响力减弱，然而'关系'又找到了其他领域新的运作土壤"（Mayfair Mei‐hui Yang，2002）。然而，在我们看来，这种所谓关系运作的"领域转换"不是因为它找到了适合自己的土壤，而是一种习惯性的行为而已。事实上，中国人的这种习惯性的关系运作没有任何领域的限制。

中国人常常"托人看病"或"关系就医"就是这种关系运作的民族习惯使然，习惯性关系运作内蕴的机制就是"陌生关系熟悉化"，即患者通过关系运作使他们与医生的陌生关系熟悉化而与医生形成彼此熟悉的关系。医患双方以共同认同的熟悉社会的规则或规矩来行事，从而达致双方对彼此的期望，即相互信任，而最终获得"心安"。有学者高度评价"托人看病"或"关系就医"这种中国特色的看病形式，认为它是一种"民间智慧"与"地方性实践"，即"'关系就医'的运作能够改变医生具体的诊疗实践，是患者规避医疗风险、获得医患信任的民间智慧的展现，也是患者对抗生物医学制度化带来的'冷漠惯习'的一种地方性实践"[1]。有学者甚至认定关系运作就是中国人人际信任建立的机制，认为："在某种意义上，怀特利等人事实上提出了另一种建立人际信任的机制：关系运作，即建立、发展、维持和利用关系的活动。考虑到关系在中国社会中独一无二的重要性，可以认为，关系运作可能是中国人建立信任的主要机制。"[2] 然而，在我们看来，中国人人际信任建立的具体机制不是关系运作而是具有中国特色的"陌生关系熟悉化"。因此，中国人"托人看病"或"关系就医"式的关系运作只是医患互信构建的手段而不是具体的构建机制，医患互信构建的具体机制是具有中国特色的"陌生关系熟悉化"。当然，患者要具体实现与医生的"陌生关系熟悉化"，需要

---

① 程瑜、邹翔：《关系就医：诊疗的本土化实践》，《思想战线》2015 年第 2 期。
② 彭泗清：《信任的建立机制：关系运作与法制手段》，《社会学研究》1999 年第 2 期。

根据医生的不同情况，采取经济、政治和文化等方面的不同方法，对医生进行利益输送或与医生进行资源交换。比如，患方给医生送红包就是对医生进行的一种经济利益输送。有的学者将这种经济利益输送视为医患互信构建的一种"媒介"与"催化剂"，认为"医患红包产生的深层原因在于医患之间相互信任的建立，医患之间交往互动的核心是建立医患双方的相互信任，由于医患交往关系的特殊性，从而使医患之间的相互信任成为一种以医患之间各种社会关系为基础的关系信任，红包则充当了关系建构的媒介和医患关系信任产生形成的催化剂"[1]。又如，患方利用权力为医生及整个医方办事则属于政治利益输送。有学者对此做了具体分析，认为"医生作为理性社会人，虽然占有了较丰富的社会卫生资源，但缺乏其他社会资本，医生同样希望将自身占有的稀缺的剩余社会卫生资源转换为其他社会稀缺资源，接受受托人的邀请替人诊病为这种资源交易提供了很好的市场和平台"[2]。

因此，中国人"托人看病"或"关系就医"式的关系运作内蕴的"陌生关系熟悉化"这一本土化医患互信构建机制在医患互信的现实构建过程中的确起着其他方式无法替代的独特作用。然而，正如多数论者所指出的那样，由于它有违健康公平原则，因而造成的负面影响是非常明显的，即它客观上造成了患者之间的严重不公，使一部分患者产生"怨恨"，并在一定程度上加重了"看病贵、看病难"的问题，从而加剧了医患关系的紧张。因为我国的医疗资源相对于患者来说是极其稀缺的，如果某一或某些患者习惯于"托人看病"或"关系就医"，就会挤占其他一些非"托人看病"或非"关系就医"患者看病的时间资源、优质医疗资源以及人性化的关爱服务资源等，甚至前者可能会通过"熟悉化"的医生的暗箱操作将部分医疗费用转嫁给后者。为此，有的学者主张采取经济、社会、文化等多项措施来综合治理这种不良现象[3]。然而，在我们看来，采取"综合措施"虽能在一定程度上缓解或减少了这些负面影响，但无法彻底根除它们。因为中国人"托人看病"或"关系就医"式的关系运作及其内蕴的医患互信构建机制赖以存在的深厚的文化土壤是不可

---

① 李伟民：《红包、信任与制度》，《中山大学学报》（社会科学版）2005 年第 5 期。
② 姚澄：《熟人社会中托人看病现象之初探》，《医学与社会》2009 年第 5 期。
③ 姚澄：《熟人社会中托人看病现象之初探》，《医学与社会》2009 年第 5 期。

能被清除的。

于是，目前中国要利用"陌生关系熟悉化"机制来构建医患互信就会遇到一个两难困境：如果原封不动地照搬就会违反健康公平原则，造成患者之间的严重不公；如果舍弃不用就无法有效减缓或消除医患关系的紧张状态。这一两难困境深刻反映了基于传统道德制度的熟人社会的关系运作与基于现代法律制度的陌生人社会的医疗制度安排之间的矛盾与冲突。因此，目前我国要顺利推动医患互信构建必须突破这一两难困境。具体而言，要对"陌生关系熟悉化"机制的基础进行适当的"创造性改造"，即在基于传统道德制度的习惯性关系运作的同时"融入"现代法律制度，将现代法律制度与传统道德制度相融合，并进一步以融合的制度作为医患互信构建的新基础，从而使"陌生关系熟悉化"这一本土化的医患互信构建机制获得新生。这样，患者与医生之间通过基于传统道德制度的关系运作使彼此之间的陌生关系"熟悉化"而形成的一种初级的、不稳定的和不健康的互信，由于现代法律制度的融入而转变成一种高级的、稳定的和健康的互信。这种形式的医患互信无疑将有效缓解或消除医患关系的紧张状态。

（载于《中国社会心理学评论》2017 年第 13 辑）

四　经济社会学视野里的信任问题研究

信任在经济生活中的作用

20 世纪 70 年代以来，从经济社会学的角度研究信任问题逐渐成为西方学术界的一个研究热点。在中国大陆有关这方面的专门研究尚属空白。本文尝试对这一问题作初步探讨。

一　信任是一种社会资本形式

社会资本是当今经济社会学研究中的一个最为重要的概念。从经济社会学角度研究信任问题，一个很重要的方面就是把信任作为一种社会资本形式，并研究信任这种社会资本在经济生活中的作用。这一过程几乎与提出社会资本概念，并对它开展系统研究相一致。

社会学家布尔迪厄最先于 1980 年提出社会资本概念，并对它进行了相对系统的研究。他把社会资本界定为一种社会关系网络中"实际或潜在资源的集合体"。社会学家科尔曼从社会结构角度出发研究社会资本，把它界定为一种潜藏于社会结构中便利于行动者的个人资源。认为社会资本包括信任关系、规范、权威关系、信息网络、多功能社会组织、有意创建的组织等多种形式。社会学家普特南从比较综合的角度，将社会资本界定为"能够通过推动协调的行动来提高社会效率的信任、规范、网络"。福山从经济与文化关系的角度研究社会资本，认为社会资本就是在社会或其下特定的群体之中，成员之间的信任普及程度，它经常是经由宗教、传统、历史习惯等文化机制所建构起来的。

社会资本作为资本的一种形式，与物质资本、人力资本一样具有生产性、为行动者的行动提供便利等特征。然而，它还具有不同于物质资本、人力资本的一些特征：（1）它存在于人与人之间，不能离开个人而单独存在，但又不完全依附于个人；（2）它是无形的，表现为人与之间的关系；（3）它具有不可转让性，不是一种私人物品，而是一种公共物品，一旦形成，人人都可以使用。

在西方学术界有关信任问题的研究由来已久，人们从多种角度去界定信任的本质，但至今尚未达成一致的看法。社会学家巴伯认为，信任乃是对维持合乎道德的社会秩序的期望。这一一般定义可以更具体化为两个方面：（1）对于有技术能力的角色行为的期望；（2）对于信用义务和责任的一些期望。社会学家科尔曼从理性选择理论出发研究信任本质，把信任看成是委托人与受托人之间的"博弈"关系，认为信任是一种理性行动者作出的理性行为。福山认为，信任是在一个社团之中，成员对彼此常态、诚实、合作行为的期待，其基础是社团成员共同拥有的规范，以及个体隶属于那个社团的角色。

尽管西方学者对于信任的本质有不同表述，但基本意义是一致的，即把信任看成是对于他人能自愿作出符合社会规范行为的持续性期待。这一理解包括以下三个含义：

（1）信任是在社会交往、人际互动中孕育、产生和扩展的。信任是人对人的信任，反映了人与人之间的一种社会交往关系。信任是社会交往、人际互动的产物。信任他人或给予他人信任是经过多次与他人互动的结果。

（2）信任行为是在内化了的社会规范的导引下自愿发出的，而不是因外在压力被迫作出的。因此，信任是一种自愿行为。信任这种自愿行为是基于内化社会规范之后所形成的社会规范共识。

（3）信任中内化了的社会规范，可以从性质与内容上加以划分。从性质上，可以将社会规范分成特殊的社会规范与普遍的社会规范两种类型；从内容上，可以将社会规范分成道德与法律两种形式。相应地，信任也具有特殊主义信任与普遍主义信任两种类型以及道德性的信任与法律性信任两种形式。

我们认为，作为社会资本的信任是基于内化社会规范之后所形成的社会规范共识，是在社会交往、人际互动中孕育、产生与扩展的。它潜藏于人与人之间的关系之中，反映了人与人之间的一种真实的社会关系，因而是人与人之间的一种相互信任。因此，只有人与人之间的相互信任，才具有社会资本的性质和特征，它与社会资本的其他形式，如规范、网络是密不可分、互为前提的。

二　信任在经济生活中的重要作用

作为社会资本的信任，在经济生活中发挥着重要的作用，主要表现在以下三个方面：

1. 维持与扩展经济秩序

"经济秩序如何可能的问题"是经济学的根本问题，这一问题可以具体地表达为：通过什么机制使经济生活中的各种互相破坏和互相欺诈行为得到抑制或者是什么有效地阻止了经济生活中的各种互相破坏和互相欺诈行为的发生？

西方学者从各个角度对这一问题作出了解释。斯密认为，竞争性市场对于个人的约束力可以从根本上防止或减少互相破坏和互相欺诈的行为或事件的发生。新制度经济学家斯科特认为，各种制度安排能够有效地阻止破坏和欺诈行为的发生。阿罗等经济学家则认为，只有从事经济活动的每个行动者都依"普遍的道德"来行事，才能完全杜绝破坏和欺诈的发生。新经济社会学家格兰诺维特认为，在经济活动中行动者嵌入具体的人际关系和网络之中使行动者之间产生了彼此的信任感，并有效地阻止了各种互相破坏、互相欺诈行为的发生。

我们认为，单凭制度安排、普遍道德、人际关系网络以及竞争性市场的约束力是难以有效地防止经济生活中各种互相破坏和互相欺诈行为的发生。只有人与人之间的相互信任，才能有效地防止经济生活中各种互相破坏和互相欺诈行为的发生，从而维持经济秩序。人与人之间的相互信任是维持经济秩序的基本因素。

人与人之间的相互信任经历了由特殊主义信任向普遍主义信任的扩展。特殊主义信任是建立在特殊的社会规范基础上的信任。秉持这种信任的经济行为者，在市场经济交易过程中，对于不同的人会采取不同的交易规则，这就不利于市场经济秩序的扩展。普遍主义信任是建立在普遍的社会规范基础上的信任，因而超越了特殊主义信任的限制。秉持这种信任的经济行为者，在进行市场经济交易过程中对于不同的人采取了同样的交易规则，这就有利于市场经济秩序的不断扩展。

总之，特殊主义信任向普遍主义信任的扩展，推动了市场经济秩序从较小范围向更大范围的扩展。信任的扩展是市场经济秩序扩展的基础。人与人之间的相互信任是扩展经济秩序的基本力量。

2. 降低经济交易成本，提高经济效率与效益

任何经济交易都会存在交易成本的问题。经济交易中的成本是为防止经济交易中的欺诈、破坏及处理争端所付的成本，包括必要的制度监督费用以及与法律事务有关的费用等等。尤其当交易时间长、交易内容复杂、交易商品特殊时，在市场上从事这种交易的成本就会很高。因为规范每一项行为所订定的契约十分繁复、执行契约以及为处理契约不履行而发生的争端所涉及的法律行为也特别复杂，因而所需的费用很高。

因此，如何降低或节省这种交易成本就成为能否提高经济效率与经济效益的关键。我们认为，在经济交易中，由于经济行为者之间的相互信任可以有效地防止相互破坏和相互欺诈行为和事件的发生，因而也就降低或节省了为防止欺诈、破坏及处理争端所需的交易成本。因此，人与人之间的相互信任降低或节省了经济交易成本。

人与人之间的相互信任作为一种社会资本，又能提高经济行为者的经济效率与效益。每一个经济行为者在与其他经济行为者进行交易时，由于他们之间的相互信任，不仅节省了交易时间，而且节省或降低了交易成本，从而大大提高了经济行为者的经济效率与效益。就企业这一经济行为者而言，由于企业内部成员之间的相互信任，使企业成员之间产生高度的团结心，从而提高了企业的经济效率。由于企业内部成员之间的相互信任也使企业在社会中经营的物质成本低廉，从而提高了企业的经济效益。

3. 促进经济的繁荣与发展

人与人之间的相互信任这种社会资本与物质资本之间呈负相关的关系，即一个低信任度的社会，其社会资本弱，则开展经济活动所需的物质资本就多；反之，一个高信任度的社会，其社会资本强，则开展经济活动所需的物质资本就少。

福山研究了各国的工业结构（包括企业规模、企业在整体经济里的分布，以及个别公司的组织方式等）后发现，在社会信任度不同的国家里，企业的规模是不同的。就私营企业而言，美国、日本、德国是社会信任度较高的国家，因而其私营企业的规模较大，而中国（包括台湾、香港、澳门）、意大利、法国以及一些深受儒家文化影响的韩国、新加坡

等国家是属于社会信任度较低的国家，其私营企业的规模较小。

　　社会中存在的人与人之间高度的相互信任，作为一种强大的社会资本，不仅可以降低或节省大量的物质资本，而且也为大规模企业的产生创造了良好的条件。而企业规模的大小决定了一国在国际上的竞争力，从而决定了一国的经济兴盛与繁荣。因此，人与人之间的相互信任将促进大规模企业的产生，从而提升一国经济在国际上的总体竞争力，促进该国经济的繁荣与发展。

（载于《社会科学战线》2002 年第 2 期）

福山对新古典经济学的批判

经济学界的新古典经济学和社会学界的反对者之间正在进行着一场论战，论战的焦点是如何看待经济行为，其实质是怎样建设和发展市场经济的问题。我国正在建立和完善社会主义市场经济体系。因此，正确认识这场论战中的是非曲直，特别是理解福山批判新古典经济学的意义所在，对我国更好地向社会主义市场经济转轨将会有重要的借鉴作用。

第二次世界大战后，当经济发展一跃成为世界发展的主旋律时，以弗里德曼（M. Friedman）、贝克尔（G. Becker）、史第格勒（G. Stigler）等为代表的新古典经济学逐渐风靡起来，成为世界经济学界的主导。新古典经济学的基本观点、基本立场，概括说来，包括以下几个方面：（1）人的本性是自私自利的，是追求自己欲望的满足；（2）从个人的自私自利出发，能真正成就公共的繁荣与福祉。因此，公众的福祉并非建立在个人的德性之上，相反，正是以个人的恶德为基础的；（3）经济行为乃是理性地追求效用最大化的行为；（4）以这一行为模式出发所形成的自由市场经济乃是最成功的经济模式，是追求经济发展的最有效的方式。

近年来，由于市场理论在世界知识界占尽优势，使得新古典经济学更加风行一时。许多新古典经济学家在一定程度上开始自我膨胀起来，相信他们所发现的经济规律适用于所有领域，他们所建构的经济理论"放之四海而皆准"，他们所创制的经济学方法不仅能解释经济行为，而且能解释人类全部的行为。其中最为激进的要算贝克尔和布坎南（J. Bachanan）。他们力图以所谓"理性选择理论"（rational choice theory）这种本质上属于经济学领域的理论和方法来分析、解释诸如家庭、生育率、官僚体制等社会政治现象。这是一种超越学科领域的扩张，被学术界称为"经济学帝国主义"。

对于"经济学帝国主义"的这种扩张趋势，当代一些社会学家，如格兰诺维特（M. Granovetter）、科尔曼（S. colman）、福山（F. Fukuyama）

等作出了积极的回应。其中，日裔美籍学者、美国国务院官员福山对新古典经济学的批判最为突出。福山于 1995 年出版了《信任：社会道德与繁荣的创造》，该书由李宛蓉译，1998 年远方出版社出版。在书中，他从经济社会学的角度，以信任为主线，强调了文化对经济发展的重要性，对新古典经济学进行了批判。

1. 切中了新古典经济学的要害，是继格兰诺维特之后的对新古典经济学进行的一次最为系统、深刻而彻底的批判，是从经济社会学角度对新古典经济学的一次大清算，从而为经济社会学在当代的研究与发展扫清了理论上的障碍。

新古典经济学的基础模型是利己、理性的人类行为，它把人类设定为"理性地追求最大效用的个体"，即"经济人"。"经济人"在从事经济活动中绝不受任何社会结构、社会关系影响，只是为自己的经济利益打算，他们总是不带任何感情地、孤独地行动。在竞争性市场中，作为交易双方，他们不是作为"完整的人"在进行交易，只是作为"交易者"而出现的。因此，经济活动中的社会关系对于市场运行来说只是障碍。

格兰诺维特从波兰尼有关"嵌入"的概念出发，就有关经济行动与社会结构的关系提出了富有创见性的"嵌入"理论。这一理论主要表达在其著名论文《经济行动与社会结构：嵌入性问题》（1985）中。格兰诺维特以"嵌入"理论对新古典经济学"经济人"进行了批判。

格兰诺维特称新古典经济学的上述观点为"社会化不足"（undersocialized）的观点，称"经济人"为"低度社会化人"。格兰诺维特认为"社会化不足"的观点，实质上主张经济活动由不受任何社会结构、社会关系影响的原子化个人作出的决策与行动，原子化基于对自我利益的功利性追求。实际上，这一观点预设了"社会性孤立"（Atomized）的个人。个人当下的具体行动只是单个人作出的原子式活动，而不是当下的社会结构、社会关系的产物。这种观点把个人现时的决策和行动与个人当下所处的具体社会情境分割开来，无视行动当时所处的社会情境，无视行动往往发生于人与人之间的互动过程这一事实。因而无法说明个人经济行动与所处的社会现实之间的关系，无法解释行动者真实的行动状况。

格兰诺维特认为，他所主张的"嵌入"理论能避免新古典经济学"社会化不足"所带来的缺陷。"嵌入"理论认为，行动者不是脱离社会结构、社会关系像原子个人似地进行决策和行动的，而是嵌入于具体的、当下的社会结构、社会关系中作出符合自己主观目的的行动选择。因此，个人的经济行动一定程度上是由个人所处于其中的社会结构与社会关系塑造的。格兰诺维特的"嵌入"理论为当代经济社会学的研究奠定了坚实的理论基础。

福山在格兰诺维特的基础上，对新古典经济学展开了更为深刻、彻底的批判。福山认为"经济人"基本假定是新古典经济学的基石，也是它的要害之处。新古典经济学关于经济人活动的模式是对人的活动的严重歪曲。

首先，福山指出，在许多情况下人们所追求的目标并不是个人的最大效用，甚至有时候与效用无关。

按照"经济人"假定，人类以理性的方式追求尽可能多的、他们认为最有用的、最佳的利益，也就是说，人类理性地追求最大效用（utility）。效用一词，最基本的涵义就是 19 世纪功利主义者边沁（J. Bentham）所谓的功利，即追求快乐、逃避痛苦。因此，在新古典经济学看来，尽可能多地享受生命中的美好事物是人类从事经济活动的动机。

然而，在无数的情境之下，人们所追求的目标却不是个人的最大功利。比如，有些人放弃高薪隐居深山与自然为伍，有些人为抢救他人冒着生命危险冲入熊熊大火之中，有些人在沙场上奋力拼杀，甚至为国捐躯。甚至，有时候人们追求的是一些与效用无关的目标。比如有些征战，人们发动战争的动机与效用无关，人们可能仅仅为了认同、宗教、正义、威望、荣誉等而战。

有些新古典经济学家为弥补这一明显的漏洞，便力图扩大效用适用范围，把它延伸到心理领域。认为上述的一些行为也是追求"效用"，他们追求的是与物质效用不同的"心理效用"。福山对于此种辩解，不以为然，认为"这种换汤不换药的说法，徒然使原来的模型失去分量与解释能力"[①]。因为这种辩解已使"效用"一词变成了纯粹形式上的概念。

其次，福山又指出，在很多情况下人们追求效用并不都是出于理性的算计和决定。

---

① ［美］福山：《信任：社会道德与繁荣的创造》，李宛容译，远方出版社 1998 年版，第 28 页。

在福山看来，所谓理性，指的是人们在考虑所有可能的选择方案之后，选择长期而最具效用的方案。若以此为标准，那么在现实生活中人们经常是不理性的。比如中国人对家庭的死忠，日本人对收养非血亲后代的观念，法国人对建立面对面关系的抗拒，等等。这些行为或观念都不是出于理性的算计，而是与生俱来的民族习惯。

对此，许多新古典经济学家又作了辩解。他们认为上述这些例子并不是不理性的行为，而是因为信息不完全、不对称。人们之所以做一些看似不理性的选择是由于获取较多、较佳信息的成本要高出他们预期从中得到的利益。在传统文化观念浓重的社会与工业化社会里，人们的行为举止迥然相异，原因就在于植根于各自文化的行为法则不同，而这些法则对它们的文化来说，完全是合乎理性的。他们甚至进一步辩解，要求人们在社会生活中每个选择都得保持理性，根本就是不理性。这种辩解就近乎诡辩了。

福山以生活中活生生的事例对此做了令人信服的反驳。福山认为，习惯虽然可能在经济上合乎理性，或者在过去可能有其合理的原因，但实际上现存的许多习惯却呈现了截然不同的样貌，已经变成一种集体的"无意识"行为。比如，在中国传统农业社会里，人们多生几个儿子，是"养儿防老"。可是为什么那些移民到美国或加拿大这些养老保险制度较为完善国家的中国人，仍然信奉这样的价值观念呢？还有一些更有说服力的例子。在某些国家，政府给一些未婚妈妈在结婚之前提供许多一旦她们结婚后就无法再享受到的福利。因此，作为一个理性的未婚妈妈，若从经济原因考虑，就不会首先结婚。然而，事实上，未婚妈妈很少因为经济利益而选择不嫁给孩子的父亲。很显然，这是传统习惯的作用。由于世界上各种文化所认同的理性，在意义上不可能完全相同，因此，不存在完全合乎该文化所认同的理性的社会法则。

最后，福山指出，个人理性地追求效用最大化的行为未必就是最有效率的行为。

这里就涉及这样一个实质性的问题，即人类在本质上是利己的，还是利他的？用福山的话来说，"人类究竟是追求最佳效用的个体，还是隶属于较大社会群体中的一员?"① 个人理性的行为最有效率,还是团体的行为最有效率?

福山认为,人们隶属于多种社会团体,包括家庭、邻里、宗教、民族等。由于存在团体与个人利益之间的冲突,因此个人必须在两者之间寻求平衡。比如,在家庭中个人对家庭的责任并不只是来自于个人对于利益的盘算。又如,作为公司中的一名员工,他可能隶属于某一社会团体,而这一社会团体可能会对该公司整体经济活动性质产生影响。也就是说,包含道德意识的社会行为在许多方面与个人追求最大效用的行为同时并存。事实上,在社会生活中,虽然个人利己行为发生次数的频率极高,但是人类以不理性团体导向方法采取的行动,其发生的频率也很高。因此,新古典经济学关于"经济人"的人类本性模型显然不足以反映人类本质的全部。

因此,经济行为未必纯然是个人的活动,它还包括团体活动。由于社会团体成员之间存在共同的道德价值观,使得他们合作起来更有效率。因此,最有效率的经济行为,未必就是理性地追求效用最大化的行为,最高的经济效率也未必由理性追求利己行为来达成,反而会通过由个体所组成的社会团体共同努力来达成。

2. 抓住了新古典经济学忽视社会文化因素这一致命弱点,通过阐发信任理论,强调文化对于经济发展的重要性,从反面对新古典经济学进行了批判,从而为经济社会学在当代的研究与发展开阔了视野。

由于文化因素无法吻合经济学界所概括出来的通用发展模式,因而新古典经济学家一向不太关心经济生活中的文化因素。

新古典经济学由于对文化因素的忽视而漏洞百出,不仅不能充分地解释政治生活,而且也不能充分地解释经济生活。因此,福山指出,对于文化因素在经济发展中的影响力的忽视正是新古典经济学的致命弱点。

新古典经济学这种致命弱点是在扭曲推进古典经济学的过程中形成的。古典经济学大师亚当·斯密,除了写过《国富论》外,还写过一部《道德情操论》。在这部著作中,他将经济动机归结为极为复杂的心理,并认为经济活动是植根于更广的社会习惯与文化道德之中。因此,由亚

---

① [美]福山:《信任:社会道德与繁荣的创造》,李宛容译,远方出版社 1998 年版,第30 页。

当·斯密奠基的古典经济理论，其内涵是相当丰富的，然而这一本应深入挖掘的丰富内涵在西方经济学的发展过程中逐渐销蚀、浓缩、窄化，从而把进行经济活动的人变成了单纯的"经济人"，一个"单向度"的人，一架没有文化内涵的拼命赚钱的"数学机器"。

与忽视文化因素对经济发展的重要性的新古典经济学相反，福山以信任为主线，进行跨文化比较，与科尔曼一样，把信任作为一种社会资本，展示了文化对于经济发展的重要作用。

福山是从分析一国的工业结构入手展开信任问题研究的。福山发现，一国的工业结构，尤其是企业规模在不同文化传统的国家里是不同的。就私营企业而言，美国、日本、德国的私营企业规模较大，而中国、意大利南部、法国以及一些深受儒家文化影响的韩国、新加坡等国家的私营企业规模较小，而企业规模大小决定了一国在国际上的总体竞争力，从而决定了一国的经济兴盛与繁荣。

通过比较、分析，福山认为，那些拥有规模较大企业的国家如美国、日本、德国是社会信任度较高的国家；反之，那些拥有规模较小企业的国家，如中国、法国、韩国等属于社会信任度较低的国家。这些国家具有大规模企业，基本上都是国营企业，而非自发生长的私营企业，他们主要靠国家的扶持，而不是依靠社会信任自己扩展起来的。

社会信任度的高低体现了社会"自发社交力"的高低。这种"自发社交力"是以共同伦理道德价值观为基础，在社会内部成员之间自愿结合的能力。因此，形塑企业规模与经营形态的力量并非是理性地追求最大效用的个人，而是表现一个社会内部成员之间信任程度的自发社交力。这样，一个社会信任程度的高低就成为对经济发展发生影响作用的重要文化因素。

信任，在福山看来，指的是"在一个社团之中，成员对彼此常态、诚实、合作行为的期待，基础是社团成员共同拥有的规范，以及个体隶属于那个社团的角色。"[①] 享有共通价值观的社团，由于其先天的道德共识使社会成员互相信任，因而是信任度高的社团，或称道德性社团。

有关社团的形成，新古典经济学家认为，理性的个体经过理性算计

---

① ［美］福山：《信任：社会道德与繁荣的创造》，李宛容译，远方出版社 1998 年版，第 35 页。

之后，认为合作最符合其长期效用最大化的实现，从而自愿遵守社会契约而组成社团。按照这种逻辑，社团的组成仅需要自我利益以及契约等法律机制，而不需要社会成员之间的相互信任。任何人在任何时候只要自我利益能得到契约和法规的保障，就可以组成社团，而不须依赖组织成员的文化背景支撑。

福山认为效能最高的组织是那些享有共通伦理道德价值观的社团或道德性社团。因为这类社团不需要严谨的契约和法律条文来规范成员之间的彼此关系，而只需遵循共通的伦理规范，就能在彼此之间形成高度的信任，因而他们在社会中的经营成本就比较低廉。而那些仅靠契约与自我利益组建起来的社团，由于缺乏成员间彼此的信任，因此只能靠正式的规章和制度使社团运行。规章制度的制定与执行一定程度上使经济学意义上的"交易成本"上升。

因此，福山与科尔曼一样，认为信任是一种社会资本。这种社会资本是指"在社会或其下的特定群体之中，成员之间的信任普及程度。"①这种社会资本的创建不像人力资本可通过理性的投资决策获取，而是"通常经由宗教、传统、历史习惯等文化机制所建立起来的。"②信任这种社会资本，不仅会影响一国工业结构，而且会影响该国在全球化经济中的地位。

福山还认为，社会资本与物质资本之间呈负相关的关系，即一个低信任度的社会，其社会资本弱，则开展经济活动所需的物质资本就多；反之，一个高信任度的社会，其社会资本强，则开展经济活动所需的物质资本就少。因此，建立和发展这种社会资本，不仅可以节约物质资本，而且可以取得更高的效益。

总之，福山通过对信任理论的阐发，进一步强调了文化对于经济发展的重要性。福山的信任理论，扩大了经济社会学研究的领域与主题，加深了人们对于文化与经济关系的认识与理解，为经济社会学在当代的研究与发展展示了新的广阔空间。

从福山对新古典经济学的批判中，可以看到：经济行为绝不只是一

---

① ［美］福山：《信任：社会道德与繁荣的创造》，李宛容译，远方出版社1998年版，第35页。

② ［美］福山：《信任：社会道德与繁荣的创造》，李宛容译，远方出版社1998年版，第35页。

种纯经济活动，绝不只是一种成本利益的计算，其中渗透着诸多的社会、文化和心理因素。这些因素相互作用，综合成一个现实的有机系统，以系统的形式对经济和社会的发展发生作用。这是对市场经济深思熟虑的结果，是当代有识的社会学家集体智慧的结晶。他山之石可以攻玉。借鉴福山等人的理论成果，可以使我们在建设社会主义市场经济、从事各项经济活动的过程中，自觉把握理性选择和综合利用信任、社交力等各种社会文化因素的关系，使我国的经济、社会发展更加协调，使社会主义现代化建设沿着良性运行的轨道前进。

[载于《内蒙古民族大学学报》（社会科学版）2003 年第 2 期]

信任：当代经济社会学研究的新视野

　　经济社会学的发展，是经济学家与社会学家共同推动的结果。从某种意义上讲，"经济学帝国主义"的入侵是经济社会学发展的外在动力。社会学家在遭受"经济学帝国主义"入侵之后，作为回应，或者对经济学的理论和方法进行批判，并在此基础上对于被入侵的领域从社会学的角度展开了更为深入的研究；或者直接借鉴经济学的理论和方法开展有关方面问题的研究，从而推动了经济社会学的发展。

　　西方经济社会学开始重视信任问题的研究，实质上是对"经济学帝国主义"入侵的一种积极回应。20 世纪 70 年代，在西方经济学界兴起了一股对于信任问题研究的热潮。新古典经济学以"经济学帝国主义"的身份，以"理性选择理论"研究信任问题。经济学家阿罗在《组织限度》（1974）一书中认为，信任是经济交换的有效润滑剂，并且在《礼品与交换》（1975）一书中把经济落后与信任联系起来，认为可以用缺少相互信任来解释世界上的很多经济落后现象。经济学家赫西在《增长的社会限度》（1978）一书中则把信任看成是一种"公益"，认为它是许多经济交易达成的必要因素。对于"经济学帝国主义"的这种扩张趋势，当代一些社会学家，如格兰诺维特、福山、科尔曼等作出了及时而积极的回应。格兰诺维特、福山对新古典经济学进行了毫不留情的批判，并在此基础上对信任问题展开了更为深入的研究。

　　新古典经济学的理论基石是"理性地追求最大效用的个体"。即"经济人"基本假定。按照这种假定，"经济人"在从事经济活动中绝不受任何社会结构、社会关系的影响，只是为自己经济利益打算的原子化个人，他们总是不带任何感情地、孤独地行动。在竞争性市场中，作为交易双方，他们不是作为"完整的人"在进行交易，只是作为"交易者"而出现的。因此，经济活动中的社会关系对于市场运行来说只是障碍。

　　格兰诺维特在《经济行动与社会结构：嵌入性问题》（1985）一文

中，从波兰尼有关"嵌入"的概念出发，就有关经济行动与社会结构的关系提出了富有创见性的"嵌入"理论。他以"嵌入"理论对新古典经济学进行了致命的批判。格兰诺维特认为，新古典经济学以上这种观点是一种"社会化不足"的观点，"经济人"是一种"低度社会化的人"。所谓"社会化不足"的观点，实质上主张经济活动由不受任何社会结构、社会关系影响的原子化个人作出的决策与行动，原子化基于对自我利益的功利性追求。因而，这一观点预设了"社会性孤立"的个人。因此，个人当下的具体行动只是单个人作出的原子式的活动，而不是当下的社会结构、社会关系的产物。因此，这种观点把个人现时的决策和行动与个人当下所处的具体的社会情境分割开来，无视行动当时所处的社会情境，无视行动往往发生于人与人之间的互动过程这一事实。因而无法说明个人经济行动与所处的社会现实之间的关系，无法解释行动者真实的行动状况。

格兰诺维特认为，他所主张的"嵌入"理论能避免新古典经济学"社会化不足"所带来的缺陷。在"嵌入"理论看来，行动者不是脱离社会结构、社会关系像原子个人似地进行决策和行动的，而是嵌入于具体的当下的社会结构、社会关系中作出符合自己主观目的的行动选择。因此，个人的经济行动一定程度上是由个人所处其中的社会结构与社会关系塑造的。

格兰诺维特的"嵌入"理论为当代经济社会学的研究奠定了坚实的理论基础。

格兰诺维特不仅以他的"嵌入"理论对新古典经济学进行了批判，而且在此基础上以他的"嵌入"理论解释和分析了经济生活中信任与经济秩序、经济交易成本之间的关系。

1. 信任与经济秩序的关系

"经济秩序如何可能"的问题是经济学的根本问题，这一问题可以具体地表达为通过什么机制使经济生活中的各种互相破坏和互相欺诈行为得到抑制，或者是什么有效地阻止了经济生活中的各种互相破坏和互相欺诈行为的发生。经济学家对这一问题作出了各种各样的解释。斯密认为，竞争性市场对于个人的约束力可以从根本上防止或减少互相破坏和互相欺诈行为或事件的发生。新制度经济学家斯科特认为，各种制度安排能够有效地阻止破坏和欺诈行为的发生。阿罗等经济学家则认为，只有从事经济活动的每个行动者都依"普遍的道德"来行事，才能完全杜绝破坏和欺诈的发生。格兰诺维特认为，在经济活动中行动者嵌入于具体的人际关系和网络之中使行动者之间产生了彼此的信任感，有效地阻止了各种互相破坏、互相欺诈行为的发生。

2. 信任与经济交易成本的关系

任何经济交易都会存在交易成本的问题。经济交易中的成本是为防止经济交易中的欺诈、破坏及处理争端所付的成本，包括必要的制度监督费用以及与法律事务有关的费用等。尤其当交易时间长、交易内容复杂、交易商品特殊时，在市场上从事这种交易的成本就会很高。因为规范每一项行为所订定的契约十分烦琐、执行契约以及为处理契约不履行而发生的争端所涉及的法律行为也特别复杂，因而所需的费用很高。因此，如何降低或节省这种交易成本就成为经济学家经常思考的问题。威廉姆森认为，可以将市场上这种成本很高的交易内化为公司组织内的交易，通过一个权威体系，来协调相关各部门的交易，从而节省或降低交易成本。

格兰诺维特不同意威廉姆森的这种观点，认为公司组织内的权威体系不一定能非常有效地协调这种交易，因为公司组织内也存在联合欺诈、浪费和不团结等现象。因此，有时候这种交易的成本可能在公司组织内反而比在市场上要来得高。实际上，市场上存在的信任关系可能使这种长期、复杂而特殊的交易变得相当便捷、容易。在经济交易中，由于经济行为者之间的相互信任可以有效地防止相互破坏和相互欺诈行为和事件的发生，因而也就降低或节省了为防止欺诈、破坏及处理争端所需的交易成本。人与人之间的相互信任降低或节省了经济交易成本。因此，威廉姆森的错误在于过分看重了公司组织内权威体系的协调能力，而无视市场上存在的信任关系。在人际互动中产生的人与人之间的相互信任是从事经济交易的必要基础，也是决定交易成本的重要因素。（朱国宏，1999）

福山在《信任：社会道德与繁荣的创造》一书中，在格兰诺维特对新古典经济学进行批判的基础上，从三个方面对新古典经济学的基石，即"经济人"这一基本假定展开了最为系统、细致而彻底的批判。

首先，福山指出，在许多情况下人们所追求的目标并不是个人的最大效用，甚至有时候与效用无关。按照"经济人"假定，人类以理性的方式追求尽可能多的，他们认为最有用的、最佳的利益，也就是说，人类理性地追求最大效用。然而，在无数的情境之下，人们所追求的目标却不是个人的最大功利。比如，有些人放弃高薪隐居深山与自然为伍，有些人为抢救他人冒着生命危险冲入熊熊大火之中，有些人在战场上奋力拼杀，甚至为国捐躯。甚至，有时候人们追求的是一些与效用无关的目标。又比如有些征战，人们发动战争的动机与效用无关，人们可能仅仅为了认同、宗教、正义、威望、荣誉等而战。

其次，福山指出，在很多情况下人们追求效用并不都是出于理性的算计和决定。在福山看来，所谓理性，指的是人们在考虑所有可能的选择方案之后，选取长期而最具效用的方案。若以此为标准，那么在现实生活中人们经常是不理性的。比如中国人对家庭的死忠，日本人对收养非血亲后代的观念，法国人对建立面对面关系的抗拒等。这些行为或观念都不是出于理性的算计，而是与生俱来的民族习惯。

最后，福山指出，个人理性地追求效用最大化的行为未必就是最有效率的行为。因为经济行为未必纯然是个人的活动，它还包括团体活动。由于社会团体成员之间存在共同的道德价值观，使得他们合作起来更有效率。因此，最有效率的经济行为，未必就是理性地追求效用最大化的行为，最高的经济效率也未必是由理性追求利己行为来达成，反而会通过由个体所组成的社会团体共同努力来达成。

福山在对新古典经济学的"经济人"基本假定进行批判的基础上，进一步指出了新古典经济学的致命弱点。福山认为，由于文化因素无法吻合经济学界所概括出来的通用发展模式，因而新古典经济学家一向不太关心经济生活中的文化因素。新古典经济学由于对于文化因素的忽视而漏洞百出，不仅不能充分地解释政治生活，而且也不能充分地解释经济生活。因此，对于文化因素在经济发展中的作用的忽视是新古典经济学的致命弱点。[1]

与新古典经济学相反，福山强调了文化对于经济发展的重要性，并从文化和经济关系的角度，对信任问题进行了跨文化的比较研究。主要把信任作为一种社会资本，研究信任这种社会资本和经济规模、经济效率和经济效益、经济繁荣和发展之间的关系。

---

[1] 董才生：《福山对新古典经济学的批判》，《内蒙古民族大学学报》2003 年第 2 期。

1. 信任是一种社会资本

在福山看来，所谓信任，指的是"在一个社团之中，成员对彼此常态、诚实、合作行为的期待，基础是社团成员共同拥有的规范，以及个体隶属于那个社团的角色。"[①] 因此，享有共同价值观的社团，由于其先天的道德共识而使社团成员之间产生互相信任。这样的社团是信任度高的社团，或称道德性社团。因此，社团成员之间基于先天的道德共识而产生的相互信任也是社团形成的重要因素。而新古典经济学认为，理性的个体经过理性算计之后，认为合作最符合其长期的效用最大化的实现，因而自愿同意遵守社会契约而组成社团。因此，社团的组成仅需要自我利益以及契约等法律机制，任何人在任何时候只要在契约和自我利益的基础上就能组成社团。福山不同意新古典经济学的这种观点，认为它过高估计了契约和自我利益的作用，而忽视了社团成员所依赖的文化背景以及在此基础上产生的社团成员之间的相互信任在社团形成过程中的作用。

福山认为，所谓社会资本就是指"在社会或其下的特定群体之中，成员之间的信任普及程度"。[②] 人与人之间相互信任这种社会资本的创建并不像人力资本那样可通过理性的投资决策获取，而是"通常经由宗教、传统、历史习惯等文化机制所建立起来的"。[③]

2. 信任与经济规模的关系

福山研究了各国的工业结构（包括企业规模、企业在整体经济里的分布，以及个别公司的组织方式等）后发现，在社会信任度不同的国家里，企业的规模是不同的。就私营企业而言，美国、日本、德国是社会信任度较高的国家，因而其私营企业的规模较大，而中国（包括台湾、香港、澳门）、意大利、法国以及一些深受儒家文化影响的韩国、新加坡等国家是属于社会信任度较低的国家，其私营企业的规模较小。

社会信任度的高低体现了社会"自发社交力"的高低。这种"自发

---

① ［美］福山：《信任：社会道德与繁荣的创造》，李宛蓉译，远方出版社1998年版，第35页。

② ［美］福山：《信任：社会道德与繁荣的创造》，李宛蓉译，远方出版社1998年版，第35页。

③ ［美］福山：《信任：社会道德与繁荣的创造》，李宛蓉译，远方出版社1998年版，第35页。

社交力"是以共同的伦理道德价值观为基础，在社会内部成员之间自愿结合的能力。因此，形塑企业规模与经营形态的力量并非是理性地追求最大效用的个人，而是表现一个社会内部成员之间信任程度的自发社交力。这样，作为社会资本的社会信任程度的高低就成为对经济发展发生影响作用的重要的文化因素。

3. 信任与经济效率和效益的关系

福山发现，社会资本与物质资本之间呈负相关的关系，即一个低信任度的社会，其社会资本弱，则开展经济活动所需的物质资本就多；反之，一个高信任度的社会，其社会资本强，则开展经济活动所需的物质资本就少。因此，在福山看来，效能最高的组织是那些享有共通伦理道德价值观的社团或道德性社团。因为这类社团不需要严谨的契约和法律条文来规范成员之间的彼此关系，而只需遵循共通的伦理规范，就能在彼此之间形成高度的信任，那么他们在社会中的经营成本就比较低廉。而那些仅靠契约与自我利益组建起来的社团，由于缺乏成员间彼此的信任，因此只能靠正式的规章和制度使社团运行。规章制度的制定与执行一定程度上使经济学意义上的"交易成本"上升。

因此，社会中人与人之间的相互信任作为一种社会资本，能提高经济行为者的经济效率与效益。每一个经济行为者在与其他经济行为者进行交易时，由于他们之间的相互信任，不仅节省了交易时间，而且节省或降低了交易成本，从而大大提高了经济行为者的经济效率与效益。就企业这一经济行为者而言，由于企业内部成员之间的相互信任，使企业成员之间产生高度的团结心，从而提高了企业的经济效率。由于企业内部成员之间的相互信任也使企业在社会中经营的物质成本低廉，从而提高了企业的经济效益。

4. 信任与经济繁荣和发展的关系

在福山看来，社会中存在的人与人之间高度的相互信任，作为一种强大的社会资本，不仅可以降低或节省大量的物质资本，而且也为大规模企业的产生创造了良好的条件。而企业规模的大小决定了一国在国际上的竞争力，影响该国在全球化经济中的地位。因此，人与人之间的相互信任，不仅会影响一国的工业结构，而且会影响该国大规模企业的产生，从而促进该国的经济繁荣与发展。

格兰诺维特、福山是在批判新古典经济学的基础上，通过对信任问题展开经济社会学的研究对"经济学帝国主义"的入侵作出了积极的回应，而科尔曼则是通过直接借鉴新古典经济学理性选择的理论和方法研究信任问题，对"经济学帝国主义"的入侵作出积极回应。科尔曼在《社会理论的基础》一书中，基于理性选择理论与方法对信任问题展开了研究，主要研究信任与市场经济的关系问题。

1. 信任是一种社会资本形式

在市场经济中，信任是以社会资本的运作方式发挥作用的。科尔曼认为，资本有三种基本的形式，即物质资本、人力资本以及社会资本。存在于工具、机器和其他生产设备之中的物质资本是通过改造物质材料形成的。人力资本是通过改变人，向人们传授技能使其按照新的方式行动而形成的，而社会资本的形成，依赖人与人之间的关系，按照有利于行动的方式而改变。物质资本是有形的，可见的物质是其存在形式；人力资本是肉眼看不见的，它存在于个人掌握的技能和知识中；社会资本基本上是无形的，它表现为人与人之间的关系。科尔曼从社会结构角度出发研究社会资本，把它界定为一种潜藏于社会结构中便利于行动者的个人资源。认为社会资本除了包括信任关系之外，规范、权威关系、信息网络、多功能社会组织、有意创建的组织等多种形式。

"信任作为社会资本的一种形式"①，是由期望和义务构成。如果 A 为 B 做了某些事情，并且相信 B 日后会报答自己，A 对 B 便有一种期望，B 对 A 承担一种义务。A 使 B 对自己承担义务，是一种理性的行为。作为理性行动者 A 之所以使 B 对自己承担义务，必定是由于他们能够获得某种超越义务的利益。因为义务的创造相当于办理了某种保险，支付保险费代价极小，而领取的保险金价值很大。显然，这是有利可图的行动。有两个要素对于信任这种社会资本有重要影响：一是社会环境的可信任程度，即应尽的义务是否履行；二是个人担负义务的范围。②

2. 信任是一种理性的市场交易行为

科尔曼从理性选择理论与方法出发研究信任本质，把信任看成是委托人与受托人之间的"博弈"关系，一种理性行动者作出的理性行为，

---

① ［美］科尔曼：《社会理论的基础》（上、下册），邓方译，社会科学文献出版社 1999 年版，第 360 页。

② ［美］科尔曼：《社会理论的基础》（上、下册），邓方译，社会科学文献出版社 1999 年版，第 356—363 页。

在市场领域里，是一种理性的市场交易行为。科尔曼认为信任是致力于在风险中追求最大化功利的有目的的行为。最简单的信任关系包括委托人与受托人两个行动者，他们都是有目的的行动者，其目的在于使个人利益得到满足。委托人将信任给予受托人使这两个行动者之间形成了最基本的信任关系。因此，信任的给予是受托人采取行动的前提。如果受托人值得信任，委托人通过给予信任所获利益大于拒绝信任受托人所得利益。但如果受托人靠不住，委托人只有拒绝信任他，才能获得较大利益。信任的给予包括委托人在没有得到受托人任何承诺的情况下，自愿把某些资源给予受托人，受托人在未来某一时刻，必须采取某些行动。

因此，委托人为了在风险条件下最大限度地获得个人利益，必须在拒绝信任或给予信任之间作出选择。在行动者拒绝信任的情况下，原有的利益不变。在行动者给予信任的情况下，预期获得的利益等于可能所得与成功机会的乘积减去可能所失与失败机会的乘积。如果被减数大于减数，即成功机会与失败机会的比例大于可能所失与可能所得的比例，一个理性行动者便给予信任。用公式表示就是：$GP > L(1 - P)$ 或 $P/(1 - P) > L/G$。其中 P 代表获得成功的概率，L 代表可能的损失，G 代表可能的收获。因此，与其把信任行为看成是一种非理性行为，不如把它看成是一种理性行为。

在市场领域里，委托人信任受托人，与他进行交易，其信任行为就是一种理性行为。在市场上，各种受托人可以按同一种商品（如金）或与此种商品有固定交换率的其他商品（如银）的价值作出承诺。这种承诺成为唯一的交换媒介，即货币。货币只是印有数字的一张纸，它本身并不具有价值，它的价值依赖第三者的保证。在交换中，银行或金饰商所出保证付款的承诺书比一般人写的承诺书容易被接受。因此，各种类别的付款保证逐渐被淘汰，由银行发行的纸币逐渐成为唯一的有价证券。在市场交易中，如果两个出售同样货物的卖主都保证在同一期限内交货，无疑，理性行动者将选择其中信任程度较高的一位进行交易。在市场上，就委托人而言，如果两个卖主给他带来的可能损失与可能所得完全一样，而且 $P/(1 - P)$ 都大于 L/G，他便选择信任度较高的卖方从事交易。[1]

---

[1] ［美］科尔曼：《社会理论的基础》（上、下册），邓方译，社会科学文献出版社 1999 年版，第 124—125 页。

　　总之，西方经济社会学家对于信任问题的研究具有重大的理论与现实意义。首先，他们通过对信任理论的阐发，进一步强调了文化对于经济发展的重要性，不仅切中了新古典经济学的要害，并从经济社会学角度对它进行了一次大清算，一次系统、深刻而彻底的批判，从而为经济社会学在当代的研究与发展扫清了理论上的障碍。其次，他们提出的一些观点或理论，如信任产生于人际互动与人际网络，信任是一种理性行为，信任作为一种特定的社会资本形式，以社会资本的运作方式在经济生活中起着重大作用等，扩大了经济社会学研究的领域与主题，从而为经济社会学在当代的研究与发展开阔了新的视野，展示了新的空间。最后，社会主义市场经济是信用经济，社会主义信用经济的最终建成是以整个社会高度的信任作为支撑的。因此，西方经济社会学家有关信任在经济生活中起着重大作用的理论，对于当今中国社会主义市场经济建设具有重大的现实指导意义。

[载于《内蒙古民族大学学报》（社会科学版）2004 年第 5 期]

社会学视野里的社会信用及其体系建设[①]

中国古代汉语中，"信"与"诚"两字可以互通。"信"的含义是真实无欺，"诚"的本义是真实。如《说文解字》就认为："诚，信也。""信，诚也。"这里所谓"信"指的是信用，"诚"就是诚实。由于"信""诚"互训，因而人们通常将"信"与"诚"合用为"诚信"，指诚实守信、真实无欺。讲信用、守信用、有信用就是诚实、真实无欺的表现。因此，信用最基本的含义就是诚实、真实无欺，具体表现为"遵守诺言、践行约定"。当然，信用这一最基本含义在社会生活的不同领域具有不同的表现形式，如在经济领域表现为经济信用，即在经济活动过程中"遵守诺言、践行约定"，在现代商业社会，人们谈论的信用大多是指经济信用；在政治领域表现为政治信用，即在政治活动过程中"遵守诺言、践行约定"；在社会生活领域表现为社会信用，即在社会生活过程中"遵守诺言、践行约定"等。在经济学领域，信用一般被定义为经济交易主体之间的一种借贷活动、关系或能力，（张亦春，2004）社会信用体系一般被理解为由个人信用、企业信用与政府信用三者构成的一个有机系统。[②]然而，在现实的经济生活中，信用不是一个纯粹经济问题，而是一个经济社会问题。本文从社会学角度理解社会信用及其体系建设，将社会信用及其体系建立在制度基础上，旨在突破经济学的界限，为更有效地解释与解决经济生活中的信用问题提供坚实的理论基础。

[①] 与闻凤兰合作。闻凤兰，吉林大学马克思主义学院副教授。

[②] 薛丽：《诚信：现代市场经济的基石——专家学者关于建立社会信用体系问题的观点综述》，（人大报刊复印资料）《体制改革》2002 年第 7 期。

一 社会信用：道德信用与法制信用

制度是人类在社会交往过程中形成的一切社会交往行为模式，包括支配与约束人们社会交往行为的定型化、非定型化的规则与规范，它是一种规则与规范体系。具体而言，制度包括习俗、惯例、道德规范、法律制度、规定、规章等。可以从约束形式的角度将制度划分为内在制度与外在制度两种基本类型。内在制度是一种从内部对于社会交往行为者的行为实施约束的制度，如习俗、惯例以及道德规范等；而外在制度则是一种从外部对于社会交往行为者的行为实施约束的制度，如法律制度、规定、规章等。（柯武刚，2002）传统社会以道德内在制度为主导，而现代社会则以法制外在制度为主导。

信用最基本的含义是诚实、真实无欺。因此，最初的信用本身就是一种道德属性或道德品质，或者它以道德内在制度为基础、受道德内在制度约束。这种信用可称之为"道德信用"或"道德型信用"。后来，随着社会的发展，尤其是进入现代市场经济社会，从最为基本的道德信用中发展出了所谓的"法制信用"或"法制型信用"，它以法律外在制度为基础，受法律外在制度约束，这种法制信用是对最初道德信用的一种"法制化"。然而，只要以制度为基础，无论是何种形式的信用都是一种社会信用。因此，可以从制度角度将社会信用划分为道德信用与法制信用两种基本类型或形式。

道德信用，是以道德为基础，在道德的约束（内在约束）下产生的信用，具体表现为一种"遵守诺言、践行约定"的道德属性或品质。经济交往主体之间的信用关系本质上是一种道德关系，涉及道德义务与道德责任。这种道德信用主要靠道德规范来支撑，靠"道德化"的法律制度来保障，它主要存在于传统的前市场经济的"熟人社会"中，前市场经济的秩序靠它来维持。

法制信用，是以法制为基础，在法制的约束下（外在约束）产生的信用，具体表现为一种"遵守诺言、践行约定"的法制关系。经济交往主体之间的信用关系本质上是一种法制关系，涉及法律上的权利与义务关系。这种法制信用主要靠深层的道德规范来支撑，靠法律制度规范来保障，它主要存在于现代市场经济的"陌生人社会"中，现代市场经济的秩序靠它来维持。法制信用基于一定的法律制度规范，并在一定的法律制度规范约束（管理、监督、执行等）下产生与发展。法律制度既包括与信用有关的法律、法规，又包括有关信用的具体制度，如信用管理、监督制度，征信制度，信用担保或抵押制度等。（张亦春，2004）

道德信用与法制信用之间存在着非常紧密的联系。首先，如前所述，道德信用与法制信用都是以制度为基础，只不过前者基于道德这一内在制度，后者基于法律这一外在制度。其次，道德信用在经济领域里表现为一种道德属性，经济信用关系是一种道德关系，经济信用行为是一种在内化的道德规范支配下的"自觉自愿"行为或"自愿性"行为。而法制信用在经济领域里则表现为一种法制关系，经济信用关系是一种法制关系，经济信用行为是一种在外在的法律制度支配下的"非自觉自愿"行为或"强制性"行为。再次，法制信用源于最为基本的道德信用，实质上是这种道德信用的"法制化"。最后，在不同的社会发展阶段，道德信用与法制信用具有不同的地位。在传统的计划经济社会，道德信用在整个社会信用体系中占主导地位，而在现代市场经济社会，法制信用则在整个社会信用体系中占主导地位。

目前，中国进行的由传统社会向现代社会的转型，由计划经济向市场经济的转轨，本质上是一种制度的转型。因此，随着社会的转型，基于制度的社会信用及其体系也会相应地发生转型，即由道德信用为主导转向以法制信用为主导，由以道德信用为主导的社会信用体系转向以法制信用为主导的社会信用体系。

二 社会信用体系及其建设

在经济学界，一般从主体的角度，将社会信用体系视为由个人信用、企业信用与政府信用三者构成的一个有机系统，这种社会信用体系可称之为"主体社会信用体系"。在这一社会信用体系中，政府信用是社会信用的最高形式，企业信用是社会信用的核心，个人信用是社会信用的根本。我们认为这一社会信用体系由于主要是法制信用，因此，其实质是一个法制信用体系。我们将社会信用体系视为由道德信用与法制信用构成的一个有机系统，这种社会信用体系可称之为"制度社会信用体系"。由于个人信用、企业信用以及政府信用都是以制度为基础的，因此，本质上"主体社会信用体系"也是以"制度社会信用体系"为基础的。"制度社会信用体系"不是仅以法制为基础，而是以道德与法制为基础，以个人信用、企业信用、政府信用为主体，以道德信用与法制信用为主要构成形式，因而可视为一个有机系统。其中，道德信用与法制信用在整个社会信用体系中是相容激励、相互补充的，整个社会信用体系的有机性就建立在这种相容激励、相互补充的基础上。而道德信用与法制信用之间的相容激励、相互补充是以道德这一内在制度与法律这一外在制度之间的相容激励、相互补充为基础的。道德与法制之间的相容激励、相互补充，指的是道德规范与法律制度之间是相互容纳、相互促进的，它们只有在相互保障与相互支持下才能起到维护市场经济秩序长期稳定，促进市场经济持续发展的作用。

根据以上对于社会信用及其体系的理解，我们认为在目前我国进行社会信用体系建设应该从以下三个方面入手：

1. 总结西方社会信用体系建设的经验与教训

西方社会信用体系建设经历了相当长的时期，积累了丰富的成功经验，同时也留给我们许多历史教训。西方国家进行社会信用体系建设，一般非常重视法制信用的作用。它们重视立法，包括有关法律体系的建立，社会信用制度的建设，重视法制信用在社会信用体系建设以及在西方市场经济发展中的作用；但同时，它们往往忽视道德信用在整个社会信用体系以及经济生活中的作用。事实上，道德信用在经济生活中具有非常重要的作用。如推动"中国晋商兴盛"的动力之一就是传统中国社会强劲的道德信用。而美国安然公司的失信行为所引发的"股市信用危机"，其深层原因是道德信用的严重缺失。西方社会信用体系中道德信用的缺失，是其社会信用体系本身的缺陷，影响了西方社会市场经济的进一步发展。这是我们的"前车之鉴"，必须加以重视。

2. 法制信用建设与道德信用建设一起抓

我们必须在借鉴西方社会信用体系建设的成功经验及吸取其历史教训的基础上，结合目前中国社会信用状况，建构具有中国特色的社会信用体系。为此，我们必须在花大力气进行法制信用建设的同时，加强道德信用的建设。首先，建立有关的法律体系与法规，加强法制信用制度的建设，包括具体的法制信用制度与法规的建设，如加强法制信用的管理（如征信制度的管理）与法制信用的监督制度建设等，来为社会信用体系的建立与社会主义市场经济秩序的稳定与发展奠定坚实的基础，提供确切的保障。其次，加强道德教育，培养诚信道德。诚信道德不仅是道德信用的基础，更是法制信用的内在支撑。从最初或最终意义上，道德信用是更为基本的。而社会主义市场经济不仅是法制经济，也是道德经济。因此，我们必须重视道德规范的作用，在加强法制建设的同时加强道德建设，法制信用建设与道德信用建设一起抓。

3. 加强政府的社会信用意识

个人或企业、政府等组织是社会信用体系建设的主体，它们的社会信用状况决定了整个社会信用体系建设的成败。中国所进行的社会转型本质上是"政府主导型"的，即由政府积极推动的。目前建设社会信用体系是为社会主义市场经济与社会转型的顺利进行奠定基础的，因此，它不仅需要个人、企业的积极努力，更需要政府的强有力推动。而加强政府的社会信用意识是目前中国社会信用体系建设的关键。

总之，基于制度（包括道德内在制度与法律外在制度）的信用就是社会信用，它包括"道德信用"与"法制信用"两种基本类型或形式，社会信用体系就是由这两种基本信用形式所构成的一个有机系统。因此，目前中国进行社会信用体系建设，必须在加强法制建设的同时加强道德建设，法制信用与道德信用一起抓，这样才能为社会主义市场经济的稳定而持续地发展奠定坚实的社会基础。

（载于《理论探讨》2005 年第 1 期）

振兴东北的社会学思考：加快社会信用体系建设

中央针对东北地区在市场化改革中出现的日趋严重的"东北问题"或"东北困境"，及时提出了"振兴东北"战略。这一战略对于东北地区摆脱目前困境，继而走上繁荣富裕之路具有重大的现实指导意义。然而，如何具体实施这一伟大战略，决定了东北地区今后的走向。本文以社会学视野里的社会信用理论为基础思考振兴东北问题，认为振兴东北必须加快社会信用体系建设。

一 社会学视野里的社会信用理论

信用最基本的含义就是诚实、真实无欺，具体表现为"遵守诺言、践行约定"。信用这一最基本含义在社会生活的不同领域具有不同的表现形式，如在经济领域表现为经济信用，在现代商业社会，人们谈论的信用大多是指经济信用；在政治领域表现为政治信用；在日常社会生活领域表现为社会信用。

在经济学视野里，信用一般被定义为经济交易主体之间的一种借贷活动、关系或能力（戴相龙，1998；喻敬明，2000）[①]。然而，社会学对于信用的理解则不同于经济学。在社会学看来，信用不纯粹是一个经济问题，而是一个经济社会问题，制度是信用及其体系的基础。所谓制度就是人类在社会交往过程中形成的一切社会交往行为模式，包括支配与约束人们社会交往行为的定型化、非定型化的规则与规范，它是一种规则与规范体系，具体包括内在制度（如习俗、惯例、道德规范等）与外在制度（如法律制度、规定、规章等）两种基本类型（柯武刚，2002）。

---

① 张亦春：《中国社会信用问题研究》，中国金融出版社 2004 年版，第 3—4 页。

信用以这两种制度为基础，主要以道德内在制度与法制外在制度为基础，因而本质上就是社会信用。以道德内在制度为基础的信用，可以称之为"道德信用"，而以法制外在制度为基础的信用，可以称之为"法制信用"。"道德信用"与"法制信用"是社会信用的两种基本类型或形式。

道德信用，以道德为基础，是在道德规范的约束（内在约束）下产生的信用，具体表现为一种"遵守诺言、践行约定"的道德属性或品质。这种道德信用主要靠道德规范来支撑，靠"道德化"的法律制度来保障，它主要存在于传统的前市场经济的"熟人社会"中，前市场经济的秩序靠它来维持。如传统中国社会主导的社会信用就是一种典型的道德信用。

法制信用，以法制为基础，是在法制规范的约束下（外在约束）产生的信用，具体表现为一种"遵守诺言、践行约定"的法制关系。这种法制信用主要靠深层的道德规范来支撑，靠法制规范来保障。法律制度既包括与信用有关的法律、法规，又包括有关信用的具体的制度，如信用管理、监督制度、征信制度、信用担保或抵押制度等①。法制信用主要存在于现代市场经济的"陌生人社会"中，现代市场经济的秩序靠它来维持。如现代西方社会主导的社会信用就是一种典型的法制信用。

社会信用体系就是由道德信用与法制信用这两种基本信用形式所构成的一个有机系统。这种社会信用体系可称之为"制度社会信用体系"。它不同于经济学所谓的"主体社会信用体系"。经济学一般从主体的角度，将社会信用体系理解为由个人信用、企业信用与政府信用三者构成的一个有机系统。认为政府信用是社会信用的最高形式，企业信用是社会信用的核心，个人信用是社会信用的根本。② 这一社会信用体系主要包括法制信用，因而实质上是一个"法制社会信用体系"。而个人信用、企业信用以及政府信用都是以制度为基础的，因此，"主体社会信用体系"本质上也是以"制度社会信用体系"为基础的。"制度社会信用体系"不是仅以法制为基础，而是以道德与法制为基础，以个人信用、企业信用、政府信用为主体，以道德信用与法制信用为主要构成形式，因而是一个有机系统。

---

① 张亦春：《中国社会信用问题研究》，中国金融出版社 2004 年版，第 217—288 页。
② 薛丽：《诚信：现代市场经济的基石——专家学者关于建立社会信用体系问题的观点综述》，（人大报刊复印资料）《体制改革》2002 年第 7 期。

二　振兴东北必须加快社会信用体系建设

1. 加快社会信用体系建设是解决"东北金融问题"的根本途径

金融是现代经济的核心，没有强大的金融支持，振兴东北经济的目标就难以实现，全面振兴东北也就成了一句空话。因此，振兴东北经济，首先要振兴东北的金融。而要振兴东北金融，首要任务就是要解决目前的"东北金融问题"。"东北金融问题"制约着东北金融的发展与振兴，它主要表现为两个方面：一是巨额不良资产；二是突出的金融风险。银行是我国金融业的主体，目前东北地区银行在改革与发展中一个最为突出的问题是巨额不良资产问题，具体表现为不良贷款率高，资产质量差。首先，国有银行不良贷款比例居高不下。目前，东北地区银行业5级分类的不良贷款率大体是在33%左右，高于全国平均水平13个百分点。尤其是工商银行，由于其与国有企业联系最为密切，因而与其他国有银行和许多中小商业银行相比，其分支机构的不良贷款数额相对较大。其次，中小金融机构不良贷款率也呈现上升趋势。东北地区的吉林、辽宁、黑龙江三省城市商业银行不良贷款比例分别高出全国平均水平49个百分点、17个百分点和5个百分点，其中吉林省城市商业银行不良贷款比例高达66%，为全国最高①。

巨额不良贷款是由企业逃废或悬空银行债务引起的。许多企业借转制与产权改革之机，引起了比较严重与突出的逃废或悬空银行债务问题。截至2000年末，东北地区某省逃废银行债务的企业近3000户，其中许多企业借破产、兼并、承包、租赁等改制来逃废债务。巨额不良资产使东北地区银行分支机构的资产质量处于全行业的下游水平，从而影响了银行的经营效益，银行效益不佳、亏损和资不抵债比较严重。城市信用社和农村信用社亏损较为严重，城市商业银行净亏损家数上升。到2002年，东北三省城市商业银行共15家，其中有8家出现亏损。

巨额不良资产以及由此带来的银行经营效益的不佳，增加了银行潜在的风险，使金融风险问题比较突出，从而严重影响了东北地区的金融

---

① 李剑阁：《防范金融风险、振兴东北经济》，《中国经济时报》2003年12月4日。

振兴。因此，解决巨额不良贷款是发展与振兴东北金融的关键。那么，究竟如何解决巨额不良贷款问题，从而化解日益突出和严重的金融风险呢？有人主张国家或地方政府可以通过豁免企业债务的形式来解决巨额不良贷款问题，使企业尽快走出困境。从表层看，这是一条较为有效的企业脱困途径。然而，从深层看，企业要在摆脱暂时困境的基础上，获得进一步发展，单靠豁免债务是远远不够的。因为企业要进一步发展，经济问题的解决仅是一个必要条件，而不是充分必要条件，企业信用的建设则是企业持续稳定发展的一个内在支撑。另外，对于政府而言，豁免企业的债务虽能解决企业的一时之困，却无益于从根本上解决企业进一步发展的问题。因为政府如果完全豁免企业债务，不仅无益于整个社会信用体系的建设，而且也无益于企业信用建设。

问题在于，企业为什么敢于逃废或悬空银行债务呢？在我看来，一个主要原因是政府的"隐含担保"。在政府的隐含担保下，银行可以不问资质债信放贷，企业也可以不管自己的还贷能力借贷。由此企业当然无须担心还贷，银行当然希望政府豁免企业债务。因此，造成巨额不良资产与突出的金融风险的一个主要原因是社会信用（包括道德信用与法制信用）的严重缺失、社会信用环境的恶化。而社会信用严重缺失、社会信用环境恶化的根源在于制度（道德内在制度与法制外在制度）的缺失，包括政府、企业与个人诚信道德的缺失，与信用有关的法律制度以及有关信用的法律制度的缺乏或不完善。在我国目前进行社会主义市场经济建设过程中，市场逐渐替代政府成为资源配置的主要方式，因此，要推进社会主义市场经济的顺利发展，不仅要依靠强大的政府信用，而且也要依靠企业信用与个人信用。政府隐含担保不仅是政府信用的一种滥用，同时也是对于企业信用与个人信用的一种压制，实际上造成了无信用，从而糟蹋和损害了政府信用。当然，如果许多企业借转制与产权改革之机恶意逃废或悬空银行债务，就不仅仅是政府信用的滥用问题了，也是企业及其领导人的道德信用严重缺失的问题了。

既然巨额不良贷款与突出的金融风险是由社会信用严重缺失、社会信用环境不佳所导致的，那么要从根本上解决巨额不良资产和化解与防范金融风险，就得加快社会信用体系建设，净化社会信用环境。另外，金融的本质是信用，高风险的地区不可能孕育发达的金融，银行的基本特征就是以较低的资金来运行大量的负债，没有社会信用体系的支持是不可能的。因此，从根本上说，要振兴东北金融，从而全面振兴东北，必须加快社会信用体系建设。

就目前而言，加快社会信用体系建设，发展与振兴东北金融，首先要注重东北地区的政府信用与企业信用建设。政府在东北金融振兴中起着非常重要的作用，政府信用是社会信用的最高形式，没有政府的推动和强大的政府信用，要建立强健的东北金融体系是不可能的。企业是金融发展的基础，企业信用是社会信用的核心，企业发展良好的企业信用对于强健的东北金融体系的建构也是至关重要的。为此，东北地区的政府与企业必须注重制度建设，包括政府与企业的法制、法规建设，政府官员与企业领导人以及企业员工的诚信道德建设等。

2. 加快社会信用体系建设是东北地区进一步市场化改革的基础

东北地区是我国的老工业基地与重要的商品粮基地，拥有众多的国有大中型企业，尤以重工业为全国之重，形成了以钢铁、机械、汽车、石油化工、化纤等行业为主的装备工业体系。据统计，2002 年东北三省共实现国内生产总值 11603 亿元，占全国 GDP 的 10.8%；国有及非国有工业企业创造的工业增加值 3303 亿元，占全国的 10.03%，实现利润 712 亿元，占全国的 15.91%；共有国有大中型企业 1042 家，占全国的 16%；2002 年东北三省的粮食产量合计 6625 万吨，占全国的 14.4%。很显然，新中国成立至改革开放前，东北三省为国家的经济建设做出了巨大贡献。但自改革开放以来，东北三省的经济地位明显下降了。1978 年，辽宁、黑龙江和吉林的人均 GDP 在全国的排位仅次于 3 大直辖市，而到 2002 年却分别下降到第 8 位、第 10 位和第 13 位①。随着改革开放的进一步深入，众多国有企业经营效益不断下降，大批企业停产关闭，工人下岗，人才外流，使东北地区整体经济出现衰退，社会稳定问题也日益突出，出现了所谓的"东北问题"或"东北困境"。导致"东北问题"的直接原因是国家的改革开放政策。国有企业的产业结构调整以及市场化改革使得在计划经济体制下长期受到国家保护和扶持，并背负着沉重社会性负担的国有企业，由于缺乏竞争能力，无法适应新的市场环境而陷入困境。

"东北问题"或"东北困境"是东北地区在市场化改革过程中出现

---

① 参见李剑阁《防范金融风险　振兴东北经济》，《中国经济时报》2003 年 12 月 4 日。

的，在我看来，它也只有在进一步市场化改革中才能得以彻底解决。"东北问题"的解决是振兴东北的前提，因此，振兴东北必须依靠东北地区的进一步市场化改革。东北地区进一步市场化改革，提高东北地区的市场化程度是振兴东北的必由之路。东北地区进一步市场化改革的目的是，通过进一步市场化改革使东北地区的企业尽快适应国内、国际的新的市场环境，提高市场竞争能力，积极参与国内、国际竞争，在摆脱目前困境的基础上，进一步提升自身的经济实力，恢复在中国原有的经济地位，使东北地区成为繁荣与富裕之地。然而，东北地区进一步市场化改革要顺利进行，必须以社会信用体系作为基础与保障。因为从市场经济的本质来说，市场经济本质上是信用经济，社会信用体系是市场经济的基石。东北地区进行市场经济建设本质上需要社会信用体系作为强有力的内在支撑。因此，加快社会信用体系建设，营造良好的社会信用环境是东北地区进一步市场化改革，乃至全面振兴的基础和保障。

3. 加快社会信用体系建设是东北地区吸引外资、参与国际竞争的前提

在我看来，振兴东北可以依循这样的路径展开：第一步，政府扶持，解除后顾之忧。主要通过政府的资金或政策扶持，直接拨款，提供优惠政策等，来解决企业的负担，如将一部分资金用于企业职工的生活保障，使之进入社会保障体系；第二步，引进外资，进行企业重组。能够吸引外资来东北兼并、盘活企业的一个主要动力是企业负担已基本解决。企业重组主要是企业的资金、设备、技术、人员的重组。其中产权改革是一个深层次的问题；第三步，在产权明晰与企业进行有效重组之后，加快企业的发展，从而振兴东北。当然，东北地区引进的外资，一部分用于重组企业，另一部分也可用于建立新的企业。然而，这里最为关键的是，如何吸引外资。外资包括国内其他地区的资金以及国外的资金。从短期与表层看，企业负担问题当然是影响外资进入的一个非常重要的方面，但从长期与深层看，社会信用环境则是吸引外资最为关键的因素。东北地区社会信用环境，广义上包括东北地区社会信用的文化环境与制度环境等，如东北地区的信用文化、人们的信用观念、意识等，社会信用的制度安排，社会信用的服务体系以及社会信用体系等。狭义上主要是指东北地区社会信用的制度环境，包括社会信用体系及其制度基础等。东北地区社会信用环境在范围上，包括整个东北地区的社会信用大环境以及东北地区各级政府、各种企业的社会信用这一小环境。东北地区良

好的社会信用环境是吸引外资的一种"软环境",从某种意义上说,这种"软环境"直接决定了外资进入的意向。在社会信用环境中,政府信用在吸引外资方面起着非常关键的作用。如果政府制定的政策朝令夕改,并经常参与或干预企业的活动,那么不仅将使政府信用缺失,而且也将使企业信用、个人信用受到损害。在振兴东北过程中,我们决不能忽视政府的作用,不仅需要政府来制订振兴东北的具体战略与计划,积极推动这些战略与计划的实施,而且需要政府转变职能来为社会信用环境的改善营造氛围、树立形象,更需要政府来推动社会信用体系的建设。

良好的社会信用环境、健全与完善的社会信用体系是东北地区吸引大量外资的基础与关键因素,也是东北地区的企业积极参与国内,尤其是国际竞争的前提。美国等西方发达国家,其发达的市场经济是以较为完善和发达的社会信用体系作为支撑的。因此,在经济全球化发展的趋势下,东北地区的企业要走出国门,与其他国家的企业进行经济交往,参与国际竞争,必须与国际"接轨",遵守国际上通行的"游戏规则",因而,也必须建立较为完善的社会信用体系,才能适应国际竞争,否则将在国际竞争中处于不利和被动的地位,从而影响东北地区经济的进一步发展。这就要求东北地区的企业必须注重社会信用(包括法制信用与道德信用)建设,构筑良好的企业信用环境,为企业在国际上具有较强的竞争能力、获得越来越多的市场份额提供基础和保障。

总之,完善的社会信用体系是振兴东北的一个非常重要的社会基础。东北地区必须加强法制和道德建设,加快社会信用体系的建设与完善,积极营造良好的社会信用环境,为振兴东北奠定坚实的社会基础。

(载于《东北亚论坛》2005 年第 3 期)

当代西方经济社会学信任研究的新视野

——科尔曼关于信任的研究

当代西方新经济社会学开始重视信任问题的研究实质上是对"经济学帝国主义"入侵的一种积极回应。20 世纪 70 年代，在西方经济学界兴起了一股对于信任问题研究的热潮。新古典经济学以"经济学帝国主义"的身份，运用"理性选择理论与方法"研究信任问题。如经济学家阿罗（Arrow）与赫西（Hirsch）对信任在经济生活中的作用进行了探讨。阿罗在《组织限度》中认为，信任是经济交换的有效的润滑剂，并且在《礼品与交换》中把经济落后与信任联系起来，认为可以用缺少相互信任来解释世界上的很多经济落后现象。而赫西在《增长的社会限度》中则把信任看成是一种"公益"，认为它是许多经济交易达成的必要因素。

对于"经济学帝国主义"的这种扩张趋势，格兰诺维特（Granovetter）、福山（Fukuyama）、科尔曼（Coleman）等当代西方新经济社会学家作出了及时而积极的回应。作为一种回应，科尔曼没有采用格兰诺维特、福山等其他新经济社会学家所持的单一视角，即不是直接从社会学的角度，运用社会学的理论与方法来研究经济生活中的信任问题，而是独辟蹊径，直接借用新古典经济学的理性选择理论和方法，并将它们与社会学的理论与方法整合起来研究信任问题。科尔曼在《社会理论的基础》中主要借用了新古典经济学的"理性经济人"的假定以及成本—效益的分析方法来研究信任问题，强调了即时的利益以及委托人与受托人的成本—效益的计算在信任形成与发展中的作用，认为信任是一种在风险条件下的理性行为，是委托人与受托人之间理性博弈的结果，是一种特定的社会资本形式。

科尔曼认为在理想的市场模式中，交易能即刻完成，而在实际的生活中交易并非总是能够即刻完成。这种交易方面的差异是由时间差造成的，即交易存在延时性的问题，交易双方在时间上具有不对称性。作为投入资源的交易一方在获得报酬之前，其行为是充满风险的。虽然凭借法律合同能够减少一些风险，但不能最大限度地减少风险。交易的双方在决定是否交易时，要考虑可能承担的风险。因此，"可以用'信任'一词表示作决定时必须充分考虑的风险因素。"[1] 因而信任行为就是一种风险的行为，而个人在这类行为中承担的风险程度取决于其他行动者完成交易的情况。

科尔曼用新古典经济学的成本—效益的理论与方法重点分析了委托人给予受托人信任的情况。委托人为了在风险条件下最大限度地获得个人利益，必须在拒绝或给予受托人信任之间作出选择。在委托人拒绝信任受托人的情况下，原有的利益不变。在委托人给予受托人信任的情况下，预期获得的利益等于可能所得与成功机会的乘积（$G \times P$）减去可能所失与失败机会的乘积（$L \times (1-P)$）。如果被减数大于减数，即成功机会与失败机会的比例大于可能所失与可能所得的比例，委托人作为一个理性行为者就应该给予受托人信任[2]。这个过程用公式来表示就是：$P/(1-P) > L/G$ 或 $G \times P > L \times (1-P)$。

总之，科尔曼对信任的解释是以利益为出发点的，信任是建立在委托人对受托人预期的可能所得与预期的可能所失之间的简单关系基础上。信任是一种有目的的理性行为，其目的在于在风险条件下获得利益的最大化。

自齐美尔（Simmel）去世之后的半个世纪，大多数学者都把信任看成是一种非理性的行为，其中社会心理学家多伊奇（M. Deutsch）的观点最有代表性。他说："一个人对某件事的发生具有信任是指他期待这件事的出现，并且相应地采取一种行为，这种行为的结果与他的预期相反时所带来的负面心理影响要大于其结果与预期相符时所带来的正面心理影响。"[3] 根据多伊奇的定义，对受托人而言，信任行为是使委托人处于劣势的一种行为。因为信任受托人，在特定条件下，委托人无法控制自己的行动，即如果受托人利用这一劣势，委托人的利益将有所损失；如果受托人不利用，委托人将有所得；将这种得失相比较，委托人的可能损

---

① ［美］科尔曼：《社会理论的基础》上册，邓方译，社会科学文献出版社 1999 年版，第 108 页。

② Deutsch M, Trust and Society. *Journal of Conflict Resolution*, 1958（2），p. 117.

③ Deutsch M, Trust and Society. *Journal ofConflict Resolution*, 1958（2），p. 266.

失总是大于可能所得。① 如果"使委托人处于劣势的行为"被定义为自愿将资源或控制资源的权利转让给受托人，那么科尔曼所谓的"给予信任"与多伊奇提出的信任行为是一致的。

然而，科尔曼的"给予信任"与多伊奇提出的信任行为存在很大的不同：（1）多伊奇把信任行为限制在特定条件下，即可能的损失（L）大于可能的所得（G），而科尔曼所讲的"给予信任"没有这种限制；（2）骗取信任的行为显然超出了多伊奇定义的限制。因为骗子通常使委托人相信，他们可能获得的利益将远远超过可能的损失。这意味着把控制资源的权利转让给骗子，其条件是 P 小于 0.5 或 G 大于 L；（3）存在这样一种情况，即应当相信受托人时却没有相信。这种情况可能造成的损失很大，却是多伊奇的定义所不能涵盖的。②

因此，科尔曼所谓的"给予信任"是对多伊奇信任行为的一大超越。在科尔曼看来，与其把信任行为看成是一种非理性行为，不如把它看成是一种理性行为。因为在某些情况下，人们非理性地给予信任是基于他们对给予信任有强烈的需要。有些人迫切需要信任他人或对信任有极强烈的需要。比如，一些感到非常孤独的人，他们需要伙伴和友谊，而这种伙伴关系建立的前提是他们必须信任某人。当他们决定是否给予信任时，可能获得的利益对他们有很大的诱惑力。在这种情况下，即便受托人值得信任的程度很低，他们也会轻易地相信受托人。又如，一些处于绝望状态下的人对信任有极强烈的需要，因为没有外援他们就无法脱离困境。如果其他人向他们提供帮助，即便这些帮助在事实上产生的效果可能不大，作为一个理性行动者他们也应当接受。因为他们的处境如此之差，任何帮助都不会使一无所有的人再失去什么，因而他们极其信任给他们提供帮助的人③。

科尔曼指出，在市场领域里，委托人信任受托人，与他进行交易，其信任行为是一种理性行为。在市场上，各种受托人可以按同一种商品

① ［美］科尔曼：《社会理论的基础》上册，邓方译，社会科学文献出版社 1999 年版，第118 页。
② ［美］科尔曼：《社会理论的基础》上册，邓方译，社会科学文献出版社 1999 年版，第118 页。
③ ［美］科尔曼：《社会理论的基础》上册，邓方译，社会科学文献出版社 1999 年版，第126 页。

（如金）或与此种商品有固定交换率的其他商品（如银）的价值作出承诺。这种承诺成为唯一的交换媒介，即货币。货币只是印有数字的一张纸，它本身并不具有价值，它的价值依赖第三者的保证。在交换中，银行或金饰商所出保证付款的承诺书比一般人写的承诺书容易被接受。因此，各种类别的付款保证逐渐被淘汰，由银行发行的纸币逐渐成为唯一的有价证券。在市场交易中，如果两个出售同样货物的卖主都保证在同一期限内交货，无疑，理性行动者将选择其中信任程度较高的一位进行交易。在市场上，就委托人而言，如果两个卖主给他带来的可能损失与可能所得完全一样，而且 P/（1 – P）都大于 L/P，他便选择信任度较高的卖方从事交易。①

科尔曼认为建立在成本—效益计算基础之上的信任，在市场经济中是一种特定的社会资本形式。在科尔曼看来，资本有三种基本的形式，即物质资本、人力资本以及社会资本。存在于工具、机器和其他生产设备之中的物质资本是通过改造物质材料形成的，人力资本是通过改变人，向人们传授技能使其按照新的方式行动而形成的，而社会资本的形成，则依赖人与人之间的关系按照有利于行动的方式而改变。物质资本是有形的，可见的物质是其存在形式；人力资本是肉眼看不见的，它存在于个人掌握的技能和知识中；社会资本基本上是无形的，它表现为人与人的关系②。与物质资本和人力资本等资本形式相比较，社会资本具有这样几个主要特征：（1）不可让渡性。指的是社会资本是一种具有个性的资本，它与拥有者共存，并且具有一定的使用范围；（2）互惠性。是指社会资本在使用上可以达到互惠的效果，并能促进集体行动；（3）可再生性。指的是社会资本是非短缺的，可以通过使用和投入而得到增加；（4）公共产品性。社会资本的这一性质决定了社会资本的其他性质，同时也将社会资本与其他形式的资本区分开来。科尔曼从社会结构角度出发研究社会资本，把它界定为一种潜藏于社会结构中便利于行动者的个人资源。认为社会资本包括信任关系、规范、权威关系、信息网络、多功能社会组织、有意创建的组织等等多种形式，并着重强调了信任"作

---

① ［美］科尔曼：《社会理论的基础》上册，邓方译，社会科学文献出版社 1999 年版，第 124—125 页。

② ［美］科尔曼：《社会理论的基础》上册，邓方译，社会科学文献出版社 1999 年版，第 356 页。

为社会资本的一种形式"①。

科尔曼认为作为社会资本特定形式的信任是由期望和义务构成。如果 A 为 B 做了某些事情，并且相信 B 日后会报答自己，A 对 B 便有一种期望，B 对 A 承担一种义务。② A 使 B 对自己承担义务，是一种理性的行为。作为理性行动者 A 之所以使 B 对自己承担义务，必定是由于他们能够获得某种超越义务的利益。因为义务的创造相当于办理了某种保险，支付保险费代价极小，而领取的保险金价值很大。显然，这是有利可图的行动。因此，信任是由期望和义务所构成。有两个要素对于信任这种社会资本有重要影响：一是社会环境的可信任程度，即应尽的义务是否履行；二是个人担负义务的范围。③

尽管科尔曼主要是从新古典经济学的理性选择理论与方法出发来研究自我利益与信任的关系，但他并没有遗忘作为一个社会学家所应有的社会学学科意识，因而他没有完全追随新古典经济学的研究取向，而是试图将经济学与社会学的理论与方法整合起来对信任问题展开一种"综合"的研究。科尔曼的这种研究取向独特而富有创造性，不仅预示了当代经济社会学研究与发展的方向，而且本质上也是对于新古典经济学某些偏差的一种纠正。科尔曼信任研究的独特性具体体现在以下两个方面：

首先，他在强调自我利益的同时，也没有忽视社会规范的约束、制裁或惩罚在信任形成与发展中的作用。科尔曼假定了委托人与受托人两者都是追求利益最大化的"理性经济人"，但又进一步认为委托人决定给予受托人信任不只是建立在他对于受托人守信的可能性的估计，而且部分建立在消极制裁的使用。只有委托人对受托人预期的可能所得大于可能所失，作为理性的委托人才给予受托人信任，但它们之间的信任关系却是由消极的制裁所支持的。科尔曼认为："如果受托人行为受某种制裁手段的制约，委托人在决定是否信任受托人时，不仅应考虑受托人可信

---

① ［美］科尔曼：《社会理论的基础》上册，邓方译，社会科学文献出版社 1999 年版，第 360 页。

② ［美］科尔曼：《社会理论的基础》上册，邓方译，社会科学文献出版社 1999 年版，第 358 页。

③ ［美］科尔曼：《社会理论的基础》上册，邓方译，社会科学文献出版社 1999 年版，第 359 页。

任的程度，而且还要注意惩罚性制裁手段的效果。"① 科尔曼坦承，信任只能在一个非正式的、小型的、亲密的、均质的、能够增强规范约束的社区中产生。因此，在科尔曼看来，社会规范不是真正地与自我利益相对立的，因为对于自我利益的追求可以利用社会规范来惩罚"不值得信任的行为"。

其次，他还强调了信任关系建构中媒介与其他网络的影响。科尔曼认为，在与新的委托人建立信任关系时，原有的雇佣关系或债务关系非常重要。例如，求职、申请贷款、申请安装电话以及签署公寓的租约等，委托人都需要对申请人的工作单位以及可信任程度进行了解。其结果，委托人（自然人或法人）对人的信任表现出某种偏向。某些人，例如在社会声誉很高的单位担任重要职务的人，发现自己很容易获得各种委托人的信任。他们在生活道路上遇到的各种障碍，都可因轻易获得他人信任而排除。与其形成对照的是，另一些人却难以得到委托人的信任，例如年轻人、失业人员、家庭妇女、作家、艺术家等自由职业者以及退休人员等。这些人在日常生活中屡屡遇到困难，因为他们只有先取得他人的信任才能从事于求生所需要的各种活动。② 很显然，这种在信任关系建立上的差异不是由委托人的自我利益的算计决定的，而是基于媒介与其他网络。并且这种最初的差异会随着时间的推移而自我加强。那些最初占据有利位置的人，也许由于他与雇主有亲密的关系，很容易获得他的第一次贷款与信用卡，等等。这些反过来为得到更大贷款与最高限额贷款提供了通道。

总之，科尔曼对于信任问题所作的独特研究以及所取得的成就，不仅在一定程度上纠正了新古典经济学的某些偏差，而且为西方经济社会学在当代的研究和发展开辟了新视野，展示了新空间，预示了新方向，同时也将为社会主义市场经济中新的信任关系的建构提供启示。

[载于《新疆大学学报》（哲学·人文社会科学版）2006 年第 6 期]

---

① [美]科尔曼：《社会理论的基础》上册，邓方译，社会科学文献出版社 1999 年版，第 135 页。

② [美]科尔曼：《社会理论的基础》上册，邓方译，社会科学文献出版社 1999 年版，第 216 页。

西方经济社会学关于信任的研究述略

虽然信任问题直到 20 世纪 80 年代以后才成为西方经济社会学研究的一个焦点，但在西方经济社会学 100 多年的发展历程中，它始终是经济社会学家关注的一个问题。从古典经济社会学家迪尔凯姆（Emile Durkheim）、马克思（Karl Marx）、齐美尔（G. Simmel）、韦伯（Max Weber）、熊彼特（Joseph A Schumpeter）、帕森斯（Talcott Parsons）等，到新经济社会学家格兰诺维特（Mark Granovetter）、祖克尔（Zucker）、科尔曼（J. S. Colman）、福山（F. Fukuyama）、普特南（D. Putnam Robert）等，他们从不同的角度切入，对于信任的经济功能这一主题作了不同程度的探讨。

一　古典经济社会学对信任经济功能的探讨

自从资本主义产生以来，传统对人们的约束已逐渐松弛下来，职业的分类日益精细，既得利益集团的种类在不断增加，人们纷纷将自我利益置于首位，对自我利益的追求不断受到鼓励。这样一个具有广泛市场关系、具有高度竞争性与异质化，但又处处充满"丛林法则"的复杂社会，何以能够不断延续而没有分崩离析？这实际上是一个"秩序何以可能"的古典问题。① 霍布斯（Thomas Hobbs）在《利维坦》中以"社会契约论"对于这一问题做了最初的尝试性解答。然而，由于霍布斯在强权统治的维持与稳定的解释上放弃了个人追求自我利益这一基本理论预设，从而导致了其理论自身不可克服的矛盾。因而霍布斯没有从根本上解决这个问题。斯密（Adam Smith）尝试从经济学角度对此问题做出回

---

① ［英］霍奇逊：《现代制度主义经济学宣言》，北京大学出版社 1993 年版，第 185 页。

答。斯密认为，人们虽然都是追逐自我利益的，但为了追逐到更多的利益，不得不同时承认其他人的利益，并通过与他人不断进行自愿交换来实现目的。这样，人们对于自我利益的追求并不是一种难以控制的自然冲动，并不像霍布斯所描绘的那样是一种凶残的动物般的行为，而是一种文明与温和的行为。经济秩序在这种文明与温和的自我利益不断追求过程中通过契约得以维持。因此，在斯密等主流经济学家看来，社会基本上是一个由无数个体之间契约关系所构成的网络，社会通过每个个体不断地追求自我利益而得以整合，追求自我利益总体上一般会有助于社会的协调与发展。

迪尔凯姆在《社会分工论》中，对于上述主流经济学的自由功利主义经济秩序契约整合论进行了批判与纠正。迪尔凯姆认为，解决"经济秩序何以可能"问题的方法，不应从宏观领域中去寻找，不应寄希望于霍布斯式的统治者，而应在交换与契约本身所处的微观领域中去寻找。主流经济学认为契约通常是两方或多方协议或意图的产物，经济秩序是通过个体之间的契约得以整合与维持的。然而，主流经济学所谓的契约在总体上真是体现了协议各方的意愿和理性计算吗？迪尔凯姆对此提出了质疑与批判。他认为，即使在市场和社会分工相当发达的时候，在契约关系不断扩展的同时，非契约关系也在成长。虽然任何有效的契约一般必须都有一个明确的协议，但签约各方所涉及的要素不能全部归结为他们所表达的意图，因为在契约中总有一些因素不能归结为个人的意图或协议，但它们本身对契约具有调节与限制作用。比如，知识的不完全性就对契约安排产生重要影响。除非我们有非常特殊的实际经验，我们无法预见到契约执行过程中可能出现的各种情况，也不能仅仅借助心理计算来事先确定每个人在所有情况下的权利和义务。也就是说，没有人能够在契约中考虑所有（或者大多数）的不确定性。因而为了对付这种不确定性，我们被迫依赖一些制度化的条例与契约，并假定缔约各方也将同样地接受一些流行的规范和惯例。即使在迅速变化与日益复杂的社会里，各方缔结的契约也常常或明或暗地运用一系列规范、习俗和惯例，而不是对每个条款及其后果再进行详细谈判。①

帕森斯在《社会行动的结构》中指出，迪尔凯姆与主流经济学契约

① Durkheim Emile, *The Division of Labour in Society*, London: Macillian, 1984. pp. 154 – 162.

主义的不同在于，他着重强调存在一套规则，这些规则不是缔约各方达成协议的目标，它在社会上是既定的。而后者则主要强调协议条例的实施。① 因而，迪尔凯姆对于主流经济学的分析与批判是击中要害的，也是令人信服的。他所强调的交易协议中的非契约特征，对于现实中任何以交易为基础的经济制度而言具有中心的意义，而这正是塑造"理性经济人"的主流经济学所常常忽视的。非契约的成分不会随着市场制度的不断扩展而削弱甚至消失，反而会不断地发展，并维护着市场秩序的稳定。纯粹的市场与经济制度实际上只是经济学家制造的一种幻想，不仅在理论上难以置信，而且在实践中也是不现实的。总之，迪尔凯姆等古典经济社会学家对于主流经济学的自由功利主义的质疑与批判，正是基于对所有经济关系中的非契约因素（包括信任）的必然存在及其作用的强调。

韦伯从宗教伦理这一非契约因素出发开展了信任问题的比较研究，阐明了信任在经济秩序扩展、资本主义的产生与发展中的作用。韦伯在《儒教与道教》中将信任分成基于普遍主义关系的普遍主义信任与基于特殊主义关系的特殊主义信任两类。韦伯认为传统中国社会的商业信任是一种特殊主义信任，因为它很明显是一种建立在亲戚关系或亲戚式的纯粹个人关系等特殊主义关系基础之上的。这种由儒家伦理所造就的特殊主义的商业信任，没能挣断宗族的纽带，因而只能局限于血缘共同体内。而西方社会的商业信任是一种普遍主义的信任，它由西方的新教伦理品质所造就，它挣断了宗族的纽带，适用于信仰和伦理生活方式共同体。② 它的一个明显的优势就是大大突破了血缘共同体的限制，从而使商业范围得以扩大，经济交易秩序得以扩展，从而促进了资本主义经济的产生与发展。

古典经济社会学家不仅强调了非契约因素及其作用，而且进一步分析了信任与非契约因素之间的关系。马克思、齐美尔、熊彼特等探讨了货币与信任的关系，认为货币作为一种非契约因素本身就是信任或是信任的直接体现。现代资本主义制度的一个最为重要的特征就是货币。整个资本主义经济制度都是建立在货币这个基础之上的。资本主义经济就

---

① Talcott Parsons, *The Structure of Social Action*, New York: Mc Graw – Hill Press, 1937. p. 312.

② ［德］韦伯：《儒教与道教》，王容芬译，商务印书馆 1997 年版，第 289 页。

是一种"契约用货币用语来表述的经济"。马克思与齐美尔进一步探讨了货币现象，认为货币有一种不可归纳到个人的社会特性。马克思把货币看成是"人与人之间关系的具体化"，是人与人之间具体的异化关系。马克思在《1844 年经济学哲学手稿》中指出，由于资本主义私人所有制，信用业（其完善的表现是银行业）不仅没有扬弃异化，反而是一种更加卑劣和极端的自我异化和非人化。① 因此，资本主义社会中根本不存在真正的信任，货币本身就体现了信任的异化，这种信任的异化是人的本质异化的一个重要方面。齐美尔在《货币哲学》中认为，货币是"一种基本作用超出个人界限的个人物品"。如果存在多种通货，单个货币的这些"客观"的纽带功能就遭到破坏。他还从信任的角度对货币这种制度化的象征物作了深刻的分析，进一步研究了货币关系的信任地位。他说，货币是一种对交换能够兑现的许诺，"货币的占有所给予个人的安全感是对社会——政治组织和秩序的信任的最集中和直接的形式和体现"②。

熊彼特研究了货币与信用的关系（其信用是信任在经济学中的具体应用）。他在《经济分析史》中认为："一旦我们认识到那些用于支付和贷放的各种'纸信用'之间并无本质的区别，一旦我们认识到由'信用'支持的需求对价格的影响与由法币支持的需求对价格的影响在本质上是相同的，我们就在走向一种有用的信用结构理论。从实际和分析上讲，一种信用货币理论可能优于货币信用理论。"③ 货币归根结底是一种信贷工具，是人们借以获得最终支付手段——即消费资料——的一种凭证，"信用是货币的创造者"④。

古典经济社会学是通过强调契约的非纯粹性，即契约中的非契约因素或关系，如习惯、习俗、惯例、规范、货币制度、伦理道德等来展开信任问题研究，将信任基于这些非契约的因素之上，甚至认为信任就是一种非契约因素，阐明了由这些非契约因素所塑造的信任在经济生活中的作用。因此，在古典经济社会学看来，非契约因素无论在传统社会还是在现代社会都是信任产生的主要基础，它们本身就体现了信任。如在一个货币制度中，我们必须对其通货价值的担保者的国家以及其他居民

① ［德］马克思：《1844 年经济学哲学手稿》，人民出版社 2000 年版，第 167—168 页。
② G. Simmel, *The Philosophy of Money*, Boston：Routledge and Kegan Paul, 1978. p. 179.
③ ［美］熊彼特：《经济分析史》第一卷，商务印书馆 1996 年版，第 510—512 页。
④ ［美］熊彼特：《经济分析史》第一卷，商务印书馆 1996 年版，第 408 页。

在交换中将接受这个价值的事实给予一定的信任和信心，日常对货币交易的观察巩固了这种信任和信心。因此，我们持有货币，并不是基于对个人的信任，而是隐含着对制度或国家的信任，但这种信任并不产生于个人之间的契约协议，也不归因于个人和国家之间的契约协议。因此，货币本身在这种"契约用货币用语来表述的经济"中不是一种契约关系，而是契约关系中的非契约性因素。"货币是克服不确定性的一种工具；在无知和复杂的世界里，它是通过增强对它那不可靠的价值的信心和信任来达到这个目的的。"[①]

虽然任何契约中总包含着非契约的因素，而且非契约因素是非常重要的，但在发达的现代市场经济中非契约因素并不是支配因素，契约关系、得失的理性计算仍然是它的先决条件。主流经济学的主要错误在于它坚持理性的领域是无限制的，假定理性可以直接达到利益最大化，所有的行为都是源于理性的算计，所有的非契约因素都是可以被忽略的。因此，古典经济社会学，通过强调契约关系中的非契约因素，并以此为基础开展信任问题的研究，本身就是对主流经济学的批判与纠偏。因为它实际上淡化了市场经济交换可以通过功利主义计算来描绘的观念。

二 新经济社会学对信任经济功能的探讨

新经济社会学对于信任问题研究的一个最大特点在于实质性地运用了"社会资本"这个最具经济社会学意蕴的概念，并从社会资本角度切入，进一步研究信任的经济功能，将信任作为一种特定的社会资本形式，从而实现了西方经济社会学信任研究在切入点与主题方面的转向，即由对于非契约因素的一般强调到社会资本概念的运用，由对于信任的经济功能的一般、零散的探讨到深入、系统、具体的研究。

社会学家布尔迪厄（Pierre Bourdieu）最先于 1980 年明确地提出了社会资本的概念，他认为："社会资本就是实际和虚拟资源的总和，个人或者群体通过拥有或多或少制度化了的相互熟悉和认可关系的优势而逐渐

---

① ［英］霍奇逊：《现代制度主义经济学宣言》，北京大学出版社 1993 年版，第 195—196 页。

增加这种资源。"自此以后，不同学科的学者从不同的学科角度来定义与使用这一概念。根据奥斯特罗姆（Elinor Ostrom）与布朗（Thomas Fort Brown）的研究概括，社会资本大致在三种意义或三个层面上被定义或使用。一是最狭义的社会资本或微观层面的社会资本。这是在最一般意义上使用的社会资本概念，指的是个人的联系；二是过渡意义上或中观层面的社会资本。这是一种具有公共产品性质的社会资本，它实现了社会资本概念由最狭义向较为宽泛意义的过渡；三是扩展意义上或宏观层面的社会资本。这种社会资本与集体行为和公共政策相联系，指的是社会组织的特征，例如信任、规范和网络等。[①]

新经济社会学就是在上面所述的社会资本的三种意义或三个层面上展开信任问题研究的，强调了信任作为一种社会资本特定形式所具有的特征。福山在《信任：社会道德与繁荣的创造》中认为，信任是指"在一个社团之中，成员对彼此常态、诚实、合作行为的期待，基础是社团成员共同拥有的规范，以及个体隶属于那个社团的角色"[②]。社会资本是指"在社会或其下的特定群体之中，成员之间的信任普及程度"[③]。它是"通常经由宗教、传统、历史习惯等文化机制所建立起来的"[④]。因此，所谓的信任实质上是一种个体意义上的信任或个体信任，这种信任就是一种最为狭义或微观层面的社会资本形式。科尔曼在《社会理论的基础》中，从社会结构角度出发研究社会资本，把它界定为一种潜藏于社会结构中便利于行动者的个人资源。认为社会资本包括信任关系、规范、权威关系、信息网络、多功能社会组织、有意创建的组织等多种形式，着重强调了"信任是社会资本的一种形式"[⑤]。因此，科尔曼所谓的信任实质上是一种集体意义上的信任或集体信任，这种信任就是一种过渡意义上或中观层面的社会资本。普特南在其著作《使民主运转起来：现代意大利的公民传统》中，将信任等社会资本作为社会组织的特征，研究信

---

① 李惠斌：《全球化与公民社会》，广西师范大学出版社 2003 年版，第 325—329 页。

② ［美］福山：《信任：社会道德与繁荣的创造》，李宛蓉译，远方出版社 1998 年版，第 35 页。

③ ［美］福山：《信任：社会道德与繁荣的创造》，李宛蓉译，远方出版社 1998 年版，第 35 页。

④ ［美］福山：《信任：社会道德与繁荣的创造》，李宛蓉译，远方出版社 1998 年版，第 35 页。

⑤ ［美］科尔曼：《社会理论的基础》上册，社会科学文献出版社 1999 年版，第 360 页。

任等社会资本如何促进民主治理以及经济繁荣。因此．在普特南看来，作为社会组织特征的信任，实质上就是"社会信任"，是一种扩展意义或宏观层面上的社会资本形式。

在新经济社会学看来，作为特定社会资本形式的信任，以社会资本的运作方式，在经济生活中发挥着独特而积极的作用。

1. 维持与扩展经济秩序

"经济秩序如何可能"的问题不仅是经济学的根本问题，也是迪尔凯姆等古典经济社会学家探讨的一个重要问题。这一问题可以具体地表达为通过什么机制使经济生活中的各种互相破坏和互相欺诈行为得到抑制，或者是什么有效地阻止了经济生活中的各种互相破坏和互相欺诈行为的发生？格兰诺维特从"嵌入理论"出发，认为在经济活动中行动者嵌入具体的人际关系和网络之中，使行动者之间产生的彼此信任感，就能有效地阻止各种互相破坏、互相欺诈行为的发生。[①]

祖克尔具体研究了美国家族企业向现代经理式企业演变的过程，认为特殊主义信任向普遍主义信任的转变是美国家族企业向现代经理式企业演变的主要内在动力。[②] 因为特殊主义信任是建立在特殊主义关系基础上的信任，秉持这种信任的经济行为者，在市场经济交易过程中，对于不同的人会采取不同的交易规则，这就不利于市场经济秩序的扩展。而普遍主义信任则是建立在普遍主义关系基础上的信任，它超越了特殊主义信任的限制，秉持这种信任的经济行为者，在进行市场经济交易过程中对于不同的人采取了同样的交易规则，这就有利于市场经济秩序的不断扩展。因此，特殊主义信任向普遍主义信任的扩展，推动了市场经济秩序从较小范围向更大范围的扩展，人与人之间的相互信任是市场经济秩序扩展的基础和基本力量。

2. 降低经济交易成本，提高经济效率与效益

任何经济交易都会存在交易成本的问题。经济交易中的成本是为防止经济交易中欺诈、破坏及处理争端所付的成本，包括必要的制度监督费用以及与法律事务有关的费用，等等。尤其当交易时间长、交易内容

---

① Mark Granovetter, Economic Action and Social Structure: The Problem of Embededness, *American Journal of Sociology*, 1985, 91 (3).

② Zucker, Production of Trust: Institutional Source of Economic Structure. 1840 – 1920. Research in Orga – nizational Behavior: Vol. 8 ［C］. *Greenwich*: *JAI Press Inc*, 1986. pp. 53 – 111.

复杂、交易商品特殊时，在市场上从事这种交易的成本就会很高。因为规范每一项行为所订定的契约十分繁复、执行契约以及为处理契约不履行而发生的争端所涉及的法律行为也特别复杂，因而所需的费用很高。格兰诺维特认为，市场上存在的信任关系可能使这种长期、复杂而特殊的交易变得相当便捷、容易。在经济交易中，由于经济行为者之间的相互信任可以有效地防止相互破坏和相互欺诈行为和事件的发生，因而也就降低或节省了为防止欺诈、破坏及处理争端所需的交易成本。人与人之间的相互信任降低或节省了经济交易成本。因此，在人际互动中产生的人与人之间相互信任是从事经济交易的必要基础，也是决定交易成本的重要因素。

福山认为，社会中人与人之间的相互信任作为一种社会资本，又能提高经济行为者的经济效率与效益。每一个经济行为者在与其他经济行为者进行交易时，由于他们之间的相互信任，不仅节省了交易时间，而且节省或降低了交易成本，从而大大提高了经济行为者的经济效率与效益。就企业这一经济行为者而言，由于企业内部成员之间的相互信任，使企业成员之间产生高度的团结心，从而提高了企业的效益。[①] 由于企业内部成员之间的相互信任也使"企业在此社会中经营的成本就比较低廉"[②]，从而提高了企业的经济效益。

3. 促进经济的繁荣与发展

福山认为，信任这种社会资本，不仅会影响一国工业结构，而且会影响该国在全球化经济中的地位，从而决定一国的经济繁荣与发展。福山研究了各国的工业结构（包括企业规模、企业在整体经济里的分布，以及个别公司的组织方式等）后发现，在社会信任度不同的国家里，企业的规模是不同的。一国社会信任度的高低与该国经济规模大小存在着必然的联系。在社会中存在的人与人之间高度的相互信任，作为一种强大的社会资本，为大规模企业的产生创造了良好的条件。而企业规模的大小决定了一国在国际上的竞争力，从而决定了一国的经济兴盛与繁荣。因此，人与人之间的相互信任将促进大规模企业的产生，从而提升一国

---

① ［美］福山：《信任：社会道德与繁荣的创造》，李宛蓉译，远方出版社 1998 年版，第 177 页。

② ［美］福山：《信任：社会道德与繁荣的创造》，李宛蓉译，远方出版社 1998 年版，第 37 页。

经济在国际上的"总体竞争力"①，促进该国经济的繁荣与发展。

　　普特南认为，社会信任作为社会资本中最为关键的因素，与社会资本的其他形式（如互惠规范、公民参与网络）之间是相互加强的，它们对于自愿合作的形成以及集体行动困境的解决都是必不可少的。普遍互惠有效地限制了机会主义的行为，将导致那些经历重复互惠的人之间的信任水平增加；稠密的社会交换网络将增加游戏理论中所说的关系的重复和联系，从而将提高社会信任的水平。互惠规范和公民参与网络能够促进社会信任，它们都是具有高度生产性的社会资本，正是这样的社会资本使得遵守规范的公民共同体能够解决他们的集体行动问题，更好地促进经济繁荣和民主治理。②

　　　　　　　　　　　　　　　　（载于《社会科学辑刊》2006 年第 3 期）

---

　　① ［美］福山：《信任：社会道德与繁荣的创造》，李宛蓉译，远方出版社 1998 年版，第 41 页。

　　② 李惠斌：《全球化与公民社会》，广西师范大学出版社 2003 年版，第 329 页。

当代西方经济发展研究的新视野

经济发展一直是西方学术界广泛关注的问题。针对这一问题的核心，即经济发展的原因或动力问题，西方经济学家、经济史学家进行了广泛而深入的研究，形成了许多经济发展理论，其中亚当·斯密（Adam Smith）、卡尔·马克思（Karl Marx）、费尔南·布罗代尔（Fernand Braudel）、马克斯·韦伯（Max Weber）的经济发展理论较为典型。20世纪90年代以来，以日裔美国学者弗朗西斯·福山（Francis Fukuyama）和法国学者阿兰·佩雷菲特（Alain Peyrefitte）为代表的当代西方学者对于这些经济发展理论进行了深刻反思与积极扬弃，并在此基础上，突破经济学学科界限，明确地从精神文化层面运用独创的"比较—回溯"方法，具体而深入地研究了经济发展问题，创建了独特的经济发展理论，为当代西方经济发展的研究开阔了新视野。

一 对传统经济发展理论进行深刻反思与积极扬弃

作为经济自由主义学说之父的斯密早就对经济发展问题进行了研究。斯密的名著《国富论》（一译《国民财富的性质和原因的研究》）就是有关国民财富增长原因这一经济发展核心问题的研究。佩雷菲特认为，斯密之所以创立经济自由主义学说，其宗旨在于将经济从政治权力的附属地位中解放出来。因为斯密在《国富论》中认为，经济发展无须政治来调节，而只需由个人利益来推动，"个人的利益和癖好自然而然使他们把资本引向对社会最有利的用途"，"每个人不断集中力量，寻求对其所能掌握的全部资本最有利可图的用途。不错，他着眼的是自己的利润，而不是社会的福利。但是，寻求自身的利益自然或更确切地说，必然引导他恰恰选择对社会最有益的用途。"① 也就是说，普遍的利益来自个人利益的自由作用，追求个人利益是国民财富增长、经济发展的推动力。佩雷菲特认为，斯密的这一理论不仅无法证明，而且"还不能消饥解渴，人们感到发展形同巨大的机械，自由的实际意义在其中丧失殆尽。"② 因为"亚当·斯密把经济从政治桎梏中解放出来，事实上却用一种桎梏取代另一种"③，因而"强调人性的亚当·斯密发现了交易的原动力，但他并没有创立自由主义的自由化学说。"④

马克思的经济发展理论集中表达在他的历史唯物论的基本原理中。马克思在《〈政治经济学批判〉序言》中，对这一基本原理作了扼要的系统阐释："人们在自己生活的社会生产中发生的一定的、必然的、不以他们的意志为转移的关系，即同他们的物质生产力的一定发展阶段相适合的生产关系。这些生产关系的总和构成社会的经济结构，即有法律的和政治的上层建筑竖立其上并有一定的社会意识形态与之相应的现实基础。物质生活的生产方式制约着整个社会生活、政治生活和精神生活过程。不是人们的意识决定人们的存在，相反，是人们的社会存在决定人们的意识，社会的物质生产力发展到一定阶段，便同他们一直在其中活动的现存生产关系或财产关系（这只是生产关系的法律用语）发生矛盾。于是这些关系便由生产力的发展形式变成生产力的桎梏。那时社会革命的时代就到来了。随着经济基础的变更，全部庞大的上层建筑也或慢或快地发生变革。"⑤ 佩雷菲特认为，马克思的经济发展理论总体上是一种"全盘否定交易、市场、自由、社交性以及信任"的"经济决定论"，但"其理论的高度严密性至少有一个可称道之处，就是从反面让人想到这些价值内在联系的力量。"⑥

---

① 转引自佩雷菲特《信任社会：论发展之缘起》，邱海婴译，商务印弓馆 2005 年版，第 396 页。

② ［法］佩雷菲特：《信任社会：论发展之缘起》，邱海婴译，商务印书馆 2005 年版，第 14 页。

③ ［法］佩雷菲特：《信任社会：论发展之缘起》，邱海婴译，商务印书馆 2005 年版，第 392 页。

④ ［法］佩雷菲特：《信任社会：论发展之缘起》，邱海婴译，商务印书馆 2005 年版，第 398 页。

⑤ 《马克思恩格斯选集》第 2 卷，人民出版社 1972 年版，第 82 页。

⑥ ［法］佩雷菲特：《信任社会：论发展之缘起》，邱海婴译，商务印书馆 2005 年版，第 14 页。

作为年鉴学派第二代领袖与经济史学大师的布罗代尔对于经济发展问题倾注他的全部精力。布罗代尔在《资本主义的动力》与《15—18世纪的物质文明、经济与资本主义》中，描绘15—18世纪欧洲资本主义产生与发展的历程，着重分析资本主义产生与发展的动力问题。他说："人们通常对资本主义和市场经济不加区分，这是因为二者自中世纪以来始终齐步前进，因为人们往往把资本主义当做推动进步的动力或经济进步的结果。其实，物质生活是一切的基础：一切进步取决于物质生活的膨胀，市场经济本身也依赖物质生活而迅速膨胀，并扩展与外界的联系。在这一扩展中，得益的始终是资本主义。我认为，约瑟夫·熊彼特没有理由把企业主当做'机器神'。我坚信，整体运动起着决定作用，任何资本主义首先是以其经济基础为尺度的。"① 佩雷菲特认为，布罗代尔以物质生活作为经济发展的基础，将经济手段、机制与体制等作为经济发展的动力，但他忽视经济发展的主体——企业主，否认他们自己的能动性，因而他的经济发展理论因主张"没有演员的历史"而"完全无视精神因素的重要作用"②。

兼具经济学家和社会学家双重身份的韦伯一反经济学家、经济史学家的研究取向，即不是从物质层面，而是从精神文化层面去研究经济发展问题，主要研究了西方资本主义产生与发展的问题。韦伯在《新教伦理与资本主义精神》中运用"理想型"方法，研究新教世俗禁欲主义伦理、资本主义精神与资本主义经济发展之间的关系，认为资本主义在西欧的产生与发展有其内在的、独特的精神动力。他说："近代资本主义扩张的动力首先并不是用于资本主义活动的资本额的来源问题，更重要的是资本主义精神的发展问题。"③ 韦伯认为资本主义精神就是理性地、系统地追求利润的态度④，而这种态度本质上源于新教的世俗禁欲主义的"天职"伦理观，即认为"劳动是一种天职，是最善的，归根到底常常是

---

① ［法］布罗代尔：《资本主义论丛》，顾良等译，中央编译出版社1997年版，第93页。

② ［法］佩雷菲特：《信任社会：论发展之缘起》，邱海婴译，商务印书馆2005年版，第422页。

③ ［法］佩雷菲特：《信任社会：论发展之缘起》，邱海婴译，商务印书馆2005年版，第49页。

④ ［德］韦伯：《新教伦理与资本主义精神》，于晓等译，生活·读书·新知三联书店1996年版，第46页。

获得恩宠确实性的唯一手段"①，并且，"按照主之意志的明确昭示，唯有劳作而非悠闲享乐方可增益上帝的荣耀。"② 韦伯进一步认为，正是由于这样，方能"产生出对于个人的推动力，激励个人有条有理地监督自己的行为，以使自己获得恩宠，并因此而把禁欲主义注入其行为之中"③。而资本主义的经济行为就是"依赖于利用交换机会来谋取利润的行为，亦即是依赖于（在形式上）和平的获利机会的行为"④。因此，"这种在现世之中（但又是为了来世的缘故）将行为理性化，正是禁欲主义新教的职业观引起的结果。"（韦伯，1996：119）也就是说，新教伦理所造就的资本主义精神是西方理性资本主义产生与发展的内在动力。

佩雷菲特认为，韦伯上述有关新教与资本主义之间关系的探讨，不免"陷入单一因果关系的体系的陷阱之中。他虽然抓住了问题的难点，但却陷入令人不安的矛盾之中，最后又坠入生物决定论的泥潭。"（韦伯，1996：14）然而，佩雷菲特又进一步指出，韦伯这种研究具有开拓性的意义。因为无论是斯密、马克思还是布罗代尔的经济发展理论，它们都只是局限于经济学学科范围，从物质层面研究经济发展问题，即它们都是将资本与劳动视为经济发展函数的两个要素，而忽视精神文化因素在经济发展中的作用。而韦伯首次突破经济学学科界限，从精神文化（宗教伦理、资本主义精神）层面，运用"理想型"方法研究经济发展问题。这一研究取向开启了从精神文化层面研究经济发展问题的先河。因此，韦伯的这一积极的研究成果成为福山与佩雷菲特为代表的当代西方学者开展经济发展问题研究的直接理论前提。

---

① ［德］韦伯：《新教伦理与资本主义精神》，于晓等译，生活·读书·新知三联书店1996年版，第140页。

② ［德］韦伯：《新教伦理与资本主义精神》，于晓等译，生活·读书·新知三联书店1996年版，第123页。

③ ［德］韦伯：《新教伦理与资本主义精神》，于晓等译，生活·读书·新知三联书店1996年版，第119页。

④ ［德］韦伯：《新教伦理与资本主义精神》，于晓等译，生活·读书·新知三联书店1996年版，第8页。

二 运用"比较—回溯"方法
追寻经济发展之谜

　　福山与佩雷菲特在扬弃传统经济发展理论的积极成果基础上创建了独特的"比较—回溯"方法，具体而深入地研究了经济发展之谜。所谓"比较—回溯"方法指的是在比较国家间或区域间具体的经济发展差异基础上，以经济发展差异为出发点，推本溯源，追寻造成这一经济发展差异的原因的方法。这是一种"由果求因"的逻辑方法。福山与佩雷菲特运用"比较—回溯"方法研究经济发展的逻辑过程可以用这样的图式来表示：国家之间的经济发展差异（主要是经济成就差异）→信任或信任品性差异→文化因素（文化价值观、宗教伦理观）差异。具体而言，这一逻辑过程包括三个步骤：首先，比较国家之间的经济成就差异；其次，以经济成就差异为出发点，推本溯源，追寻造成这一经济成就差异的直接原因——信任或信任品性差异；最后，再进一步推本溯源，追寻造成这一直接原因的原因，即间接原因或最终原因——文化价值观、宗教伦理观差异。而整个解释过程正好与此逻辑过程相反：文化因素（文化价值观、宗教伦理观）差异→信任或信任品性差异→国家之间的经济发展差异（主要是经济成就差异）。因而具体的解释是：国家之间的文化因素（文化价值观、宗教伦理观）差异造成了它们之间的信任或信任品性差异，而这一差异又造成了它们之间的经济成就差异，因而国家之间的文化因素（文化价值观、宗教伦理观）差异是造成它们之间的经济成就差异的最终原因。由此可见，文化因素与经济发展之间不是一种直接的关系，即文化因素是通过信任或信任品性等这样的中介与经济发展发生关系的，或者说，文化因素是通过信任或信任品性等这样的中介对经济发展发生间接作用的。

　　福山在《信任：社会道德与繁荣的创造》中，主要以德国、日本、美国与中国、法国、意大利等国家或地区之间的经济成就差异（如经济规模、经济效率与效益等）为出发点，通过比较它们之间的经济成就差异，推本溯源，认为造成这种经济成就差异的直接原因是它们之间的信任程度的差异，即德国、日本、美国等能创造较高的经济成就（如较大

的企业规模、较高的企业效率与效益以及较强的国际竞争力等），其原因
是这些国家具有较高的信任度，而中国、法国、意大利等相比之下具有
较低的经济成就（如较小的企业规模、较低的企业效率与效益以及较弱
的国际竞争力等），其原因则是这些国家或地区具有较低的信任度。因
此，福山认为：尽管影响企业规模的因素还有很多，譬如租税政策、反
托拉斯制度，以及其他形态的法规等等，但是拥有充足社会资本的高信
任度的社会（如德国、日本、美国）与创造大规模民营企业组织的能力
之间的确存在某种关联。这三个社会率先发展出大型现代化专业管理的
科层制公司组织，至于相对而言，信任度较低的社会，如中国台湾、中
国香港、法国、意大利，传统上都以家族企业居多，使得现代化专业管
理公司姗姗来迟，甚至永远无法诞生①。这样，福山在信任度与经济成就
之间建立了一种因果联系，即国家之间的信任度差异是导致它们之间经
济成就差异的原因。福山进一步追寻造成国家之间信任度差异的文化原
因。在福山看来，中国、法国、意大利等国家或地区具有较低的信任度
是由儒家或类似于儒家的文化价值观所造成的，而德国、日本、美国等
国家具有较高的社会信任度则是由新教或类似于新教的文化价值观所造
成的。因此，国家之间的文化差异是造成它们之间经济发展差异的原因，
精神文化因素是经济发展的动力。

佩雷菲特在《信任社会：论发展之缘起》中，主要以欧洲一些国家
之间的经济成就差异为出发点，通过比较它们之间的经济成就差异，追
本溯源，认为造成这一经济成就差异的直接原因是它们之间的信任品性
的差异。与福山只是列举几个典型例证的研究不同，佩雷菲特以大量的、
长时段的历史史料作为依据，研究国家之间经济成就差异与信任品性差
异之间的关系。佩雷菲特发现，欧洲一些国家之间的经济成就差异具有
地理分布上的长期而稳定的特点，即欧洲北部的一些国家的经济成就在
过去的 400 年间明显高于欧洲南部的一些国家。佩雷菲特进一步追寻造成
这一特点的原因，认为这些国家的信任品性差异是造成它们之间长期而
稳定的经济成就差异的原因。佩雷菲特又进一步追寻造成这些国家信任
品性差异的原因。他将分析的触角延伸到十五六世纪的基督教宗教改革

---

① ［美］福山：《信任：社会道德与繁荣的创造》，李宛容译，远方出版社 1998 年版，第
40 页。

时期，认为信任品性激发和孕育于这一时期，在 16 世纪末就直接造成了欧洲一些国家之间经济成就的明显差异。他说："西方基督教民族 16 世纪末就表现出明显的经济差异。北欧诸国后来居上，超越了信奉天主教的欧洲国家，成了创新和现代化的策源地"，"'信奉天主教'的欧洲国家经济日趋衰落，而进行了新教改革的欧洲国家经济腾飞，蒸蒸日上。"① 也就是说，欧洲北部的一些国家由于进行了新教改革，激发和培育了信任品性，因而创造了较高的经济成就。而欧洲南部的一些国家由于没有经过新教改革，仍然信奉天主教，没有激发和培育信任品性，因而经济成就较低。因此，在佩雷菲特看来，不同的宗教价值观，如新教与天主教价值观，造成了不同的社会类型，即信奉新教的社会（即信任社会）与信奉天主教的社会（即疑忌社会）②，从而造成它们之间的经济成就差异。因此，精神文化因素在经济发展中起决定作用，它是经济发展的原动力。

三　着重强调信任在经济发展中的独特作用

福山与佩雷菲特运用"比较—回溯"方法追本溯源，将经济发展的原因或动力归之于文化因素（文化价值观、宗教伦理观）以及由它所培育、塑造或激发的信任或信任品性，即他们都强调了信任在经济发展中独特的积极作用。很显然，无论是福山还是佩雷菲特，他们对于信任作用的独特研究也都直接受益于韦伯。韦伯在《新教伦理与资本主义精神》中研究了新教与资本主义之间的关系，接着在《儒教与道教》中又从文化比较与信任的角度进一步研究了资本主义产生与发展的内在机制，认为普遍主义信任在经济秩序的扩展、资本主义的产生与发展中起着非常重要的作用。在韦伯看来，中国的儒教伦理所造就的特殊主义的商业信任，不仅不能促进，反而阻碍了资本主义的产生与发展。而西方的新教伦理所造就的普遍主义的商业信任，则使经济交易秩序得以扩展，促进

---

① ［法］佩雷菲特：《信任社会：论发展之缘起》，邱海婴译，商务印书馆 2005 年版，第 5 页。

② ［法］佩雷菲特：《信任社会：论发展之缘起》，邱海婴译，商务印书馆 2005 年版，第 2 页。

了资本主义的产生与发展。①

　　福山在《信任：社会道德与繁荣的创造》中认为，信任就是"在一个社团之中，成员对彼此常态、诚实、合作行为的期待，基础是社团成员共同拥有的规范，以及个体隶属于那个社团的角色。"② 而社会资本则是"在社会或其下的特定群体之中，成员之间的信任普及程度。"③ 在福山看来，信任是一种特定的社会资本形式，它以社会资本的运作方式对经济发展产生积极的作用。具体表现在：首先，信任降低了经济交易成本，从而提高了经济效率与效益。福山认为："一个社会能够开创什么样的工商经济，和它们的社会资本息息相关，假如同一企业里的员工都因为遵循共通的伦理规范，而对彼此发展出高度的信任，那么企业在此社会中经营的成本就比较低廉，这类社会比较能够井然有序地创新开发，因为高信任感容许多样化的社会关系产生"，"反观人们彼此不信任的社会，企业运作只能靠正式的规章和制度，而规章制度的由来则需经过谈判、认可、法制化、执行的程序，有时候还需配合强制的手段。以种种法律措施来取代信任，必然造成经济学家所谓的'交易成本'上升。如果一个社会内部普遍存在不信任感，就好比对所有形态的经济活动课征税负，而高信任度社会则不须负担此类税负。"④ 其次，信任促进了经济的发展与繁荣。福山研究各国的工业结构（包括企业规模、企业在整体经济里的分布以及个别公司的组织方式等）后发现，信任度高的国家，其企业规模较大。而大型的企业规模决定该国的经济发展与繁荣，以及它在全球化经济中的地位。他说："至少在经济发展的初期阶段，企业规模对于社会是否能成长繁荣，并不具有重大的影响力""然而，企业规模的确会影响一国所置身其中的全球化经济体制，长期而言也可能会影响到该国的总体竞争力。"⑤

---

　　① ［德］韦伯：《儒教与道教》，王容芬译，商务印书馆 1997 年版，第 289 页。
　　② ［美］福山：《信任：社会道德与繁荣的创造》，李宛容译，远方出版社 1998 年版，第 35 页。
　　③ ［美］福山：《信任：社会道德与繁荣的创造》，李宛容译，远方出版社 1998 年版，第 35 页。
　　④ ［美］福山：《信任：社会道德与繁荣的创造》，李宛容译，远方出版社 1998 年版，第 37 页。
　　⑤ ［美］福山：《信任：社会道德与繁荣的创造》，李宛容译，远方出版社 1998 年版，第 41 页。

　　佩雷菲特在《信任社会：论发展之缘起》中尽管没有像福山那样对信任做出明确的界定，但对于信任产生的特点、条件、具体的信任行为等做出了具体的说明。他说："信任是命令不来的，它源自我们心灵深处。把它视为社会的动力，就是求助于内心，就是断言社会不是机械制造的产物，而是内生增长的结果""没有可信性就没有信任。……这个可信性就是'诚实守信'，也就是说严谨、坚定、信守承诺、遵守计划、尽责尽力。做不到这点，我就不配信任，就不会有自信和他信，别人也就不能或者不能一直信赖我。另一方面，当我自发地信任他者时，只有在他者也表现为配得上这种信任时，我才能保持对他的信任。"① 而信任行为可以表现为：自信、他信、更普遍地信任人、信任上帝等。② 因此，佩雷菲特认为信任源于信任品性，而所谓信任品性就是有利于信任产生、维持与扩展的品性，它的特点是"鼓励个人负责、激发竞争情趣、同时遵守一定伦理"③，它"在一定时候被一定社会所体验就变成了这个社会的习俗。它以个别的历史为基点发育成长，为人所接受。"④

　　在佩雷菲特看来，对经济发展行为影响最大的信任品性要素包括这样三个方面：（1）人与金钱的关系；（2）企业社会与雇佣劳动制的发展；（3）交易关系的优先。因此，在佩雷菲特看来，信任品性是一切实在而持久的、经济发展的初始的、恒常的灵感源泉，是进步社会的本原。⑤

　　总之，以福山、佩雷菲特为代表的当代西方学者从精神文化层面运用独创的"比较—回溯"方法对经济发展的原因或动力展开独特的研究，不仅弥补了西方经济学经济发展研究的局限，开阔了经济发展研究的新视野，而且为当今中国实现经济持续而稳定的发展提供了新的启示。

（载于《学习与探索》2007 年第 6 期）

---

　　① ［法］佩雷菲特：《信任社会：论发展之缘起》，邱海婴译，商务印书馆 2005 年版，第551—552 页。

　　② ［法］佩雷菲特：《信任社会：论发展之缘起》，邱海婴译，商务印书馆 2005 年版，第551—552 页。

　　③ ［法］佩雷菲特：《信任社会：论发展之缘起》，邱海婴译，商务印书馆 2005 年版，第659 页。

　　④ ［法］佩雷菲特：《信任社会：论发展之缘起》，邱海婴译，商务印书馆 2005 年版，第562 页。

　　⑤ ［法］佩雷菲特：《信任社会：论发展之缘起》，邱海婴译，商务印书馆 2005 年版，第556—557 页。

"中国晋商兴盛"与"美国股市信任危机"的原因及启示

在法律等外在制度如此缺失或极不发达的中国封建社会为什么会出现"晋商兴盛"这一奇特现象？与此形成鲜明对照的是，在法律等外在制度如此完善与发达的当今美国社会为什么会出现严重的"股市信任危机"？本文从制度与社会信任角度分析"中国晋商兴盛"与"美国股市信任危机"这两大历史事件发生的原因，并期望通过这种分析为当今中国社会主义市场经济建设提供有益的启示。

一 制度是社会信任的基础

制度是人类在社会交往过程中形成的一切社会交往行为模式，包括支配与约束人们社会交往行为的定型化、非定型化的规则与规范，它是一种规则与规范体系。可以从约束形式角度将制度划分为内在制度与外在制度两种基本类型。内在制度是一种从内部对于社会交往行为者的行为实施约束的制度，如习俗、惯例以及道德规范等。而外在制度则是一种从外部对于社会交往行为者的行为实施约束的制度，如法律制度、规定、规章等。内在制度与外在制度之间是相互容纳、相互补充、相互激励的。外在制度只有在社会认可以及与内在制度相容的情况下才能发挥作用。外在制度，乃至整个制度框架都必须以内在制度为基础。内在制度与外在制度之间的相容性以及相容程度决定了一项制度的可移植性以及可移植的程度与范围。内在制度与外在制度之间的紧张、矛盾与冲突就是由它们之间的不相容性造成的；如果缺乏强制性的外在制度的安排，内在制度就不能发挥其应有的作用，外在制度作为必要的强制性后盾服务于内在制度。反之，如果没有内在制度持久的内在支持，外在制度也无法发挥其应有的功能，外在制度的有效性在很大程度上取决于与内在制度是否相互补充；内在制度与外在制度之间的相互激励与相互容纳、相互补充是互为前提的，内在制度与外在制度之间是相互促进的。内在制度有利于外在制度的贯彻与执行，外在制度也有利于内在制度的扩展。一个恰当而有效的制度是内在制度与外在制度之间相互容纳、相互补充与相互激励的制度。

信任是指某一社会交往主体对其他社会交往主体能做出符合制度规则或规范行为的期望。社会交往主体包括个人以及企业、政府、社团等组织。社会信任就是社会交往主体之间的相互信任，即社会交往主体彼此之间对于对方能做出符合制度规则或规范行为的相互期望。因此，制度是社会信任的基础。制度对于社会信任所起的基础性作用主要表现在：（1）制度培育与塑造社会信任；（2）制度维持与保障社会信任；（3）制度变迁促使社会信任变化。不同类型的制度培育与塑造的社会信任形式是不同的。内在制度培育与塑造的社会信任可以称之为"内在制度型"社会信任，而外在制度培育与塑造的社会信任则可以称之为"外在制度型"社会信任。

二　中国晋商兴盛的主要原因：强劲的内在制度与"内在制度型"社会信任

晋商是中国最早的商人之一，其经商历史最远可以追溯到春秋战国时期，至明清时期最为鼎盛。明清时期晋商是国内实力最强的商帮，也是当时国际贸易中最大的商帮之一。从明初到清末，他们凭借雄厚的资金实力、先进的经营管理理念、独特的商业文化与商业精神，在国内商界称雄5个多世纪，其活动范围遍及全国各地，并远至欧洲、日本、东南亚和阿拉伯国家，其经营领域也十分广泛，经营棉、布、丝绸、皮毛、茶叶、盐、铁，甚至金融等，真所谓"上至绸缎，下至葱蒜"，包罗万象。尤其是自清代创立与经营票号之后，将商品经营与金融经营结合起来，更是依凭强大的经营资本与金融资本，曾一度成为全国金融界之霸主，并使山西成为当时的"海内最富"①。

学者余秋雨在《抱愧山西》一文中将晋商的成功归之于坦然从商、目光远大、讲究信义以及严于管理。② 而经济学家梁小民在《探求晋商衰败之谜》一文中则认为，余秋雨的解释仅限于表层，"晋商（或西帮）的成功在于建立了一套体现中国传统文化的激励机制与商业道德。晋商的衰败也在于中国传统文化中固有的缺陷。成也传统文化，败也传统文化，这是理解晋商兴衰的钥匙，也是寻求今天山西走出贫穷的起点。"③ 我们认为梁小民先生的这种解释具有较强的说服力，不是流于表层的描述，而是深入到传统文化来分析晋商衰败的原因。我们沿着梁小民先生的解释思路，从制度以及以它为基础的社会信任角度来进一步透视晋商成功与兴盛的深层原因。我们认为晋商成功与兴盛的深层原因是源于中国传统文化的内在制度以及以这种制度为基础的"内在制度型"社会信任。这种内在制度主要是传统的伦理道德规范，它是确定人与人之间尊卑长幼关系（即君臣父子关系）以及人们行为规范的准则，其本身也是中国传统文化的核心内容。

晋商以这种内在制度（传统伦理道德规范）为基础成功地建构了一整套严格的管理体系以及维持这套管理体系的具体的激励机制，从而使得像山西票号这样的企业能够有效地运转。按照现代企业的模式，为了步调一致，企业内每个人具有不同地位、作用与职责，并且企业的内部结构是一种金字塔式的等级结构。在韦伯看来，这种结构是按照目的理性建构起来的，是一种科层制结构。它的一个主要特点是"对事不对人"。晋商也建立了类似于现代企业的科层制结构，即东家在塔尖，下面是总号老帮，再下面是各地分庄老帮，各地分庄老帮以下是不同层次的掌柜或其他伙计。由塔尖到塔底这一系列各级人员构成了一个严格的金字塔式的等级体系。在塔尖的东家相当于君，下面各个等级的人员相当于臣。无论在企业中还是在家庭内部，东家具有绝对的权威，其他人员都要听命于他。这一金字塔式的等级结构实际上是尊卑长幼关系（君臣父子关系）的体现。尊卑长幼的等级关系或秩序维持了这一等级结构，

---

① 张正明：《晋商兴衰史》，山西古籍出版社 2005 年版，第 1 页。
② 余秋雨：《文明的碎片》，春风文艺出版社 1994 年版，第 158—161 页。
③ 梁小民：《探求晋商衰败之谜》，《读书》2002 年第 5 期。

保证了票号等企业的管理与运行效率。①

晋商是以内在制度（传统的伦理道德规范）来建立与维持这种企业的等级结构的，并赋予这种等级结构类似于科层制的性质。但它绝不是一种现代的科层制组织。因为它不是依据目的理性建构起来的，它的主要特点不是"对事不对人""以事抑人"，而是"对事又对人""以人促事"。在票号企业的运行过程中培育与塑造了所有票号从业人员之间浓厚的具有中国特色的社会信任。这种社会信任基于传统伦理道德规范这一内在制度，是一种"内在制度型"或"道德型"社会信任。这种社会信任是票号企业有效运转的无形社会资本。因此，晋商靠着强大的有形物质资本与强劲的无形社会资本兴起、繁盛并横行天下。

晋商还在票号企业内部创造发明了所谓的"薪酬制度"，其中的"身股制"最有特色也最为有效，它是维持晋商票号企业有效管理与高效率的一种激励机制。如在天成元票号企业内，其薪酬分为红利与薪金，薪金普遍不高，企业人员的主要收入来自分红。分红多少由股份多少决定。东家的股称为财股，是投资资金的股份。管理人员的股称为身股或劳股。所有票号企业的从业人员包括老帮、掌柜到一般伙友都以劳绩入股。劳股与财股同样分红，而且劳股分盈不分亏，比财股的风险还小。身股由功绩而得，靠着不断努力获得。票号企业的所有人员都期盼身股增加，这是人们在票号企业中能坚持下来并作好自己业务的动力，而给多少身股是由东家来定。这是票号内"君臣"关系维护的基础。而且，身股不能抽走，人去股没。这也限制了"跳槽"现象，使得各票号企业留住了人才，确保人才不外流②。这一充满传统伦理道德规范内蕴的身股激励机制使得晋商票号企业的从业人员"博学而腿长"，从而培育与塑造了他们之间深厚的社会信任。

从以上的分析可知，晋商的成功与兴盛是中国封建社会封建商人所能达到的极致，具有内外两个方面的原因。外在原因是他们以内在制度（传统伦理道德规范）建构了一个类似于科层制组织的"企业等级结构"、一整套严格的管理体系以及维持这套管理体系的具体的激励机制（主要是身股制）。在实际的操作过程中，这些"外在制度"规范了所有票号企

---

① 梁小民：《探求晋商衰败之谜》，《读书》2002 年第 5 期。

② 梁小民：《探求晋商衰败之谜》，《读书》2002 年第 5 期。

业从业人员的行为，而且直接保障了"内在制度型"社会信任的培育与塑造，从而使得所有票号企业的从业人员之间产生了浓厚的社会信任。而这些较为具体的"外在制度"是根据中国的内在制度（传统伦理道德规范）建构起来的，因而直接源于传统伦理道德规范这一内在制度。内在原因是他们恪守讲信誉、讲诚信，即所谓"有耻"等传统中国文化中最基本的行为道德规范等内在制度，即使在最为困难的时期也是如此。比如，在"庚子之变"之后，义和团烧杀抢掠曾使北京、天津的分庄全军覆没，其他分庄业务也受到巨大冲击。但晋商依凭自己强大的资本实力与"赔得起"的内在精神，以自己的存银应付挤兑潮，硬是使票号渡过了战乱中最为困难的时期。又如晋商中的乔东家，在经商过程中特别注重诚信，在号规内容中对于信用有特别的规定，在与其他商家交往中也特别注重信誉。其中将乔家事业推向鼎盛的乔致庸特别强调"信"在经商与处理人际关系中的首要地位，所谓"首曰信，次曰义，第三才是利"。诚信这一道德规范使得晋商企业内部从业人员之间以及他们与客户之间建立了较为深厚的"内在制度型"社会信任，它们不仅使晋商成功、兴盛，而且也使他们在最困难的时候挺了过来。总之，晋商兴盛的主要原因是强劲的内在制度以及以它为基础产生的"内在制度型"社会信任。

三 美国股市信任危机的根本原因：内在制度的严重缺失

自从 2001 年安然公司与安达信联手造假事件被揭露以及随后的 2002 年华尔街丑闻被曝光，使得美国的股市陷入信任危机，这一危机又进一步引发了整个美国的社会信任危机。因为这些"企业财务丑闻"牵扯到很多著名的企业、公司，包括安然公司、蒂科公司、波音公司、微软公司、世界通信和施乐公司，以及一些著名的会计师事务所，其中安达信、德勒、毕马威还是世界五大会计师事务所中的三强。最近魏斯评级公司公布了对于美国 7000 家公司的调查报告，推断有 1/3 的美国上市企业可能存在捏造盈利报告的问题。[①] 这一报告进一步说明了美国已陷入比较严

---

① 韩强：《"非理性繁荣"与美国股市的信任危机》，《读书》2002 年第 10 期。

重的社会信任危机。

在耶鲁大学的席勒教授看来，美国的这种股市信任危机是周期性股市信任危机的一个阶段。他在《非理性繁荣》一书中对美国的周期性股市信任危机从股市的结构性因素、催化因素、文化因素、心理因素、新闻的作用、互联网、生育高峰以及投资者从众行为进行了全面分析，但他更注重于从文化与心理的角度去分析。席勒认为美国人赌博的文化价值观念助长了冒险心理以及信心过度与高预期，从而导致了周期性的股市信任危机。近几年来，美国的赌博场所日益增多以及实际的赌博频率增加激活了赌博文化，刺激了公众对于赌博的兴趣，助长了人们的冒险心理、高预期心理、无所不能的过度信心，最终推动了一系列的造假事件。①

按照席勒教授的逻辑，美国股市信任危机主要是由美国人的文化价值观所塑造的冒险心理所造成的。文化价值观作为深层的基础确实孕育了一个国家与一个民族一些固有的、异于其他国家与民族的行为和心理特征。但仅停留于乐于冒险、过度信心、高预期等心理层面去解释美国股市信任危机的内在根源，往往把复杂的事情简单化了。因为信任本质上是一种社会现象，它是对社会现实的一种投射。因此，信任危机产生的根源不应停留在心理层面，而应在更为深层的社会现实中去寻找。在美国这样一个法制非常健全、完善与发达的国家里，会出现众多著名企业、会计师事务所造假事件，确实有点令人不可思议。但如果我们从社会现实层面，从制度角度去分析美国股市的信任危机，的确会获取一些新的看法。

在我们看来，美国所发生的比较严重的股市信任危机，不是由美国人的文化价值观所塑造的冒险等心理所造成的，而是以美国人的文化价值观为深厚底蕴的制度所造成的，因为制度才是培育与塑造社会信任的最直接的基础。支配美国社会的是一种以法律等外在制度为主导的制度类型。美国社会的外在制度虽较完善与健全，但也不免存在某些漏洞，这也是外在制度要求不断完善的内在理由。有些研究者据此认为，导致美国股市信任危机的主要原因是监管制度存在弊端，并且开出了解决这一问题的处方，即加强监管制度建设，尤其是加强监管力度。美国政府

① 韩强：《"非理性繁荣"与美国股市的信任危机》，《读书》2002 年第 10 期。

也是循着这一思路去解决这一问题的。美国政府在股市信任危机出现之后，加强了监管机制，同时发动了一场雷厉风行的打假运动。

然而，美国政府所采取的一系列加强外在制度建设方面的措施能最终解决美国周期性股市信任危机吗？我们的回答是否定的。因为外在制度具有自身无法克服的缺陷，外在制度虽然在短期内对于某些"越轨行为"的约束是直接而有效的，但对于诸如"财务作假"等"机会主义"行为的防止则往往显得力不从心，也就是说，单靠外在制度是不能从根本上杜绝"财务作假"等"机会主义"行为的发生，而内在制度以及以它为基础的"内在制度型"社会信任却能较为有效地防止这种行为的发生。

因此，美国周期性股市信任危机发生的根本原因是内在制度的严重缺失。因为一个恰当而有效的制度应是内在制度与外在制度之间相互协调的制度。当今美国出现的周期性股市信任危机主要是由制度系统内部内在制度与外在制度之间的不协调所造成的。由于过分强调外在制度，而忽视内在制度在规范股市行为中的作用，使得内在制度和以它为基础的社会信任均处于缺失状态。因此，在继续完善与健全外在制度的同时，对于内在制度予以应有的、足够的重视，下大力气去发挥内在制度的独特作用，是从根本上解决当今美国周期性股市信任危机的一条较为有效的途径。

四　启示

从对"中国晋商兴盛"与"美国股市信任危机"这两大历史事件发生原因所进行的上述分析中，我们可以看到，"中国晋商兴盛"与"美国股市信任危机"是制度以及以它为基础的社会信任功能发挥与丧失所导致的两个极端事件。这两大历史事件的发生，不仅说明了外在制度与内在制度之间相容激励的"亲和关系"，也说明了内在制度以及以它为基础的"内在制度型"社会信任在社会生活中具有的独特作用。中国晋商的兴盛是内在制度以及"内在制度型"社会信任独特优势的极致发挥，而当今美国由"企业财务丑闻"所引发的周期性股市信任危机，也从反面说明了无论外在制度如何完善与健全，也应重视内在制度以及以它为基础的"内在制度型"社会信任的独特作用。内在制度与外在制度只有相容互补才能发挥各自的优长，弥补各自的短处。两大历史事件留给我们的经验教训是宝贵的。因为目前中国所要建成的社会主义市场经济不仅是法制经济，同时也是道德经济，因此，在进行社会主义市场经济的建设过程中，在加强法律等外在制度建设的同时，必须加强道德等内在制度建设，充分重视道德等内在制度以及"内在制度型"社会信任在社会主义市场经济建设中的独特作用。这就是两大历史事件给予我们的最大启示。

[载于《新疆大学学报》（哲学·人文社会科学版）2007 年第 5 期]

美国社会信用体系建设的经验教训对我国的启示

一 我国社会信用体系建设迫在眉睫

信用最基本的含义就是诚实、真实无欺,具体表现为"遵守诺言、践行约定",它在社会生活的不同领域具有不同的表现形式,如在经济领域表现为经济信用,主要包括商业信用、银行信用、消费信用等;在政治领域表现为政治信用,主要是指政府信用;在日常社会生活领域表现为"社会信用"等。与经济学将信用理解为经济交易主体之间的一种借贷活动、关系或能力不同,社会学认为信用不纯粹是一个经济问题,而是一个经济社会问题,制度是信用及其体系的基础。制度就是人类在社会交往过程中形成的一切社会交往行为模式,包括支配与约束人们社会交往行为的定型化、非定型化的规则与规范,它是一种规则与规范体系,具体包括内在制度(如习俗、惯例、道德规范等)与外在制度(如法律制度、规定、规章等)两种基本类型。信用以制度为基础,因而其本质上就是社会信用。其中,以道德内在制度为基础形成所谓的"道德信用",以法制外在制度为基础形成所谓的"法制信用"。"道德信用"与"法制信用"是社会信用的两种基本形式。社会信用体系就是由"道德信用"与"法制信用"这两种社会信用的基本形式所构成的一个有机系统,因而是一种"制度社会信用体系",它不同于经济学的"主体社会信用体系",即主要由个人信用、企业信用与政府信用三个主体所构成的一个有机系统。[①]

---

① 董才生:《振兴东北的社会学思考:加快社会信用体系建设》,《东北亚论坛》2005 年第 3 期。

目前，尽管中国社会主义市场经济建设得到了快速发展，取得了令世界瞩目的成就，但在社会主义市场经济建设过程中出现了一些比较严重的问题，其中，社会信用资源匮乏、社会信用缺失是一个非常突出的问题。如商业信用、银行信用等社会信用资源严重匮乏与缺失，具体表现为逃废债务、偷税漏税、虚假报表、黑幕交易、银行不良资产率居高不下等十分严重的现象。根据有关统计资料显示，截至 2000 年 11 月底，在四大国有商业银行开户的 42656 家改制企业中，经金融机构认定有逃废银行债务行为的企业有 19140 户，占改制企业总数的 44.8%；逃废银行贷款本息 1460 亿元，占贷款本息的 37.86%。企业逃废银行债务势必会造成商业银行不良贷款的比例升高。据测算：目前，中国国有企业未偿还贷款总额约占 GDP 的 84%，不良贷款占国有企业贷款余额的 25%—40%，约合 5300 亿—8000 亿元，相当于同期银行自有资金的 1.6 倍。[1]按照国际通行的五级分类法，目前我国四家国有商业银行不良资产率将达 25% 左右。这与 2000 年世界前 20 家大银行 3.27% 的平均不良贷款率相去甚远，而且远远高于东南亚金融危机前东南亚各银行不超过 6% 的水平。[2]有关资料显示，近几年来，我国一些企业因社会信用缺失而导致的直接或间接的经济损失高达 5855 亿元，相当于中国年财政收入的 37%。全国每年因产品质量低劣、制假售假、合同欺诈造成的各种损失达 2000 亿元。

很显然，社会信用资源匮乏、社会信用缺失已严重阻碍了我国社会主义市场经济的进一步发展。而社会信用资源严重匮乏、社会信用严重缺失的根本原因在于我国社会信用体系不健全、不完善。市场经济本质上是信用经济，社会信用体系作为市场经济的两大基石（另一大基石是社会保障体系）之一，在市场经济的发展过程中起着基础性的作用。社会主义市场经济作为市场经济的一种新形式，本质上也是信用经济，因而也应以完善而健全的社会信用体系作为基础才能得到健康而顺利地发展。正如温家宝总理在 2003 年 4 月全国整顿和规范市场经济秩序工作会议上所指出的：要在全社会强化信用意识，加强诚实守信的教育，建立

---

① 潘金生等：《中国信用制度建设》，经济科学出版社 2003 年版，第 104 页。
② 苏振芳：《美国社会信用体系的构建及对我国的启示》，《马克思主义与现实》2003 年第 6 期。

严格的信用制度，规范契约关系。这既是建立社会主义市场经济新秩序的一项根本措施，也是推动社会文明进步的必然要求。"① 因此，为了进一步推动我国社会主义市场经济顺利而健康地发展，加快中国特色的社会信用体系建设与发展已成为目前我国的当务之急。

然而，如何建立与健全我国的社会信用体系呢？这是摆在我们面前的一个重大的理论与现实课题。西方发达国家，尤其是美国，社会信用体系建设不仅起步早，而且成果卓著，形成了具有自身特色的社会信用体系建设模式，为美国的社会经济发展奠定了坚实的社会基础，从而促进了美国经济的飞速、稳定发展以及美国社会的繁荣昌盛。我们认为，就我国社会信用体系建设的现状而言，美国社会信用体系建设的成功经验与失败教训对于目前我国建立与健全社会信用体系无疑具有直接的启示意义。

二　美国社会信用体系建设的经验与教训

美国的社会信用体系建设如果从 1837 年算起至今已有约 170 多年的时间，大致经历了 3 个历史发展阶段：1. 起步与初步发展阶段（1837 年至 20 世纪 60 年代中期）。1837 年美国首家信用公司的创立标志着美国社会信用体系建设的开始，之后为适应经济发展的需要，众多提供资信服务的信用中介公司纷纷成立。1945 年至 20 世纪 60 年代中期美国的社会信用体系建设处于初步发展阶段，随着信用交易的增长，美国的现代信用管理业得到了长足的发展。2. 规范化阶段（20 世纪 60 年代中期至 20 世纪 70 年代）。这一阶段与前一阶段相比，一个明显的特点是，美国已经开始制定与信用管理相关的法律以规范信用行业的发展，使得美国社会信用体系建设进入规范化发展的轨道。其标志是 1970 年《公平信用报告法》（*Fair Credit Reporting Act*，简称 FCRA）的出台与正式生效。美国的信用管理法律框架体系也以这一法规为基础建构起来，并随着市场经济的进一步发展变化而经不断修改得以不断地完善。3. 快速与稳定发展

---

① 转引自全国整顿和规范市场经济秩序领导小组办公室，《社会信用体系建设》，中国方正出版社 2004 年版，第 156 页。

阶段（20 世纪 80 年代至今）。在这一阶段，法律法规不断完善，中介机构不断兼并与重组，信用信息服务业发达，信用协会不断扩张。作为规范信用行业发展的核心法规《公平信用报告法》，在 1996 年与 2003 年进行了两次重大的修改，使得美国的社会信用体系框架基本形成。①

美国的社会信用体系建设取得了令世界瞩目的成就，形成了与日本、欧洲的一些发达国家不同的社会信用体系的建设模式，即"市场主导模式"或"民营模式"，成为三种比较典型的发达国家的社会信用体系建设模式之一。② 美国的社会信用体系建设模式是一种完全市场化的运作模式，具有如下几个特征：

第一，以较为完善的相关法律体系作为社会信用体系的基础。美国的信用体系是由市场来驱动的，随着信用市场的不断扩大，客观上需要相应的法律制度来规范信用行业以及相关的市场主体。于是，美国不断建立、完善、修改和信用管理有关的法律体系来作为社会信用体系的法律保障。具体而言，美国社会信用体系的法律体系是以《公平信用报告法》《金融服务现代化法》为核心，以《平等信用机会法》《公平债务催收作业法》《诚实租借法》《公平信用结账法》《信用卡发行法》《公平信用和贷记卡公开法》《电子资金转账法》等相关法律为辅助共同构成的。③ 其中，作为这一法律体系核心的《公平信用报告法》是规范信用报告行业的基本法，对于"消费者信用报告机构"和"消费者信用报告的使用者"这两大主体实施规范。它明确规定：消费者有权到信用局查阅其本人的信用档案纪录，并有权要求调查和改正任何不正确之处，同时还严格限制他人查阅信用档案，必须有被查阅人的书面同意才能查阅等。④

第二，重视信用中介机构在社会信用体系中的组织保障。美国的信用交易额在世界上是最大的，相比之下，其信用风险较小，这与美国存在大量的信用中介机构密切相关。美国有许多专门从事征信、信用评级等业务的中介机构，主要包括征信公司、个人资信公司（信用信息局）、

① 李俊江、范硕：《21 世纪初美国经济发展趋势》，《东北亚论坛》2007 年第 5 期。
② 徐宪平：《社会信用体系知识读本》，湖南人民出版社 2006 年版，第 46—68 页。
③ 李新庚：《中国信用制度建设干部培训读本》，中共中央党校出版社 2002 年版，第 104—111 页。
④ 潘金生等：《中国信用制度建设》，经济科学出版社 2003 年版，第 386 页。

资信评级公司等。如邓白氏公司（Dun & Bradstreet Corp.）是美国最大的征信公司，它拥有全球范围内的 5700 万家企业的信息，Experian、Equifax、Trans Union 则是美国最大的个人资信公司，它们都有自己的数据库，约拥有 1.7 亿以上的个人消费信息，每年提供超过 5 亿份的个人资信报告，因而基本上垄断了个人资信市场。而穆迪（Moody's）、标准普尔（Standard & Poor's）、菲奇（Fitch）和达夫（Duff & Phelps）则基本上主宰了资信评级市场。其中，穆迪和标准普尔两家公司是美国历史最为悠久、实力最为雄厚、声誉最好的资信评级公司。

第三，注重对于信用行业的管理。美国的信用行业是以比较完善的法律法规作为规范的主要管理形式，而一些政府部门及法院则对信用行业实施信用监督和信用执法，它们包括联邦贸易委员会、司法部、财政部货币监理局、中央储备系统等。其中，联邦贸易委员会是信用行业的一个主要的监管部门，对信用行业起着重要而直接的监管作用。另外，一些信用行业协会在美国的信用行业管理中，也起着非常重要的作用。它们包括美国信用管理协会、信用报告协会、美国收账协会等。也就是说，无论是征信、个人资信、资信评级还是收账，都有自己的行业协会。这些行业协会不仅承担着对从业者进行一些培训的任务，而且还是企业和政府机构联结的纽带，在美国信用行业的自律管理中发挥着重要作用。

很显然，美国的社会信用体系建设模式注重社会信用体系的法律环境、监管机制以及相应的中介组织或机构的建构与完善等。这些特点也是其优点与成功经验。

然而，如果我们不局限于经济学与管理学的角度，而是从社会学角度去透视美国的社会信用体系建设模式，我们就会发现，美国的社会信用体系建设模式尽管有其独特的优势与不可替代的作用，但也存在明显的缺陷，主要是过分偏重于社会信用体系建设的法制取向而忽视其道德取向，即过分偏重于社会信用体系的法制信用建设而忽视其道德信用建设。从美国的社会信用体系建设的历史与现实中我们可以看到，偏重于社会信用体系建设的法制取向是基本符合美国发达市场经济建设的规律与要求的。然而，市场经济不仅是法制经济，同时也是道德经济，因而过分偏重于社会信用体系建设的法制取向而忽视其道德取向，最终也将与发达市场经济的本质相违。事实上，在美国的社会信用体系建设与发展过程中，出现了一些非常严重的社会信用危机，它们对于美国的市场经济与社会发展产生了极大的负面影响。如自 2007 年至今在美国发生了"次贷危机"（即"次级抵押贷款危机"）以及由此引发的"次债危机"（即"次级债券危机"），它们最终也引爆了美国，乃至全球的金融信用危机。（辛乔利等，2008）很显然，所有这一切主要是由美国的社会信用体系建设模式过分偏重于社会信用体系建设的法制取向而忽视其道德取向这一固有缺陷所造成的。

三　美国社会信用体系建设对我国的启示

如前所述，美国的社会信用体系建设既有其成功的经验，也有其惨痛的教训。无论是经验还是教训对于我国正在开展的社会信用体系建设都具有重要的启示意义。我国必须在借鉴美国社会信用体系建设的成功经验以及吸取其历史教训的基础上，结合目前社会信用的现状，建构具有自身特色的社会信用体系。我们认为，美国社会信用体系建设对于我国建立与健全社会信用体系一个最大的启示是，我国的社会信用体系建设必须"法制取向与道德取向并重"，即在注重社会信用体系建设的法律取向的同时加强其道德取向，或者说在注重社会信用体系的法制信用建设的同时加强其道德信用建设。

第一，加快社会信用的法律体系建设。美国建构了较为完善的相关法律体系作为其社会信用体系的基础。目前我国现行的法律体系中虽然一些法律，如《票据法》《合同法》《公司法》等对于信用活动有一些原则上的规定，并且对于部分信用行为也有一些具体的规定，但一个完整的社会信用的法律体系尚未建立起来。因此，为了建立与健全我国的社会信用体系，必须加快社会信用的法律体系建设。具体而言，必须尽快出台一些有关信用的、新的法律、法规，如类似于美国制定的《公平信用报告法》《金融服务现代化法》《平等信用机会法》《公平信用结账法》《信用卡发行法》等。

第二，明确社会信用的行业管理与监督的主体。美国的社会信用行业管理与监督不仅以相关的法律、法规为主要形式，而且管理与监督的主体也是十分明确的，主要以政府为主，也包括一些行业协会。目前我国在社会信用行业管理与监督方面存在的最大问题是管理与监督的主体不明确，出现了多头管理与监督的现象。因此，为了建立与健全我国的社会信用体系，必须在制定与建立社会信用行业管理的相关法律、法规以及相应的监督机制的基础上，明确政府在社会信用管理与监督中的主导作用，同时也重视行业协会在社会信用管理与监督中应有的作用。政府有关部门必须承担起社会信用管理与监督的责任，并且在政府的指导下建立一些类似于美国信用管理协会、美国信用报告协会、美国收账协会等行业协会来参与对于社会信用实施管理与监督。

第三，鼓励与促进社会信用的中介机构的发展。美国的社会信用交易能保持较低的风险率，主要原因在于它是以大量而发达的、专门从事征信、信用评级等业务的社会信用的中介机构作为保障的。目前我国社会信用的中介机构处于初步发展阶段，不仅存在专业化程度低、运作不规范等问题，而且供给水平也十分低下。如在企业征信中存在企业信用信息不公开、不平等开放等问题，个人资信涉及一些隐私性、敏感性问题等。因此，为了建立与健全我国的社会信用体系，必须制定有关企业征信与个人资信方面的一些法律、法规，并在此基础上，建立完备的社会信用信息数据库，包括社会信用中介机构本身的社会信用信息数据库，各个行业或部门的社会信用信息数据库等，为社会信用中介机构的发展提供良好的法律环境与基础设施。

第四，加强社会信用的诚信道德建设。法律制度与道德制度之间是相互依存、相互促进、相容激励的，因此，以法律制度与道德制度为基础形成的法制信用与道德信用之间也是相互依存、相互促进、相容激励的，因而在社会信用体系建设中法制信用与道德信用建设都不可偏废。而美国社会信用体系建设模式的一个固有缺陷就在于过分偏重于社会信用体系建设的法制取向而忽视其道德取向，即忽视社会信用体系的道德信用建设，这在更深层次上，就是忽视社会信用的道德建设。这一缺陷使得美国在当今几度陷入十分严重的社会信用危机。这是一个惨痛的教训，我们必须记取。因此，为了建立与健全我国的社会信用体系，必须在加快社会信用法律体系建设的同时加强社会信用的道德建设。通过诚信道德建设来增强社会交往主体的诚信道德意识，形成诚信道德信用，最终为构建完备的、具有中国特色的社会信用体系奠定坚实的社会基础。

（载于《东北亚论坛》2008 年第 6 期）

后　记

　　这本《信任问题的社会学研究》，由我于 1998 年至 2017 年二十年间在国内各类报刊公开发表的四十多篇论文汇集而成，这是我对在这段时间里有关信任问题的社会学思考所获得的一些"心得"进行的一次有逻辑地集中展示。20 个世纪 90 年代，我的研究领域由哲学转入社会学，一开始就对社会理论、社会学理论和经济社会学产生了浓厚的兴趣，于是我阅读了大量社会学领域的经典著作，逐渐形成了自己对于社会学及其分支学科经济社会学的理解，较为熟练地掌握了社会学的理论视角，并于 20 世纪初正式开始有意识地运用社会学理论视角开展信任问题的研究，对信任社会学的建构和发展作出了自己的一点"学术贡献"。

　　学科的视角或视野主要是指学科的理论，社会学的视角或视野主要是指社会学的理论，而长期有意识地运用社会学的理论视角去研究现实的社会问题，就能形成较为稳定的社会学学科立场、学科意识、学科素养和学科品格。因此，学习和掌握社会学理论对于有效开展社会学研究，积极推动社会学学科发展至关重要。

　　本书由两大部分构成，即社会学理论研究和社会学视野里的信任问题研究。前者包括社会学一般理论研究和经济社会学理论研究，后者包括一般社会学视野里的信任问题研究和经济社会学视野里的信任问题研究。本书的内容安排真实地反映了我开展信任问题社会学研究的逻辑与历史相统一的过程。就逻辑而言，我是先开展社会学理论研究，形成自己对于社会学理论的理解和社会学理论视角，然后再运用社会学理论视角去研究信任问题。就历史而言，我是在不断积累社会学理论知识、刻意培养社会学理论视角的同时，不断有意识地运用社会学理论视角去研究信任问题。这一过程中不仅进一步加深了自己对于社会学理论视角的理解，也使自己运用社会学理论视角研究信任问题的能力得到了快速提升。很显然，这是一个"学用相长"的过程。

　　书中部分论文是合著的，合作者对论文的撰写作出了积极的贡献，在此对他们深表谢意。另外，在整个著作的出版过程中得到了我所在院系领导、老师以及中国社会科学出版社朱华彬先生的大力支持，在此一并表示衷心感谢。

董才生

2021 年夏于长春